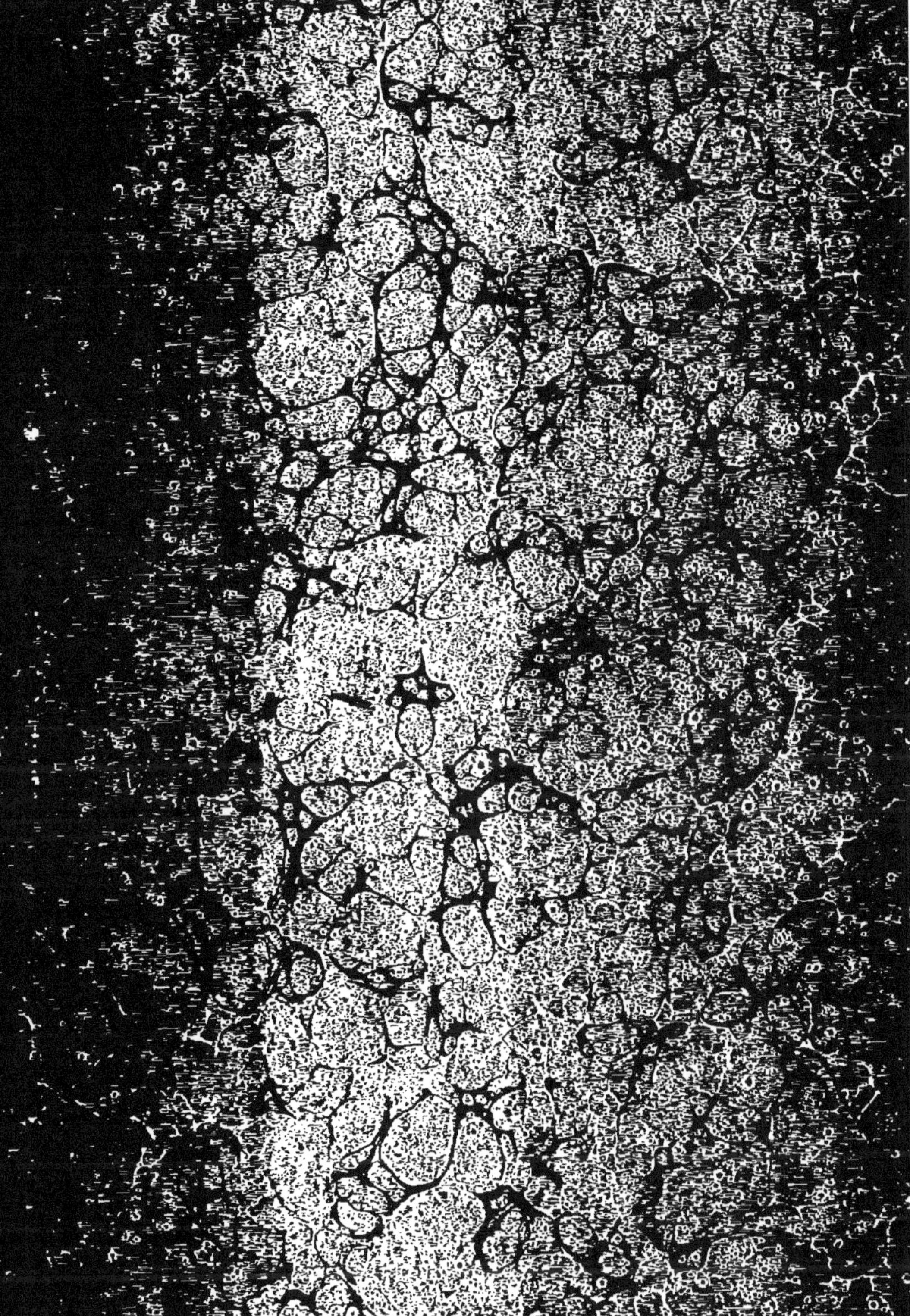

LE DIRECTOIRE

ET

L'EXPÉDITION D'ÉGYPTE

PARIS

TYPOGRAPHIE GEORGES CHAMEROT

19. Rue des Saints-Pères, 19

LE DIRECTOIRE

ET

L'EXPÉDITION D'ÉGYPTE

ÉTUDE

SUR LES TENTATIVES DU DIRECTOIRE
POUR COMMUNIQUER AVEC BONAPARTE
LE SECOURIR ET LE RAMENER

PAR

LE C^{TE} BOULAY DE LA MEURTHE

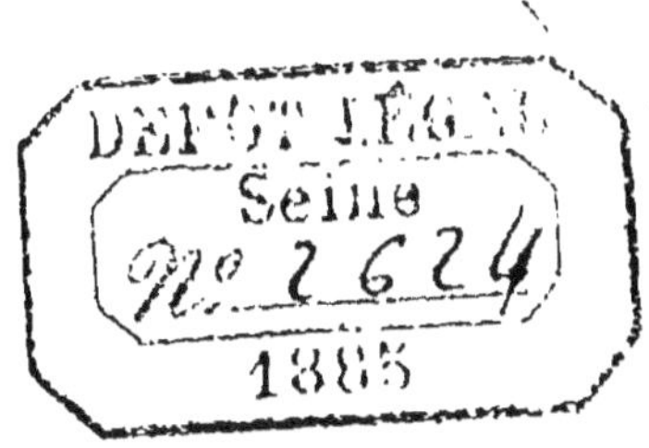

PARIS

LIBRAIRIE HACHETTE ET CIE

79, BOULEVARD SAINT-GERMAIN, 79

1885

AVANT-PROPOS

Cette étude a paru au mois d'octobre 1880 dans
la *Revue des questions historiques*. Elle était précédée
de quelques lignes, qu'on me pardonnera de repro-
duire, parce qu'elles expliquent brièvement le sujet.

« Il est certain, était-il dit, que l'expédition
d'Égypte a été conçue, préparée et conduite par le
général Bonaparte ; qu'elle est l'œuvre personnelle
de ses mains. Ce jugement, qui était déjà celui de ses
contemporains, a été confirmé par la postérité, et il
n'est pas à prévoir qu'il puisse être réformé. Mais
le rôle qu'a joué le Directoire dans cette entreprise,
pour avoir été effacé et souvent inutile, ne doit pas
être complètement passé sous silence. Par quelles
raisons ce gouvernement a-t-il consenti à envoyer
en Orient, le plus heureux de ses généraux et ses
meilleurs soldats? Quelles tentatives a-t-il faites
pour communiquer avec eux, pour les secourir ou

les ramener? L'étude de ces questions révèle assez de faits mal connus ou oubliés, pour mériter d'être au moins essayée[1]. »

Ainsi limité, cet écrit a subi de nombreuses retouches, avant d'être soumis de nouveau à l'indulgence du public. Il se complète par deux tableaux des correspondances échangées entre le gouvernement et Bonaparte, pendant l'expédition d'Égypte. Dans un temps où la marche des nouvelles, d'ordinaire si lente, a été contrariée par tant d'obstacles particuliers, n'est-il pas utile de savoir avec exactitude, quand Bonaparte a reçu des informations qui ont réglé sa conduite, et comment le Directoire a pu suivre d'aussi loin des événements, dont le contre-coup s'est toujours fait sentir en Europe? Pour ces tableaux, je n'ai pas craint de multiplier les détails. Car, si les menus faits ne doivent jamais embarrasser l'exposition historique, ils semblent au contraire à leur place dans des recherches spéciales, qui servent à l'auteur pour composer le récit, au lecteur pour le vérifier.

Les documents mis en œuvre ont été puisés dans nos dépôts publics. Les principaux sortent de la

---

1. Jusqu'ici, le colonel Iung est le seul écrivain qui ait fait usage de ce travail; mais il s'en est servi pour appuyer des opinions historiques, qu'il ne m'est pas toujours possible de partager.

secrétairerie d'État du Directoire, aux archives nationales. Ils sont très disséminés dans ce fonds, et plusieurs des plus importants auraient pu m'échapper, sans un dépouillement à peu près intégral qu'il a fallu entreprendre pour préparer des travaux différents.

. Aux affaires étrangères, j'ai consulté les correspondances de Turquie, Espagne, Angleterre, Gênes, Malte, Naples, etc., et les cartons de nos divers consulats sur la Méditerranée.

Le ministère de la marine a été mis à contribution pour les campagnes et la correspondance de 1798 et 1799; celui de la guerre, pour les armées d'Angleterre, d'Orient, d'Italie, et la correspondance générale.

On trouvera à la fin du volume un choix de pièces justificatives. Ce n'est pas sans quelque hésitation que je me décide à les publier; car l'expérience montre chaque jour avec plus d'évidence, l'inconvénient d'isoler ainsi les documents, de les détacher de toutes les pièces environnantes qui les expliquent, les complètent et les rectifient.

Est-il besoin de l'ajouter? toute allusion au temps présent a été absolument écartée. Mais l'histoire est pleine d'enseignements involontaires, d'espérances et de tristesses inconscientes. Peut-être, quelques-uns de ceux qui déplorent aujourd'hui de voir la France excluc de l'Égypte par sa faute, trouveront-ils un peu d'intérêt patriotique à se reporter vers des évènements, qui ont implanté sur les bords du Nil notre influence maintenant flétrie, qui ont labouré le sol où désormais des rivaux prétendent seuls semer et moissonner.

Paris, 25 avril 1883.

LE DIRECTOIRE

ET

L'EXPÉDITION D'ÉGYPTE

CHAPITRE PREMIER

CAUSES DE L'EXPÉDITION

(PREMIERS MOIS DE 1798)

1

Impossibilité pour la République de soutenir une guerre purement maritime.

Depuis la paix de Campo-Formio, l'Angleterre cesse d'être vulnérable sur le continent. — Décadence de la marine française. — Concours passif des flottes alliées, batave et espagnole. — Prépondérance des Anglais sur mer. — L'invasion de la Grande-Bretagne est reconnue impraticable. — D'autre part, la République n'est pas en mesure de rester sur l'expectative.

Plan de campagne de Bonaparte.

Il propose de combiner deux entreprises : l'une, ajournée à l'automne, sera une descente de troupes en Irlande ; l'autre, immédiate, sera la conquête de l'Égypte. — Comment

les intérêts anglais seront frappés sur les bords du Nil. —
Autres avantages d'une expédition en Égypte : — elle réserve à la France un lot dans le partage prochain de l'Empire ottoman ; — elle consolide notre influence maritime
sur la Méditerranée, par l'occupation de Malte et d'Alexandrie ; — elle prévient les effets d'une rivalité entre le Directoire et Bonaparte. — Pouvoirs exceptionnels délégués au
général en chef.

Au milieu de l'hiver de 1798, lorsque l'expédition d'Égypte fut proposée par Bonaparte,
les Directeurs cherchaient un expédient pour
sortir des difficultés croissantes de la guerre
avec l'Angleterre. Pendant l'automne précédent,
ils avaient rompu brusquement les conférences
de Lille, et, plutôt par humeur que par politique,
s'étaient décidés à continuer la lutte contre les
Anglais. Quelque éloigné que pût être le dénouement de la négociation, il était téméraire
d'en briser ainsi les fils. Cette faute devint plus
lourde encore, lorsque Bonaparte prit sur lui
de rétablir la paix avec l'Empereur à Campo-
Formio. L'Angleterre, isolée de la coalition, ne
pouvait plus être combattue dans la personne
de ses alliés du continent. La guerre quittait
donc les plaines de l'Italie et de l'Allemagne,
où nous avions conquis la supériorité, pour
passer sur les mers, où nous l'avions perdue.

La marine de la France était alors abaissée devant celle des Anglais. L'esprit révolutionnaire l'avait désorganisée en 1792 en même temps que l'armée; mais tandis que nos troupes, retrouvant par intervalles la vieille discipline, y suppléant trop de fois par le courage, avaient pu vaincre la coalition, la flotte n'avait cessé de décliner et n'osait plus tenir la mer. Nos vaisseaux, pour la plupart cependant d'un excellent modèle, éprouvé par les dernières guerres de la monarchie, se délabraient dans les ports, où l'on manquait du nécessaire pour les entretenir et les armer. Partout les arsenaux étaient vides, les approvisionnements dilapidés. Ceux des officiers qui s'étaient formés aux périls de la navigation et de la guerre sous le dernier règne, émigrés presque tous ou destitués bruyamment, avaient dû céder la place à des subalternes, incapables de commander. Le commandement même, gêné par les mauvaises lois de l'an IV, n'était plus absolu comme il doit l'être à bord. De tous ces maux, le pire était l'embarras de mettre sur pied les équipages. Car, sur une longue étendue de côtes, les hommes habitués à la mer s'étaient affiliés à la chouannerie : tantôt ils refusaient de se rendre à l'appel, tantôt privés de solde, ils se hâtaient de déserter ; tandis que les plus hardis s'enrôlaient sur des corsaires, dont l'esprit de piraterie commençait à lasser jusqu'au gouvernement[1]. Les matelots rassemblés avec tant de peine sur les vaisseaux de la République, n'étant ni assez nombreux, ni assez exercés aux manœuvres, force était d'embarquer des troupes de terre pour compléter les garnisons navales ; et ce mélange, loin de faire des émules, devenait funeste aux vertus militaires. Même impuissance dans nos ports de l'ouest et du midi. Plus de trente vaisseaux semblaient cachés au fond de la rade de Brest. A Toulon, la flotte, réduite de moitié après les événements de cette ville, n'avait prêté aucun secours à l'armée d'Italie. C'était seulement depuis l'abandon de la Méditerranée par les vaisseaux anglais, que notre escadre avait pu s'éloigner de la Provence, et

1. Les abus de la course sont signalés notamment : dans le n° 961 du *Rédacteur*, qui fut transmis à nos consuls le 5 août 1798 ; dans le message du 22 nivôse et l'arrêté du 18 germinal an VII. A la suite de cet arrêté, le ministre de la marine refusa, pendant plusieurs mois, de délivrer des lettres de marque.

qu'on l'avait vue dans l'Adriatique se recruter avec la marine des Vénitiens, acquise à la France par les campagnes de Bonaparte.

Quant aux flottes alliées, batave et espagnole, elles rendaient le service, purement inactif, de retenir un nombre à peu près égal de bâtiments anglais devant les rades où elles demeuraient bloquées. Celle des Bataves, forte d'au moins quinze vaisseaux, montée par de braves marins, aurait pu se compléter et renouveler, avec un meilleur succès peut-être, la lutte énergique qu'elle avait soutenue au mois d'octobre 1797 contre l'amiral Duncan. Mais les Bataves, divisés entre eux d'opinions, n'étaient pas assez soumis à la France pour la laisser à son gré disposer de leurs ressources. Ils éludaient les demandes; ils empêchaient sourdement des mesures auxquelles ils faisaient mine de s'associer. Avec moins de ressort, l'Espagne avait plus de moyens militaires. Outre les vaisseaux renfermés à Carthagène et au Ferrol, on en comptait trente, dont quelques-uns du plus haut bord, dans la baie de Cadix. C'était la flotte qui, l'année précédente, avait été dispersée près du cap Saint-Vincent, pendant qu'elle essayait de s'ouvrir la route de Brest. Depuis cette défaite humiliante, où s'était dévoilée toute la décrépitude de son organisation, elle se laissait bloquer à Cadix par son vainqueur, l'amiral Jervis, sans tenter le moindre effort pour se relever. Du reste, à tous égards, la faiblesse de l'Espagne semblait de jour en jour plus irrémédiable. Le Roi et la Reine, représentants indignes d'une des anciennes monarchies de l'Europe, s'étaient montrés trop longtemps dociles à l'inconvenante autorité du Prince de la Paix. Ils venaient de le remplacer au ministère par M. de Saavedra; mais ce vieillard, d'une santé chancelante, occupé d'éviter les intrigues de cour, n'avait pas la main assez ferme pour rétablir les finances, remettre la marine en état et remplir les obligations de l'alliance française. On remarquait même que les parlementaires ennemis abordaient souvent à Cadix, et ces pourparlers, ainsi que les menées de l'ambassadeur autrichien et du nonce à Madrid, commençaient à éveiller des doutes sur la loyauté espagnole.

A ces marines en décadence, les Anglais pouvaient opposer les escadres les plus nombreuses et les mieux pourvues qu'ils eussent encore équipées. Si leurs bâtiments n'étaient pas en général d'une construction aussi puissante que ceux des Français et des Espagnols, ils étaient supérieurs par le gréement, et, mieux gouvernés, souffraient moins des accidents de la mer. Aucune trace ne restait de l'insubordination qui, en 1796, souleva de toutes parts leurs équipages. Les marins anglais, écartés de l'oisiveté des ports, sans cesse occupés à la manœuvre de la voilure et de l'artillerie, hardis au combat parce qu'ils croyaient à la victoire, étaient alors commandés par des amiraux que nos défaites devaient bientôt ranger parmi les plus illustres de l'Angleterre.

La disproportion des forces ôtait en ce moment l'idée d'engager une guerre toute maritime. Pouvait-on passer le détroit et conduire sous Londres les troupes qui venaient de triompher de l'Autriche? Le Directoire, reprenant d'anciens projets, avait songé à tenter cette grande aventure. Il avait créé une armée d'Angleterre; il en avait donné le commandement à Bonaparte. Mais pour transporter à la fois cinquante mille hommes avec les chevaux, les canons et les munitions, pour les renforcer et leur ménager une retraite, pour s'assurer en un mot des conditions sans lesquelles on ne peut risquer une opération militaire, il faut que la Manche soit libre et que les flottes anglaises qui la couvrent soient éloignées ou mises hors de combat. L'invasion supposait donc cette campagne navale que le Directoire ne voulait pas entreprendre. « Opérer une descente en Angleterre sans être maître de la mer, objectait Bonaparte, est l'opération la plus hardie et la plus difficile qui ait été faite[1]. » Il ne la disait pas impossible, et, concevant qu'après de longs préparatifs et des mouvements combinés de nos flottes, on pût avec une flottille surprendre le passage de la Manche, puis le rouvrir au besoin, il avait ébauché dans sa vive imagination les idées qu'il s'est plus tard efforcé de réaliser au camp de Boulogne, sans avoir toutefois prouvé qu'elles fussent réellement praticables. Quoi qu'il en soit, l'impossibilité existait pour le présent, et la République n'avait pas plus de flottille que d'escadre en état de traverser la mer.

----

1. *Correspondance de Napoléon*, n° 2419.

Si rien n'était prêt pour envahir l'Angleterre
ou la combattre sur son élément, était-il à propos d'attendre l'avenir? L'attaque de Quiberon
ayant montré que les agressions des Anglais ne
pouvaient être redoutables, devait-on se borner
à les repousser de nos côtes, surtout de celles
de Bretagne, et, mettant les délais à profit, construire des vaisseaux, reformer des équipages,
approvisionner les magasins, fortifier les ports,
se préparer enfin à la guerre offensive en créant
de nouvelles ressources? Pour qu'un tel plan fût
acceptable, il fallait du temps, de la persévérance, un trésor bien rempli ; toutes choses
qui manquaient au Directoire. Les finances
surtout, alimentées par des moyens violents et
improductifs, ne suffisaient point aux nécessités
de l'État, réduit à soutenir la dernière campagne, avec les contributions exigées de l'Italie.
Où trouver aujourd'hui, en France ou au
dehors, cent millions pour refaire la marine?
D'ailleurs, avant de commencer ces préparatifs
qui, plus que tous autres, exigent une attention
constante et même exclusive, il fallait pendant
plusieurs années être assuré de la paix sur le
continent. On était loin d'avoir cette certitude,

et le début de 1798 était bien de nature à faire craindre pour la fin de l'année. L'ambition était surexcitée chez le Directoire, parce qu'il venait de réussir dans un coup d'État qui l'avait débarrassé de quelques adversaires, sans lui apporter ni la considération ni le crédit qui seuls font la force d'un gouvernement. Il prenait ses passions pour de l'énergie, sa duplicité pour de l'adresse, sa hauteur déplacée pour de la puissance. Ce n'était plus assez d'avoir agrandi jusqu'au Rhin les frontières de la République. Au lieu de s'établir par une politique pacifique dans cette conquête si longuement poursuivie, il s'était mis à écouter les déclamations de quelques patriotes d'Italie, de Suisse et de Hollande, rebut méprisable de pays qui réprouvaient leur langage. Sans prétendre comme la Convention faire la guerre contre les rois, il mettait tout en œuvre pour imposer les doctrines révolutionnaires à de petits États, qui ne pouvaient y résister les armes à la main. Cette propagande, inquiétante pour tous, était blâmée par Bonaparte : la connaissance que le général avait acquise des affaires de l'Europe pendant les négociations de Passariano et de Rastadt lui en faisait mesurer les conséquences inévitables. Il s'était donc prononcé contre la révolution de Suisse. Après la mort de Duphot, s'il dicta les instructions qui dirigeaient l'armée d'Italie sur Rome pour y constituer une république, il n'en vit pas moins à regret s'achever cette œuvre, à laquelle par situation il avait dû prêter la main. Non qu'il regrettât la chute du pape qu'il avait vainement protégé, sans en recevoir aucun appui : mais il était certain que la cour de Naples ne s'accommoderait pas du voisinage des républicains de Rome ; qu'elle attirerait sur sa tête la vengeance longtemps contenue du Directoire, et que le jour où les troupes françaises voudraient pénétrer dans les Deux-Siciles, les Autrichiens passeraient l'Adige pour nous prendre à revers. Un renouvellement de la guerre avec l'Autriche lui sembla plus probable encore, lorsqu'il vit la politique désordonnée et provocante du Directoire dans la Cisalpine. Ainsi dénaturé, le traité de Campo-Formio ne pouvait plus être qu'une trêve, que la cour de Vienne se hâterait de rompre aussitôt qu'elle aurait réparé ses pertes. Bonaparte calculait même que cette trêve pouvait durer une année, et son appréciation à cet égard était assez positive, pour l'empêcher de voir une intention immédiate d'hostilité dans l'insulte qu'allait s'attirer à Vienne, au mois d'avril, notre ambassadeur Bernadotte.

Avec des ressources maritimes aussi réduites, avec une administration inconsistante et une année au plus de répit, Bonaparte s'étonnait que l'on ne voulût pas renouer les négociations de Lille. « Il n'y a rien à faire avec ces gens-là, » disait-il à Marmont, en parlant des Directeurs[1]. On était au mois de février; et il revenait de faire une tournée sur les côtes de l'Océan où il s'était irrité à chaque pas du déclin de notre marine, mal incurable sous un tel gouvernement. Cependant le Directoire voulait la guerre, et Bonaparte, général en chef, n'avait alors d'autre mission que de la préparer. Tout en indiquant avec réserve son opinion sur la paix[2], il représenta que la République n'était pas en mesure

1. Raguse, *Mémoires*, t. I, p. 317.
2. « Le ministre des relations extérieures, continuant ses ouvertures confidentielles, m'assura que le général Bonaparte considérait l'entreprise [contre l'Angletrrre] comme fort hasardée, et préférait de négocier la paix avec l'Angleterre... » Dépêche de Sandoz-Rollin, du 28 février 1798, dans Bailleu, *Preussen und Frankreich*, t. I, nº 150. Cf. les nᵒˢ 154 et s.

d'aller, à travers la Manche, attaquer l'Angleterre corps à corps. Il avait perdu les illusions, entretenues par lui-même à cet égard, lorsqu'il rêvait de l'avenir en Italie [1]. Il fallait se contenter d'entreprises partielles, qui ne ruineraient sans doute point l'ennemi, mais pouvaient l'alarmer ou l'affaiblir, et l'amener un jour à des concessions profitables pour la France. D'après ce plan, deux expéditions devaient être tentées, à quelques mois d'intervalle, sur l'Océan et sur la Méditerranée. A Brest, où se trouvaient réunis presque tous nos vaisseaux, on devait employer l'été à équiper une escadre, à rassembler des bateaux de transport [2]. Avec de l'activité, on pouvait tout y disposer pour débarquer pendant l'automne vingt-cinq ou trente mille hommes en Irlande. On devait en effet espérer que les mécontents dont cette île était remplie, favoriseraient les mouvements de notre armée et lui épargneraient par

1. *Corr. de Napoléon*, nos 2236, 2307, 2321, etc.

2. *Ibid.*, nº 2502 (13 avril 1798). Bonaparte parle bien, dans cette note, d'envahir l'Angleterre ; mais, par la suite, il ne fut plus question que d'une descente en Irlande. La substance de cette note fut transmise, le même jour, par les Directeurs au ministre de la marine, pour lui servir d'instructions confidentielles.

là le désavantage de lutter avec les Anglais sur leur terre natale. Un concours plus efficace ne semblait point probable. Ni Bonaparte, ni les Directeurs, ne connaissaient alors l'étendue des complots en Irlande, la difficulté de communiquer avec le comité occulte de ce pays ne leur ayant pas encore permis d'entrer dans le secret d'une révolte qui s'ourdissait pour le printemps. Tandis qu'on armait ainsi sur l'Océan, l'autre entreprise, conduite par Bonaparte, devait redoubler les soucis des Anglais et entraîner une partie de leurs forces à l'extrémité de la Méditerranée, dans les Échelles du Levant : c'était l'expédition d'Égypte.

Bonaparte n'avait point de peine à démontrer qu'il frappait les intérêts anglais en s'établissant dans la vallée du Nil. La fécondité du sol, la situation géographique en ont fait le plus beau territoire que la France puisse coloniser. La plus riche des Antilles n'offre point d'aussi nombreux avantages ; pour l'Algérie, où nous devions plus tard sacrifier tant de sang et d'argent, elle est déserte en comparaison de l'Égypte. Cette inestimable conquête pouvait compenser la perte de toutes nos colonies et

ranimer notre commerce extérieur. N'était-ce
pas atteindre les Anglais dans leur jalousie de
marchands? Le coup était même plus direct, et
l'occupation d'un territoire qui rapproche l'Europe et l'Asie, devait à la longue détourner le
commerce des Indes vers la Méditerranée,
ébranler la domination mal assise de l'Angleterre dans l'Indoustan et entretenir l'animosité
des princes indiens, qui luttaient pour l'indépendance. On pouvait même s'imaginer des frégates partant de l'île de France, venant à Suez
prendre à leur bord quelques soldats français, et
surtout des officiers, afin de les joindre à Tippoo
Saïb, dans ces contrées de l'Asie où les hommes
et les armes sont en abondance, où la direction
militaire fait seule défaut[1]. L'Égypte était donc
le gage le plus sûr dont la République pût se
nantir pour négocier avec ses ennemis, afin d'en
stipuler la conservation, suivant les circonstances, ou d'en faire acheter chèrement l'abandon.

---

1. « I am so persuaded of the intention of the French to
attempt driving us from India, in concert with Tippoo Saïb,
that I shall never feel secure till Mangalore and all Tippoo's
coast is in our possession. » (Nelson au consul anglais
d'Alexandrie, le 24 juin 1798 : *Dispatches of Nelson*, t. III,
p. 36. Cf. p. 40, 96, etc.)

Les préparatifs de l'entreprise ne devaient point se prolonger. Tout était à faire à Brest, au lieu que sur la Méditerranée le pavillon français flottait librement depuis plusieurs mois. Bonaparte ayant déjà secoué l'inertie des autorités de Toulon, l'escadre, sous les ordres de Brueys, était venue mouiller à Venise d'où elle avait porté une garnison dans les îles Ioniennes. Jusqu'à ce jour, ces mouvements avaient paru laisser l'Angleterre indifférente : cette puissance semblait fatiguée d'entretenir à grands frais une armée navale qui n'avait pu ni retarder la conquête de l'Italie ni conserver la Corse ; elle renonçait pour le moment à nous disputer la Méditerranée. Notre flotte, dégagée par cette retraite, était devenue capable d'un effort plus digne de son passé depuis que Bonaparte avait mis la main sur les arsenaux des Vénitiens, et par ruse autant que par force avait réuni tous leurs vaisseaux aux nôtres. Il ne restait qu'à grossir les équipages, qu'à faire provision de vivres et de munitions navales. Au moyen de l'embargo, l'on était certain de trouver à Marseille, à Gênes, en Corse, les bateaux de commerce nécessaires au transport d'une armée.

Quant aux soldats et aux généraux qui devaient former le corps expéditionnaire, c'étaient ceux qui venaient de prendre en Italie une confiance sans borne dans le génie de leur chef. Il était donc possible sous deux mois de mettre à la voile, de naviguer pendant la saison la plus favorable, et d'aborder aux bouches du Nil avant que l'inondation du fleuve arrêtât l'armée et lorsque la moisson récoltée pourrait aisément la nourrir.

L'idée de conquérir l'Égypte se rattachait à d'autres préoccupations que celle de lutter contre l'Angleterre. Lorsque pour la première fois, pendant l'été de 1797, Bonaparte signalait l'Égypte à l'attention du Directoire [1], il méditait sur le partage, qui semblait prochain, de l'Empire ottoman, et songeait à ménager à la France une portion de ces dépouilles. Il y a des pays où les questions diplomatiques se révèlent, et d'où l'œil discerne avec netteté, comme du haut d'un promontoire, des intérêts qui, vus d'ailleurs, demeureraient mêlés ou obscurs. C'était en s'approchant de l'Adriatique et de

1. *Corr. de Napoléon*, nᵒˢ 2103, 2195, 2419. — Testa, *Recueil des traités de la Porte*, t. 1, p. 517.

Venise que Bonaparte avait senti l'influence captivante de l'Orient. Son esprit, prompt par nature à dépasser le présent pour pénétrer dans l'avenir, s'était vivement intéressé aux événements compliqués qui devaient suivre un démembrement de la Turquie. Il prenait plaisir à s'en entretenir avec Monge. Jugeant déjà ces problèmes en chef de gouvernement plutôt qu'en simple général, il s'échauffait en se représentant l'importance alors grandissante, aujourd'hui déchue, du groupe des îles Ioniennes. « Les îles de Corfou, de Zante et de Céphalonie, disait-il, sont plus intéressantes pour nous que toute l'Italie ensemble. Je crois que si nous étions obligés d'opter, il vaudrait mieux restituer l'Italie à l'Empereur et garder les quatre îles, qui sont une source de richesse et de prospérité pour notre commerce. L'empire des Turcs s'écroule tous les jours : la possession de ces îles nous mettra à même de le soutenir autant que cela sera possible ou d'en prendre notre part[1]. » Or quelle part pouvait être mieux

1. *Corr.*, n° 2103. La correspondance des *Iles Ioniennes*, conservée aux Affaires étrangères, nous montre la pensée de Napoléon sur ces iles prenant, dans la suite, une forme mieux

choisie à l'avance que la vallée du Nil? On
devait, il est vrai, prévoir que la Porte ne verrait
pas la prise d'Alexandrie d'un œil aussi tran-
quille que celle de Corfou, et qu'atteinte directement dans son droit de suzeraineté sur
l'Égypte, elle ferait cause commune avec les
Mamelucks qui y dominaient. Mais s'il était
difficile de maintenir la paix avec les Turcs,
Bonaparte ne jugeait pas la tâche au-dessus
de l'adresse de Talleyrand, et il demandait
que ce ministre se rendît à Constantinople
pour endormir de plus près la vigilance du
Divan.

L'expédition d'Égypte offrait d'ailleurs au
gouvernement l'occasion de s'assurer, d'une
manière peut-être permanente, la domination
de la Méditerranée. La Convention avait mis à
la revendiquer la même ardeur que les Anglais
à la contester. Elle avait voulu être seule maîtresse sur une mer qui ne baigne que des États
d'un ordre inférieur à la France, et où la prépondérance commerciale et militaire nous est

équilibrée. On sait combien Corfou a perdu d'importance,
depuis l'établissement du royaume de Grèce et la transforma-
tion de la marine par la vapeur.

assurée par Toulon et Marseille. Cette prétention patriotique s'était alors compliquée d'une
dispute d'influence sur l'Italie. Car, aussi longtemps que les amiraux anglais s'étaient tenus
à portée des côtes italiennes, ils avaient attisé
contre nous les sentiments de haine des petits
États, conseillé le Piémont et gouverné les
Deux-Siciles. Maintenant que les victoires de
Bonaparte avaient plié les Italiens du nord et
du centre sous l'autorité de la France et que la
flotte anglaise avait cédé la place, la question
de l'empire de la Méditerranée reparaissait,
pour ainsi dire, dégagée de ses accessoires. Il
fallait de divers côtés se saisir des stations
navales, qui sont à la fois des ports de refuge
et des magasins d'approvisionnements. Il fallait
s'y fortifier, et contraindre par degrés les Anglais à renoncer à une mer, où ils ne pourraient
plus se ravitailler sans violer les droits des pays
neutres. La reprise de la Corse, l'occupation de
Corfou, de Gênes, d'Ancône, pouvaient être
regardées comme des parties accomplies de ce
vaste dessein. Il s'agissait de le poursuivre par
un établissement solide à Alexandrie et surtout
à Malte. Cette île n'était-elle pas la clef de la

Méditerranée? Que de fois elle avait excité l'ambition de Bonaparte! Par les artifices de Pous-
sielgue il avait essayé de se former un parti
dans la place, et se flattait qu'un coup de main
heureux pouvait la donner à la France. Il s'en
était ouvert à l'amiral Brueys et lui avait donné,
avec l'assentiment déguisé du Directoire, l'ordre
d'essayer une surprise[1]. Brueys, en effet, s'était
montré au mois de mars sous les murs de la
forteresse; mais, jugeant la tentative trop in-
certaine, il avait masqué sous de vains prétextes
l'intention hostile qui le faisait dévier de sa
route. Son secret n'avait pas transpiré. Bonaparte pouvait donc jeter en passant son armée
sur Malte, et faire de la conquête de cette île le
prélude de celle de l'Égypte.

D'autres pensées enfin, étrangères à la politique extérieure de la France, se partageaient
l'esprit de Bonaparte et pesaient sur les conseils
du gouvernement. Le général et le Directoire
se sentaient gênés l'un vis-à-vis de l'autre.
L'attitude modeste que Bonaparte affectait de-

---

1. Brueys crut agir par les seuls ordres de Bonaparte, et à
l'insu du Directoire. (Jurien de la Gravière, *Guerres maritimes...*, t. I, p. 329 et s.) — Voir aussi *Corr. de Napoléon*,
nos 1828, 2195, 2247, 2354, etc.

puis son retour à Paris était l'indice de cette situation fausse. Il pouvait, un jour, ne plus résister à l'envie de renverser l'autorité impopulaire qui lui donnait des ordres, et les Directeurs pouvaient s'essayer dans l'ombre à ruiner un ascendant qui menaçait leur existence. La courtoisie d'un côté, le respect simulé de l'autre, continuaient à se manifester au dehors : mais un peu d'éloignement ne pouvait qu'être agréable à ces deux pouvoirs, appliqués à s'observer avant de se combattre. En quittant la France, Bonaparte retrouvait la liberté du commandement, et s'affranchissait d'une dépendance à laquelle son génie trop supérieur ne pouvait déjà plus se soumettre. Il espérait accroître sa gloire dans des contrées où l'écho du succès semble plus retentissant, où l'âme des spectateurs du drame s'exalte autant que celle des acteurs. Lui-même s'animait en songeant à ces pays de lumière où l'on pouvait encore tenter de grandes choses; impression étrange qui l'a poursuivi toute sa vie dans ses conversations, et l'a parfois entraîné à s'attribuer sur l'Orient et les Indes des desseins chimériques qu'il n'a jamais essayé d'exécuter. Plus clair-

voyant que son imagination, son bon sens lui
découvrait alors l'abîme où le gouvernement
directorial devait fatalement disparaître. Il attendait de nouvelles fautes, avec ce sentiment
hautain d'un homme qui, ne pouvant les empêcher, ne veut en être ni le complice ni la vic-
time, et qui se croit la destinée d'en profiter.
D'un autre côté, il ne déplaisait pas aux Directeurs d'être délivrés pour quelque temps d'une
rivalité dont ils commençaient à s'importuner[1].
Sans rien faire pour pousser Bonaparte vers
l'Orient, ils se montraient facilement convain-
cus des avantages de l'entreprise et ne mar-
chandaient aucun des moyens demandés pour
la préparer. Ils trouvèrent de l'argent, laissèrent Bonaparte tout organiser sans entraves, et
l'investirent des pouvoirs les plus étendus qu'il
leur fût possible de déléguer.

La durée de l'expédition ne pouvait être dé-
terminée, puisqu'on pensait à créer une colonie.

---

1. Ces arrière-pensées, ces sentiments cachés furent vivement remués à la fin d'avril, lorsque, sur la nouvelle de l'affaire de Bernadotte, il fut question d'ajourner l'entreprise de
Toulon et d'envoyer Bonaparte négocier à Rastadt. Les détails de cet incident ne sont pas encore complètement connus.
(Hüffer, *Der Rastatter Congress*, t. I, p. 377. — F. Masson,
les Diplomates de la Révolution, p. 211.)

Il n'en était pas de même de l'absence du général en chef. Les Directeurs avaient cru devoir témoigner le désir que Bonaparte hâtât son retour, et celui-ci l'avait presque annoncé pour le mois d'octobre. Trois ou quatre mois lui semblaient suffisants pour asseoir en Égypte des fondements sur lesquels tout autre général pourrait ensuite édifier. Il paraissait promettre de revenir diriger le débarquement en Irlande, et était résolu à part soi de ne prendre conseil que des circonstances.

CHAPITRE II

MALTE, L'IRLANDE ET ABOUKIR

(19 MAI A OCTOBRE 1798)

Nouvelle de la prise de Malte.

Départ de l'expédition. — Second convoi préparé à Toulon par ordre de Bonaparte. — Une escadre anglaise, sous Nelson, rentre dans la Méditerranée. — Inquiétude qu'elle répand à Toulon, et envoi d'avisos pour renseigner notre flotte. — La prise de Malte annoncée par le Directoire le 1er juillet. — Félicitations portées en Égypte par Lesimple.

Révolte prématurée en Irlande.

Les Irlandais-Unis. — Leur insurrection dérange le plan de descente concerté avec Bonaparte. — Le Directoire prépare au plus vite plusieurs expéditions partielles pour l'Irlande. — En même temps, bruits contradictoires répandus sur l'armée d'Orient. — Le second convoi de Toulon n'ose s'aventurer en mer : il est dissous. — Difficulté de ravitailler Malte.

Attitude menaçante de la Turquie; désastre d'Aboukir.

Le Directoire prétend persuader aux Turcs qu'il fait leurs affaires en Égypte. — Conférence inutile à ce sujet, entre notre agent Ruffin et le Reis Effendi. — Talleyrand re-

nonce à l'ambassade de Constantinople et la fait donner à
Descorches. — Arrivée d'une dépêche de Ruffin expliquant
les dispositions hostiles de la Porte. — Mission de Dubois-
Thainville en Égypte pour en avertir Bonaparte. — Le débarquement à Alexandrie est connu par cette même dépêche
de Ruffin : — message du 14 septembre. — Dans la soirée,
la nouvelle de la bataille navale d'Aboukir arrive par Malte.
— Contre-coup immédiat de ce désastre, en Europe. —
Instructions rédigées pour Descorches; mais la déclaration
de guerre de la Porte fait suspendre son départ. — Premières dépêches d'Égypte, apportées par le courier Mothey.
— Retards qu'elles avaient éprouvés. — Impression légen-
daire répandue par les victoires de Bonaparte.

Impuissance de la République sur la Méditerranée; échecs
sur l'Océan.

Bonaparte conseille de reformer une flotte avec nos vaisseaux épars sur la Méditerranée. — Raisons qui s'opposent
à ce projet. — Le Directoire essaie d'avoir une escadre sur
cette mer, en l'empruntant à la marine espagnole. — Méfiance réciproque entre la France et l'Espagne, et propositions artificieuses du gouvernement français. — L'Espagne
ne veut faire campagne commune que sur l'Océan. — Ce
concours devient inutile par l'échec de nos expéditions en
Irlande : — capitulation du général Humbert; prise de la
division navale de Bompart. — Le Directoire renonce à attaquer les îles Britanniques et dispose ses forces contre
une nouvelle coalition.

Bonaparte sortit le 19 mai de la rade de Toulon, emmenant avec lui toutes les forces maritimes qui restaient à la France sur la Méditerranée.
Il ne laissait en arrière que quelques bâtiments
légers, et dans chacun des ports de Toulon et
d'Ancône trois vaisseaux vénitiens, usés et
désemparés. Au moment de s'éloigner, il avait

fait un dernier usage de l'autorité presque illimitée qui lui avait permis d'organiser en si peu de temps des moyens aussi considérables : c'était l'ordre [1] d'apprêter un second convoi, destiné à porter avec des munitions, de l'artillerie et des vivres, les soldats qui arriveraient en retard dans les dépôts de l'armée d'Orient. Ce convoi devait être partagé en deux sections, dont l'une, composée de navires de transport, prendrait la mer à la fin de mai avec un renfort de mille hommes, et l'autre, formée de deux des vaisseaux vénitiens qu'on armerait de son mieux, devrait aussi embarquer un millier de soldats et partir vers le 10 juin.

La rentrée d'une flotte anglaise dans la Méditerranée mit promptement le trouble au milieu de ces nouveaux préparatifs. Les Anglais, après avoir longtemps douté de l'armement de Toulon, en avaient pris alarme. Dès les premiers jours de mai, Nelson était détaché avec trois des vaisseaux qui bloquaient Cadix, pour aller observer les côtes de Provence. Surpris par une tempête qui faillit briser un de ses

1. *Corr. de Napoléon*, n° 2586.

bâtiments, il était resté dans les parages de la
Sardaigne jusqu'au commencement de juin. Là,
il fut rejoint par une escadre de douze vaisseaux
de ligne que l'amirauté plaçait sous son commandement, avec l'injonction de poursuivre
sans relâche l'expédition française et de ne rien
ménager pour la détruire. Les mouvements
des Anglais, signalés de divers côtés, aperçus
même le 12 juin à peu de distance de Toulon,
tenaient dans la perplexité les autorités de ce
port. L'ordonnateur Najac, qui jusqu'alors sui-
vait les instructions de Bonaparte avec la même
docilité que si le général eût été présent, demanda conseil à Paris; il reçut pour toute
réponse l'invitation de continuer l'embarquement, et d'apprécier par lui-même le moment
opportun de faire sortir le convoi. Déjà vingt-
six gros bateaux étaient remplis de munitions
de toute espèce : Najac suspendit le départ et
se mit, non sans découragement, à réparer les
vaisseaux vénitiens.

Chargé par Bonaparte lui-même de correspondre avec la flotte, il remplit ce devoir avec
tout le zèle que peut donner l'inquiétude. Pour
multiplier les avis sur les forces et la direction

des Anglais, il envoya successivement douze avisos, dont le plus grand nombre réussit à gagner
Malte ou à rejoindre l'armée sur la côte d'Égypte.

Le mois de juin se passa sans nouvelles de
l'expédition. Le 1er juillet, le gouvernement
apprit la capitulation de Malte, par le capitaine
d'un navire neutre que le hasard avait rendu
témoin de l'attaque et de la prise de la place[1].
Le récit étant assez circonstancié pour ne laisser aucun doute, le Directoire n'hésita pas à
annoncer par un message cet important succès.
Il est juste d'ajouter qu'il en éprouva une joie
véritable, celle de voir la France maîtresse,
sans coup férir, de la station la plus forte et la
plus convoitée de la Méditerranée. Cette victoire de l'armée d'Orient fut peut-être la seule
qui éveilla dans l'esprit des Directeurs un tel
sentiment des intérêts de la patrie, dégagé de
toute préoccupation personnelle de leur fortune
politique. Les dépêches mêmes de Bonaparte,
confiées à la frégate *la Sensible,* avec les drapeaux de l'Ordre et d'autres trophées recueillis

---

1. Récit du capitaine Drascovitch, ragusais (Jurien de la
Gravière, t. I, p. 359.) La nouvelle fut connue au même moment à Vienne. (Thugut, *Vertrauliche Briefe,* t. II, p. 106 et 109.)

à Malte, furent prises en mer le 27 juin après un combat peu honorable ; et ce fut par un simple courrier débarqué le 21 juin à Naples, que les Directeurs reçurent la relation authentique du vainqueur. En réponse, ils lui écrivirent, le 6 juillet, une lettre de vives félicitations. C'était leur première dépêche ; ce devait être l'une des deux qui parvinrent jamais jusqu'en Égypte. Elle fut remise à Lesimple, un des courriers favoris de Bonaparte. Ce brave homme s'embarqua à Toulon. L'aviso qui le portait s'étant échoué près d'Alexandrie pour éviter les Anglais, Lesimple vit massacrer par les Arabes une partie de l'équipage, fut emmené par eux, puis racheté de leurs mains, et vint remettre au Caire, le 9 septembre, sa dépêche qu'il n'avait pas abandonnée et qui ne méritait guère un semblable dévouement.

Depuis le départ encore si récent de Bonaparte, il se produisait prématurément en Irlande des événements qui devaient déranger le plan d'invasion, concerté entre le général et le Directoire. A la fin de mai, les comtés méridionaux avaient pris les armes. Ils obéissaient aveuglément à l'appel de sociétés occultes qui s'étaient propagées, ces dernières années, en Irlande, avec la prétention de secouer le joug des Anglais et de régénérer le pays par le régime républicain. Au commencement de 1798, les affiliés, sous le nom d'Irlandais-Unis, avaient nommé un comité exécutif pour préparer une révolte générale. En vain les Anglais saisirent les fils de cette machination et arrêtèrent les membres du comité[1] : un soulèvement se faisait néanmoins, et bien qu'il fût local et sans chefs, les troupes anglaises venaient d'éprouver plusieurs échecs sanglants. On n'était pas sans inquiétude, à Londres, sur une insurrection qui pouvait embraser toute l'Irlande et paraissait attisée par les Français. Et pourtant, le comité exécutif ne s'était pas mis en relations suivies avec notre gouvernement, soit que l'expédition manquée de Hoche l'eût averti de compter désormais sur ses propres forces plutôt que sur un appui étranger, soit que la surveillance des côtes eût gêné ses correspondances[2]. Surpris

---

1. Castlereagh's, *Memoirs*, t. 1, p. 353 et *passim*.

2. Talleyrand entretenait cependant à Paris des relations avec J. Thompson, qui se disait « député de l'Union irlandaise près la République française ». Thompson, membre d'un comité de l'Union, débarqua à Hambourg en février 1797 et

par la rébellion de l'Irlande, le Directoire
se hâta de changer les dispositions convenues
avec Bonaparte. Il s'entendit avec quelques
patriotes irlandais, réfugiés à Paris et à Hambourg, leur distribua des grades, de l'argent,
et rédigea avec eux des proclamations révolutionnaires. Comme le temps pressait, et que
le trésor, épuisé par l'armement de Toulon,
fournissait à grand'peine de faibles ressources,
les Directeurs adoptèrent le projet nouveau
d'armer dans les ports de l'Océan plusieurs frégates, et de les envoyer isolément porter des
hommes et des fusils aux révoltés. Ces expéditions partielles se préparèrent à la fois au Texel,
à Dunkerque, à Brest et à La Rochelle. La plus
considérable, celle de Brest, se composait de
huit frégates soutenues par un vaisseau de
ligne, et portant ensemble 2,500 hommes. La
seconde en importance, celle de La Rochelle,

rejoignit à Francfort le général Hoche qui l'avait mandé. Il
vint ensuite résider à Paris. Il y vit Bonaparte. « Quand il
fut question de l'expédition d'Angleterre, raconte-t-il lui-même,
ayant été présenté par le général Desaix au général Bonaparte,
ce dernier me demanda si je connaissais quelqu'un en qui
j'eusse assez de confiance pour le charger d'une mission secrète dans ce pays... Je le lui présentai quelques jours après. »
(Affaires étrangères, *Angleterre*, vol. 593, pièce 173; — Cf. vol. 595,
pièce 149.)

était de trois frégates, chargées de 1,020 hommes sous le commandement du général Humbert. Elle fut prête avant les autres, mit à la voile le 6 août et, le 22, vint aborder dans la baie de Killala.

La guerre contre les Anglais commençait donc dans le même temps au nord comme au midi : et déjà la révolte de l'Irlande, la reddition de Malte, pouvaient être regardées en France comme des présages de succès. On y sut bientôt que Bonaparte avait quitté Malte le 19 juin, et malgré les bruits les plus incohérents répandus sur sa destination, qui demeurait encore secrète, l'espérance remplaça par degrés l'anxiété des premières semaines. Son plus redoutable adversaire, Nelson, qui s'était enfoncé dans la direction du Levant, avait reparu le 18 juillet en Sicile; il avait perdu plusieurs jours à s'y ravitailler, avec la connivence des Napolitains, avant de remettre à la voile vers l'Est. Ce retour, connu à Paris dès le 18 août, prouvait que la poursuite ennemie était jusqu'ici inutile et que Bonaparte avait eu un temps suffisant pour atteindre son but[1]. Effec-

---

1. « Le Directoire exécutif est toujours privé de nouvelles

tivement quelques jours après, la rumeur arrivait de divers côtés que l'armée d'Orient avait débarqué à Alexandrie.

Le convoi de Toulon demeurait cependant au port. Najac, qui avait successivement équipé, pour le protéger, une vieille frégate, une corvette et les vaisseaux vénitiens, n'avait pas confiance dans cette faible escorte; il était convaincu qu'aucun de ses bâtiments n'échapperait à l'ennemi, qui ne pouvait manquer de surveiller étroitement les issues du Levant. Laisser les provisions à bord, c'était les perdre : il reçut à la fin d'août l'ordre de les faire rentrer dans les magasins, et de licencier le plus grand nombre des bateaux de transport.

En prononçant ainsi la dissolution du convoi d'Égypte[1], le gouvernement voulait faire de ces approvisionnements un usage à la fois moins périlleux et aussi nécessaire. Il en réser-

officielles du général Bonaparte ; cependant je suis persuadé qu'il a dû toucher en Égypte le 15 ou le 20 du mois passé [2 ou 7 août]. » (Dépêche de Talleyrand à Ruffin, du 19 août 1798.) Le débarquement avait eu lieu le 1er juillet.

1. En vertu d'un arrêté du 3 septembre, les dépôts concentrés à Toulon furent incorporés à l'armée d'Italie. Ils comprenaient les dépôts de Gênes et de Civita-Vecchia, rassemblés à Toulon au mois de juillet.

vait une partie pour la Corse, agitée par les intrigues anglaises, et qui avait besoin de munitions et même de renforts. Il destinait surtout les principales ressources au ravitaillement de Malte. Les lettres reçues de cette île parlaient toutes de l'extrême difficulté d'y réunir des vivres : on n'en trouvait ni en Sicile, ce grenier ordinaire des Maltais fermé par la malveillance déclarée de la cour napolitaine, ni sur la côte de Barbarie, où les négociants refusaient de risquer leurs navires. Le sort de Malte dépendait pourtant de ses magasins. Car pouvait-on douter que cette forteresse n'eût bientôt à subir le siège ou le blocus des Anglais, et que la faim ne devint plus redoutable que le feu de l'ennemi? Ce fut donc pour gagner Malte à la première occasion favorable, que les trois vaisseaux vénitiens et la frégate de Toulon durent compléter leur chargement. Le Directoire s'efforçait en même temps, avec un soin jaloux, de remettre cette île sous son pouvoir immédiat. Comme s'il voulait briser l'organisation qui la plaçait sous le commandement de Bonaparte, il nommait un commissaire pour administrer le pays, et songeait à remplacer le général Vaubois au gouvernement militaire de la place[1]. Il devait bientôt compléter ces mesures de défiance, en arrêtant que Malte, la Corse et les îles Ioniennes ne feraient plus partie de l'armée d'Orient, et seraient rattachées à celle d'Italie.

Il avait même été question de faire concourir à l'approvisionnement de Malte les trois vaisseaux vénitiens d'Ancône, et les bateaux restés à Corfou. Mais l'attitude, de jour en jour plus hostile, que prenaient les Turcs, détourna en partie de ce dessein; car il fallut bientôt penser à grossir nos forces dans l'Adriatique et autour des îles Ioniennes, pour faire face à un nouvel orage qui se formait rapidement à Constantinople.

C'était en effet une prétention difficile à sou-

1. Ce commissaire était Méchin : on lui adjoignit, le 15 août, trois secrétaires. Ainsi composée, la commission de Malte demeura plusieurs mois en Italie et y fut dissoute (Méchin, *Précis de mon voyage et de ma mission*, etc.). Quant à Vaubois, il fut rappelé par arrêté du 14 novembre. On chercha à le remplacer par Delmas, puis par Dessolle; on choisit enfin le général Cambray, qui sortit d'Ancône le 7 décembre sur *le Laharpe*, mais dut rentrer au port. La nécessité conserva donc à Vaubois des fonctions, qu'il se montra très digne de remplir. Il en fut de même à Corfou, où Chabot garda le commandement, parce que le général Belair, nommé pour le remplacer, ne put atteindre les îles : seul le commissaire général Dubois réussit à gagner Corfou, le 11 octobre.

tenir que celle de conquérir l'Égypte sans rompre avec la Porte qui la possédait. Dans cette espérance quelque peu douteuse, les Directeurs et Bonaparte avaient imaginé un raisonnement spécieux et artificiel dont ils s'étaient promis de ne jamais se départir. A les entendre, ils ne faisaient la guerre qu'aux beys des mamelucks, milice indisciplinée qui dominait en Égypte sous l'autorité nominale du Sultan, et dont l'insolence envers nos nationaux appelait une punition depuis longtemps méritée. La République se faisait justice elle-même ; mais ferme dans ses anciens sentiments d'amitié avec l'Empire ottoman, elle promettait de respecter partout la propriété des Turcs ainsi que la religion dont le Grand Seigneur était le patriarche. Loin de nuire à la Porte, ne faisait-elle pas plutôt ses affaires en soumettant en son nom des vassaux qui ne reconnaissaient aucun frein ? Un pareil sophisme ne pouvait être étayé qu'avec infiniment de dextérité ; et Talleyrand s'était engagé, sur les instances de Bonaparte, à construire lui-même à Constantinople ce délicat ouvrage. L'ambassade de France où il devait donner cette leçon de souplesse, était alors vacante par la mort d'Aubert-Dubayet et gérée par Ruffin, premier drogman[1]. Dès le 11 mai, Talleyrand lui avait révélé le secret de l'expédition de Toulon, lui recommandant de disposer l'esprit des membres du Divan par quelques confidences adroites. Il s'agissait de les rassurer sur nos intentions, à mesure qu'ils apprendraient l'arrivée et le progrès de notre armée en Égypte, et de les amener de la sorte à prévenir dans les Échelles du Levant les excès du fanatisme contre nos nationaux. Notre agent en avait conféré le 20 juin avec le Reis Effendi, sans réussir à le convaincre. Un second entretien tourna à la méfiance et à l'aigreur. Épié par les Turcs, qui lui dérobaient les nouvelles de la flotte française, Ruffin dut réclamer la protection mutuelle que se prêtent en Orient les envoyés des États chrétiens.

A l'annonce de ces vexations, Talleyrand, qui n'avait point de goût pour les aventures, encore

1. Le général Aubert-Dubayet avait été nommé le 8 février 1796, en remplacement de Verninac. Il mourut à Constantinople en décembre 1797. L'ambassade fut d'abord gérée par Carra Saint-Cyr, premier secrétaire, ainsi que par Ruffin. Ce dernier demeura seul chargé des affaires, en vertu d'un arrêté du 25 février 1798, qui fut mis à exécution le 9 mai.

moins pour le péril, renonça aussitôt à sa mission. Avait-il jamais pensé sérieusement à se rendre à Constantinople? Le peu d'occasions de se mettre en relief et de s'enrichir qu'offrait alors ce poste éloigné, permettrait d'en douter. Quels qu'aient été ses calculs ou ses craintes, il présenta, le 2 septembre, à la signature du Directoire, un arrêté désignant Descorches[1] pour l'ambassade de Turquie, et se ménagea le meilleur rôle en restant à Paris avec le portefeuille des relations extérieures.

Le 12 septembre, il reçoit de Constantinople une dépêche plus importante encore que les précédentes[2]. Ruffin y mandait avec certitude le débarquement de Bonaparte près d'Alexandrie : mais les procédés du ministre ottoman qui lui rapporta la nouvelle, avaient été des plus mortifiants et s'étaient terminés par une injonction de ne point franchir le seuil du palais de France. On publiait partout des firmans pour faire enle-

---

1. Descorches avait été ambassadeur à Constantinople pendant la Terreur. Il fut remplacé le 2 novembre 1794 par Verninac. Descorches quitta son poste le 6 avril 1795, arriva à Paris le 28 décembre, et fut tenu par le Directoire dans une sorte de disgrâce. Il eut à se défendre contre de vives attaques (voir *Sommaire de la Corresp. de E.-F. Hénin*).

2. Dépêche du 10 août 1798.

ver l'écusson républicain et interdire aux Français de se montrer le jour en public. L'effervescence religieuse propagée dans les Échelles, où nos consuls étaient insultés, les intrigues des Russes et des Anglais qui s'étaient emparés de l'oreille du Sultan ; tous ces signes de la colère des Turcs étaient assez menaçants pour qu'il fallût prévoir une rupture ouverte, et par suite, essayer d'en instruire Bonaparte. Talleyrand disposait à ce moment de la bonne volonté de Dubois-Thainville, qui, pourvu récemment du consulat d'Alger, offrait d'aller en Égypte avant de se rendre à sa résidence. Il lui remit une lettre qui résumait les dépêches de Ruffin et finissait par la mention toute sèche de la nomination de Descorches. Talleyrand n'ajoutait rien pour se justifier ; précaution de diplomate, qui devait du reste demeurer inutile, car la lettre, promenée par Thainville de Gênes à Ancône, ne prit point la route de l'Égypte.

Sur la foi de Ruffin, le débarquement de Bonaparte, qui depuis deux semaines était tour à tour affirmé et contredit, fut annoncé officiellement par un message, le 14 septembre. Le Directoire y parle pour la première fois de l'Égypte, et sans révéler ses inquiétudes sur la Porte, s'applique à justifier l'expédition par les arguments convenus. Après de longs développements sur la tyrannie des mameluks, « l'autorité de la Porte, dit-il, était entièrement méconnue : elle recueillera par les mains triomphantes des Français d'immenses avantages, dont elle était privée depuis longtemps. Enfin, pour le bien du monde entier, l'Égypte deviendra le pays de l'univers le plus riche en productions, le centre d'un commerce immense, et surtout le poste le plus redoutable contre l'odieuse puissance des Anglais dans l'Inde et leur commerce usurpateur. » D'unanimes applaudissements accueillirent ces paroles, et les Conseils votèrent sur l'heure que l'armée d'Orient méritait bien de la patrie.

La joie de la victoire ne fut pas de longue durée. Le même jour, par l'un de ces hasards que devraient toujours prévoir les politiques, on apprend à Paris la destruction de notre flotte à Aboukir. La nouvelle était partie de Malte, où le contre-amiral Villeneuve l'avait apportée[1].

---

1. La relation de Nelson fut portée à Naples le 3 septembre par la corvette *la Mutine*, et arriva à Londres le 2 octobre.

Deux vaisseaux et deux frégates qu'il amenait avec lui, un troisième vaisseau, *le Généreux,* qui s'était dirigé vers Corfou, étaient les seules épaves de ce désastre. Villeneuve l'expliquait d'un mot, lorsqu'il en attribuait la faute à la décadence de la marine française. S'il était trop tenté d'excuser par là sa propre inaction pendant la bataille, il n'en mettait pas moins le doigt sur une plaie évidente. Le mauvais état des équipages incomplets et levés à la hâte, l'hésitation des commandants qui, ne se sentant point secondés, en étaient réduits à redouter le combat au lieu de le désirer, donnèrent la victoire aux Anglais tout autant que le coup d'œil décisif et l'énergie impétueuse de Nelson.

Déjà les effets funestes de la bataille d'Aboukir se faisaient sentir dans toute l'Europe, surtout à Constantinople. Les Anglais y parlaient en maîtres, et, à leur exemple, les Russes, flattant l'orgueil irrité des Turcs, tenaient une escadre prête à pénétrer dans le Bosphore. Le 1er octobre, le chevalier de Azara, ambassadeur d'Espagne à Paris, reçut de Vienne l'annonce trop prévue que la Porte nous avait déclaré la guerre. Il était difficile de ne pas y croire. Cependant, soit que la provenance du bruit parût suspecte, soit que la résolution prise par les Turcs semblât un peu précipitée pour le caractère oriental, Talleyrand se hasarda, le 3 octobre, à rédiger les instructions de Descorches. Notre ambassadeur devait, s'il en était temps encore, s'appliquer à empêcher une rupture. Mais dans ces démarches comme dans le reste de sa conduite, il s'inspirera constamment d'une maxime : c'est que le gouvernement veut avoir l'Égypte à sa disposition pour pouvoir traiter avec l'Angleterre. Tel est le point culminant autour duquel tout doit rouler. Descorches pourra essayer d'abord d'affirmer devant les Turcs que la durée de l'occupation de l'Égypte sera celle même de la guerre avec les Anglais. Ce langage, toujours facile à retirer, peut avoir l'avantage de faire naître entre les Anglais et les Turcs le sentiment dissolvant d'un intérêt contraire. Si Descorches est mis en demeure d'expliquer plus clairement les intentions de la France, il cherchera successivement à faire prévaloir l'une, puis l'autre des deux propositions que voici. La première, la plus désirable, serait de laisser aux Français la force militaire, la perception de l'impôt et le monopole du commerce, sous la suzeraineté fictive de la Porte. L'autre système consisterait à échanger l'Égypte contre les îles Ioniennes, que les Turcs, croyait-on, commençaient à convoiter pour soustraire à notre influence révolutionnaire la Grèce mécontente et troublée. Descorches devait partir le 12 octobre, s'embarquer à Ancône, où tout fut disposé pour sa traversée. Bientôt la déclaration de guerre et les violences des mušulmans étant devenues certaines, il fallut arrêter, le 15, que la mission de Descorches resterait en suspens.

Les Directeurs reçurent, le lendemain, le courrier Mothey, qui leur remit les premières dépêches venues directement d'Égypte. Débarqué le 28 septembre à Ancône, où, par une faveur blâmée à Paris [1], il ne subit le retard d'aucune quarantaine, Mothey était seulement le troisième des émissaires partis d'un port égyptien pour l'Europe. Les deux premiers avaient mis à la voile quelques jours après le débarquement de

1. Un arrêté du 29 octobre, visant spécialement les courriers venus d'Orient, défendit toute infraction aux règlements de santé.

l'armée; l'un ne dépassa point Malte, l'autre plus malheureux devint prisonnier des Turcs. Pendant la plus grande partie de juillet, les communications entre le Caire et la côte étant interceptées par les Arabes, l'amiral Brueys, qui ne recevait ni ordres ni nouvelles du général en chef, avait toujours attendu pour expédier ses avisos. Lorsque Bonaparte, affermi dans le Caire par ses combats contre les mamelucks, eut commencé à châtier les Arabes et à rouvrir les chemins du Delta, il avait fait partir un courrier qui, surpris le 7 août sur le Nil par des canots anglais, dut abandonner le plus grand nombre de ses paquets aux mains de l'ennemi. Dans plusieurs des lettres écrites par l'armée, on lisait l'expression de l'abattement causé par une marche haletante dans le désert, sous un ciel embrasé, et du regret de la patrie qui se réveillait par ces souffrances inattendues. Ce sont les premières correspondances que les Anglais ont publiées[1], après un choix partial qui n'a pas même respecté un billet intime adressé

---

1. *Copies of original Letters from the Army of Bonaparte in Egypt.* Ce recueil fut publié à Londres vers le 15 décembre 1798. Au mois de mars suivant, il en parut une suite. Les deux volumes furent réimprimés presque aussitôt à Paris.

par Bonaparte à son frère Joseph[1]. Quant aux dépêches destinées au Directoire, elles furent détruites à temps par le courrier saisi ; mais aussi, il fallut en apprêter au Caire un nouvel envoi, et après tous ces délais elles n'étaient parties que le 27 août, dans la valise de Mothey. Elles racontaient, sous la forme la plus saisissante, la suite des événements depuis le débarquement de l'armée, l'assaut d'Alexandrie, le désert, la bataille des Pyramides, les conseils inutiles de Bonaparte à l'amiral Brueys pour éloigner la flotte du mouillage fatal où elle avait péri. Ces récits, reproduits dans les journaux, répétés dans les familles, s'emparèrent des ima-

1. Cette lettre est datée du Caire, 25 juillet 1798. Elle est très curieuse, non seulement parce que le général annonce qu'il peut « être en France dans deux mois », mais parce qu'il fait l'aveu de ses soupçons sur Joséphine. Le texte, publié d'abord avec quelques omissions (*Copies of original Letters*, t. II), a été donné intégralement par Goldsmith (*Hist. secrète du cabinet de Napol.*, appendice, p. i), et par Du Casse (*Les rois frères de Napol.*, p. 8). C'est à tort que la pièce a été omise dans la *Corr. de Napoléon*. Elle est d'une authenticité incontestable, et qui se prouverait, au besoin, par deux témoignages contemporains : 1º celui de Nelson (*Dispatches*, t. III, p. 99) ; 2º celui de l'enseigne Desplaces, qui, envoyé le 10 août comme parlementaire, entendit les Anglais parler de la lettre. Voici ce que rapporta Desplaces : « Dans une lettre du général en chef au citoyen son frère, il y était dit : Ayez bien soin de notre mère ; pour moi, j'éprouve beaucoup de chagrins domestiques. »

ginations avec une telle vivacité, que la légende
des victoires d'Égypte se trouva dès ce moment gravée dans l'esprit du peuple, sous les
traits merveilleux qu'elle devait toujours conserver.

Pendant cette rapide conquête, Bonaparte
avait perdu peu de soldats et ne semblait point
réclamer de secours. Mais plusieurs passages
de ces dépêches, qui ne furent point livrés au
public, pressaient le gouvernement de rassembler en escadre de guerre nos divers vaisseaux
de la Méditerranée : les trois qui s'étaient échappés d'Aboukir, les six qui étaient restés à Toulon et à Ancône, un vénitien laissé à Corfou, et
un maltais conquis sur l'Ordre de Malte. Il voulait ajouter à ces débris d'armement naval deux
vaisseaux vénitiens de son expédition, qui s'é-
taient réfugiés à Alexandrie avant la bataille.
Ayant recueilli dans ce port presque tous les
matelots de Brueys, rendus par les Anglais
sans condition, il proposait de fournir en large
partie les équipages de cette flotte improvisée,
qui, selon son calcul, pouvait être de douze navires et devait obliger les Anglais à diviser leurs
forces pour y faire face. Ce projet, juste dans

l'intention, fut repoussé par le Directoire comme impraticable, et non sans raisons sérieuses. Il n'était, à vrai dire, possible de compter pour la guerre que les trois vaisseaux de l'ancienne flotte de Brueys ; or deux d'entre eux étaient bloqués à Malte ; le troisième, aussi peu disponible, était nécessaire à la défense de Corfou. Quant aux six bâtiments recueillis autrefois à Venise, ils étaient à bout de service militaire ; d'ailleurs on les jugeait indispensables comme transports pour ravitailler les îles de la Méditerranée : ceux de Toulon étaient réservés pour Malte [1]; ceux d'Ancône devaient être équipés pour Malte et Corfou par l'amiral Pleville-le-Pelley, qui avait reçu, le 4 octobre, la mission d'en précipiter l'armement, en dépit de tous les obstacles [2].

Il en coûtait cependant à la fierté du Direc-

1. Au lieu des vaisseaux, on expédia de Toulon la vieille frégate *la Boudeuse*, qui aborda à Malte le 4 février 1799.

2. L'amiral, arrivé à Ancône en novembre, s'occupa aussitôt d'armer les trois vaisseaux vénitiens. *Le Laharpe* reçut deux bataillons (environ 1,500 h.) pour Malte ; *le Stengel* et *le Béraud* embarquèrent une demi-brigade (environ 2,000 h.), pour Corfou. Ces bâtiments mirent à la voile le 7 décembre ; mais ils faisaient eau de toutes parts, les équipages et les capitaines étaient au-dessous de leur tâche. Après un mois d'une navigation inutile, l'expédition rentra dans Ancône.

toire d'être obligé d'avouer qu'il ne disposait plus sur la Méditerranée d'un seul vaisseau de ligne en état de combattre. Il avait essayé de faire quelques emprunts à la marine espagnole, sans attendre du reste grand effet de ces démarches si visiblement intéressées. Les relations avec la cour de Madrid étaient alors empreintes d'une méfiance mutuelle : l'Espagne se plaignant que la République opprimait l'infant de Parme et gênait le rétablissement de la paix avec le Portugal ; la France reprochant au roi de se laisser circonvenir par les manœuvres des Anglais[1]. Avec de tels soupçons, le Directoire avait jusqu'au dernier moment caché à son allié l'objet de l'expédition de Bonaparte. Dans le début, il lui demandait de rester immobile à Cadix ; puis, quand nos troupes atteignirent l'Égypte, il l'invita, mais sans succès, à attaquer l'amiral Jervis. Cette flotte de Cadix, sur laquelle aujourd'hui nous étendions la main, formait en dernier lieu deux divisions : une réserve de onze bâtiments abandonnés au fond de la baie sans un matelot pour les monter, et une escadre active

____

1. Lettre du Directoire au roi d'Espagne, 12 septembre 1798.

de dix-huit vaisseaux, dont quinze disponibles, qui était commandée par l'amiral Joseph de Mazarredo. Sous la première impression du désastre d'Aboukir, les Directeurs eurent la prétention de s'approprier une vingtaine des vaisseaux de Cadix en les appelant à Toulon. Les Espagnols refusèrent, alléguant que Mazarredo ne réussirait point à forcer le blocus de Jervis, qui croisait sans cesse en vue du port avec quatorze vaisseaux, quelquefois avec seize. Cette réponse était une défaite plutôt qu'une raison de bon aloi; car, le 29 septembre, par une contradiction évidente, le roi offrait de faire sortir sa flotte pour aller opérer en Irlande, « convaincu, disait-il, que c'est là qu'il faut porter le coup mortel aux Anglais. » A leur tour, les Directeurs, comprenant que la cour d'Espagne consentait à combattre sur l'Océan pour éviter de se compromettre dans la Méditerranée, usèrent d'un artifice semblable, et, le 17 octobre, soumirent à Madrid un projet fictif de trois opérations maritimes. Ils demandaient aux Espagnols d'envoyer dix vaisseaux en Irlande, quelques-uns à Saint-Domingue, et enfin quelques autres dans les parages de l'Italie.

C'étaient surtout ces derniers qu'au fond ils visaient à obtenir, afin de les employer, avec un profit purement français, à l'approvisionnement de Malte et de Corfou, et à la surveillance de la côte italienne. Mais le cabinet espagnol se tenait sur ses gardes, et attentif à ne point se dessaisir des vaisseaux pour l'Italie, il ne faisait bon accueil qu'à la proposition sur l'Irlande.

Le Directoire se serait peut-être résigné à accepter ce concours, le seul que son allié semblait disposé à fournir, s'il n'avait pas éprouvé en ce moment même, du côté de l'Irlande, les mécomptes les plus décourageants. L'envoi successif de détachements français, trop faibles pour se suffire à eux-mêmes, ne pouvait se comprendre que s'il s'était agi de renforcer une armée d'insurgés irlandais, capable de tenir la campagne. Or les Irlandais-Unis n'eurent jamais sur pied que des bandes, sans direction commune; et leur rébellion, aisément circonscrite par les Anglais, était étouffée depuis le commencement de juillet. Humbert, arrivé trop tard, s'était avancé avec 800 hommes au milieu d'un pays déjà pacifié : cerné par les troupes anglaises, il mit bas les armes le 8 septembre [1]. Cette capitulation fut suivie d'un malheur plus irréparable. La division des frégates de Brest, commandée par l'amiral Bompart qui montait le vaisseau *le Hoche,* n'avait pu échapper que le 16 septembre à l'escadre de blocus de lord Bridport. Jetée loin de sa route par des vents contraires, elle approcha, le 11 octobre, du rivage irlandais, où l'amiral Warren l'attendait avec des forces supérieures : le vaisseau et six frégates sur huit amenèrent pavillon. La nouvelle fut connue à Paris le 27 octobre. Il n'était plus temps de contremander trois autres expéditions qui étaient déjà en mer : celle de deux frégates du Texel qui sortirent le 25 octobre et furent capturées par l'ennemi, celle d'une frégate de Dunkerque [2], enfin celle des trois frégates de la Rochelle qui repartirent le 13 pour la baie de Killala, d'où elles regagnèrent la France à travers mille dangers. Du moins le Directoire, revenu de ses illusions sur la révolte irlandaise,

1. Quand Bonaparte eut connaissance de cette entreprise, il la traita de « ridicule » (*Corr.* nº 3953).

2. *L'Anacréon* portant Napper-Tandy et quelques officiers irlandais et français, sortit de Dunkerque le 4 septembre, aborda le 16 en Irlande, et y apprenant la capitulation d'Humbert, alla se réfugier en Norwège.

put arrêter les préparatifs d'un second convoi qui se formait à Brest, avec un appareil plus considérable que le précédent, puisqu'il comprenait six vaisseaux, trois frégates, et une division de 5,000 hommes. Il laissa nos ports de l'Océan retomber dans l'inaction, et, détournant les yeux des côtes inaccessibles de la Grande-Bretagne, il reporta toute son attention vers une guerre qui s'annonçait de nouveau sur le continent, en Allemagne et surtout en Italie.

CHAPITRE III

NOUVELLE COALITION

(NOVEMBRE 1798 A 12 MARS 1799)

Commencements de la guerre générale.

État général des affaires exposé dans une lettre des Directeurs à Bonaparte, le 4 novembre : — animosité des anciens ennemis de la République ; inertie de ses alliés ; — opérations possibles dans les Indes ; — Bonaparte laissé maître d'agir à son gré. — Un premier envoi de cette lettre importante ne réussit point. — Sur la Méditerranée, les Anglais s'emparent des îles de Gozzo et de Minorque ; — les Turcs et les Russes assiègent Corfou. — Excès du fanatisme dans tout le Levant : — le Directoire voudrait y répondre par un soulèvement des Grecs. — En Italie, marche des Napolitains sur Rome.

Conseils de Bonaparte.

Renseignements fournis sur l'Égypte par le contre-amiral Blanquet et le commissaire Julien. — Faux bruit de la mort de Bonaparte. — Dépêches du Caire apportées par le courrier Thibaut. — Bonaparte presse le gouvernement de refaire une marine sur la Méditerranée ; — il insinue l'avis d'y faire passer les vaisseaux de Brest ; — il annonce son retour comme prochain.

Le Directoire décide l'envoi de la flotte de Brest dans la Méditerranée.

Sur ce point, les idées de Bonaparte sont partagées par le Directoire. — Arrêté du 19 décembre : — l'amiral Bruix fait armer à Brest vingt-quatre vaisseaux de ligne. — Quel secours attendre des marines alliées ? — On renonce au concours des Bataves. — Avec l'Espagne, on use de détours et de déguisements. — M. de Urquijo : il consent à mettre la flotte de Cadix à notre disposition. — Suite des événements militaires dans le bassin de la Méditerranée : — déroute des Napolitains et conquête de Naples ; — guerre déclarée par les régences Barbaresques.

Communications avec l'Égypte.

Urgence de faire parvenir des nouvelles à Bonaparte. — Bulletin du 3 mars ; — second envoi de la lettre du 4 novembre. — Les correspondances pour l'Orient ne peuvent suivre la route de Barbarie, ni celle de la Calabre. — Expéditions essayées par Ancône : elles échouent. — Au contraire par Gênes, le courrier Mourveau atteint promptement l'Égypte ; — il rejoint Bonaparte en Syrie. — Depuis le courrier Lesimple, le général n'avait reçu des nouvelles d'Europe que par un navire marchand.

Déclaration de guerre à l'Autriche.

Louis Bonaparte arrive d'Égypte avec les mêmes dépêches que celles de Thibaut. — Attitude des frères du général ; ils sont rangés dans l'opposition contre le Directoire. — Vote de la guerre contre l'Empereur, le 12 mars 1799.

Une lettre, que les Directeurs écrivirent le 4 novembre à Bonaparte, expose l'état des affaires sous ce jour inquiétant pour la paix de l'Europe. L'Autriche, comme Bonaparte ne l'ignorait point, ne peut, disent-ils, se résoudre à perdre la domination de l'Italie, ni à laisser en repos la Révolution française. A la suite de conférences tenues à Seltz avec M. de Cobenzl, le renouvellement de la guerre n'a plus semblé douteux ; l'influence décidément hostile de M. de Thugut a recommencé à prévaloir dans les conseils de la cour de Vienne. La bataille d'Aboukir est venue précipiter le cours déjà si troublé des événements. D'une part elle pousse les Turcs dans les bras des Russes, leurs mortels ennemis ; et l'on croit que, libres de passer les Dardanelles, les vaisseaux de Paul Ier iront assaillir l'île de Malte, dont ce prince désire la possession avec une ardeur de maniaque. C'est aussi la victoire de Nelson et la présence de sa flotte qui soulèvent les Deux-Siciles, où les préparatifs militaires, continués au grand jour, font prévoir une agression prochaine. Le Directoire regarde donc la lutte comme imminente. Il vient de mettre en activité 200,000 conscrits, et d'organiser les commandements sur le Rhin et en Italie, « ce pays, dit-il, où se porteront les plus grands efforts et les coups décisifs. » Poursuivant cette sombre revue, il examine ensuite la politique ou les ressources de chacun de ses alliés. La Prusse, qui prétend nous favoriser, continue à chercher sa sécurité et son profit dans la mésintelligence entre la République et l'Empereur[1]; elle fomente la guerre sous le masque de la neutralité. Nulle aide à attendre des républiques italiennes, et peu de secours des Suisses et des Bataves. Quant à la cour de Madrid, elle parle bien d'unir à Brest sa flotte à la nôtre; mais quel fond peut-on faire sur de telles promesses? Ainsi délaissée, la République ne se méprend point sur les conséquences de cet isolement; elle ne compte que sur elle-même pour vaincre la coalition.

« Mais pour revenir à ce qui vous concerne, disent les Directeurs à Bonaparte, aussi long-temps que la Méditerranée sera occupée par les Anglais et les Russes, il sera impossible d'établir avec vous des communications suivies et de vous faire passer des renforts d'hommes et de munitions. Le Directoire ne sait pas même si, malgré les mesures de tout genre qu'il a prises, il viendra à bout d'approvisionner Malte[2]...

1. Bailleu, nᵒˢ 254, 270, 279, etc.
2. Rapport de Bruix au Directoire, 26 octobre 1798. En

Vous devez donc, au moins pour quelque temps, vous arranger pour vous suffire à vous-même... Ne pouvant vous envoyer des secours, le Directoire Exécutif se gardera de vous donner des ordres, même des instructions. Celles-ci, vous les tirerez de votre position même et de la manière dont vous serez établi en Égypte. Le Directoire ne veut que vous faire part des considérations qui le frappent et vous communiquer les données qui peuvent servir à vous décider. »

Ces réflexions portaient sur deux opérations différentes que pourrait entreprendre Bonaparte. Le Directoire, sans se préoccuper de la distance et du climat, parle d'abord d'une marche sur Constantinople. Il y voit l'avantage d'assister de près et armé au partage inévitable de l'Empire ottoman, dont la crise actuelle menace de consommer promptement la ruine.

L'autre opération, entrevue autrefois par Bonaparte lui-même, consisterait à transporter la guerre dans les Indes. Les Directeurs avaient remis au général, avant son départ, des lettres

vertu d'un traité passé le 10 octobre, les négociants Bacri et Abucaya réussirent à faire entrer un navire à Malte. De même, quelques vivres furent apportés de Marseille et de Gênes, mais en quantité insuffisante.

de créance auprès des divers princes indiens [1].
Sur sa propre demande, ils lui avaient envoyé le
commandant Piveron qui, par sa connaissance
de l'Indoustan, paraissait propre à nouer des
intelligences avec Tippoo-Saib. Piveron, embarqué le 16 août à Toulon, ne put d'abord continuer son voyage par mer; d'Ancône, il gagna
Corfou où il était resté, s'employant du reste
avec courage à la défense de cette forteresse.
Depuis cette mission inutile, le Directoire avait
reçu de l'île de France, avec quelques renseignements sur la position des Anglais dans les
Indes, un traité d'alliance qu'on disait proposé
par Tippoo-Saib au gouvernement de notre
colonie. La pièce n'était point signée, et d'ailleurs l'administration de l'île de France, bien
que très fidèle à la nationalité de la métropole,
n'en reconnaissait plus les lois et gouvernait
chez elle avec une sorte d'indépendance qui ne
permettait guère de lui adresser des instruc-

1. Le directeur Merlin, à Talleyrand, 22 avril 1798 : « Les
lettres de créance que vous avez adressées au Directoire
Ex., ne remplissent pas l'objet qu'il s'est proposé. Il en faut
non seulement pour Tippoo Sultan, mais encore pour les
autres princes de l'Inde. Le plus sûr est de laisser en blanc
les noms de ceux-ci... »

tions. Dans le double dessein de rétablir dans la
colonie la constitution de l'an III, et de profiter
des ouvertures de Tippoo-Saib, les Directeurs
s'étaient décidés, le 26 octobre, à envoyer à
l'île de France un « agent particulier ». Leur
choix s'était porté sur un ancien député du
pays, sur Louis Monneron. Ils lui recomman-
daient, aussitôt après son arrivée, d'expédier
un bâtiment léger dans la mer Rouge pour
connaître la situation de Bonaparte, établir avec
lui des communications suivies, et mettre à sa
disposition trois frégates et quelques corsaires
qui formaient toutes les forces navales de la
colonie. Louis Monneron, impliqué dans une
banqueroute à la fin de novembre, ne devait
jamais s'embarquer; mais à ce moment les Directeurs pouvaient regarder son départ comme
certain. « Si donc vos vues, écrivaient-ils à
Bonaparte, se tournaient vers l'Inde, le citoyen
Monneron ne manquerait pas de vous seconder
avantageusement. »

« Mais, le Directoire le répète avec toute confiance, seul vous savez ce que vous pouvez et ce
que vous devez faire. Le retour en France
paraissant difficile à effectuer dans le moment,

il paraît vous laisser trois partis, parmi lesquels vous pouvez choisir : demeurer en Égypte, en vous y formant un établissement qui soit à l'abri des attaques des Turcs ; mais vous n'ignorez pas qu'il y a des saisons extrêmement funestes aux Européens, surtout quand ils ne reçoivent pas des secours de la métropole ; — pénétrer dans l'Inde où, si vous arrivez, il n'est pas douteux que vous ne trouviez des hommes prêts à s'unir à vous pour détruire la domination anglaise ; — enfin marcher vers Constantinople au devant de l'ennemi qui vous menace. C'est à vous à choisir, d'accord avec l'élite des braves et d'hommes distingués qui vous entourent. Mais de quelque côté que se tournent vos efforts, nous n'attendons du génie et de la fortune de Bonaparte que de vastes combinaisons et d'illustres résultats. »

Cette dépêche, la seule importante que le Directoire ait envoyée en Égypte, ne devait arriver aux mains de Bonaparte qu'à la fin de mars, trop tard pour influer sur l'expédition de Syrie qu'elle semblait conseiller, mais encore à temps pour fournir sur l'état de l'Europe les lumières les plus instructives. Elle fut d'abord confiée au chef de brigade Lucotte, qui se rendit à Barcelone, où il attendit vainement l'occasion de prendre passage sur un navire espagnol, et à Michel Magallon, qui arriva jusqu'à Tunis sous un nom supposé sans pouvoir aller au delà. On verra qu'un second envoi d'émissaires, fait après le 29 décembre, eut un meilleur succès.

Les prévisions du gouvernement sur une guerre générale commençaient à se réaliser de divers côtés. Dans la Méditerranée, les Anglais se fortifiaient de toutes mains. Les Maltais, s'étant soulevés avec des armes que Vaubois leur avait rendues, Nelson parut le 15 octobre devant la petite île de Gozzo et s'en empara[1]. On le sut à Paris le 28 novembre, deux jours après la nouvelle plus grave d'une autre capitulation, celle du port espagnol de Mahon, qui s'était rendu aux Anglais le 16 de ce mois. Maîtres par là de Minorque où ils se pressaient de s'établir, tout-puissants dans la Sicile et dans la Sardaigne, où ils se faisaient recevoir en libérateurs[2], les Anglais étaient maintenant à portée

---

1. La révolte des Maltais commença le 2 septembre et fut connue assez promptement par la voie de Naples. — L'île de Gozzo capitula le 28 octobre.

2. Notre consul à Cagliari, Coffin, quitta la Sardaigne au

de ravitailler commodément leurs escadres. Nelson aurait même souhaité de devancer les Russes et les Turcs, dont la flotte combinée se dirigeait vers les îles Ioniennes; mais il dut leur abandonner cette proie[1]. Déjà, par terre, les Turcs avaient refoulé dans ces îles les forces insuffisantes du général Chabot, et le pacha de Janina, après avoir enveloppé à Nicopolis quelques centaines de nos soldats, les traitait avec la cruauté du barbare et la haine plus farouche encore du musulman.

Ce fanatisme qui se réveillait partout dans le Levant, en Grèce, comme sur les côtes de l'Afrique et de l'Asie, pouvait faire craindre les fureurs d'une guerre sainte. On savait maintenant que Ruffin était enfermé aux Sept-Tours; que dans tout l'Empire turc les consuls de la République étaient prisonniers, et nos nationaux, saisis indistinctement, languissaient à la chaîne au fond des châteaux forts de la mer Noire. A ces excès le Directoire ne pouvait répondre par

commencement de janvier 1799, parce que les magistrats de l'île avaient décidé de se mettre sous la protection anglaise.

1. Après la conquête des petites îles, la flotte combinée vint bloquer Corfou le 4 novembre. Les habitants prirent aussitôt parti pour l'ennemi.

des vengeances semblables. Réduit à retenir à
Paris comme seul otage l'ambassadeur ottoman,
il cherchait au contraire à l'échanger contre le
plus grand nombre possible de nos concitoyens[1],
et demandait à l'ambassadeur d'Espagne à
Constantinople, M. de Bouligny, de tenter cette
négociation charitable. Mais, à défaut de représailles contre les personnes, l'autorité du Sultan semblait vulnérable dans ses sujets chrétiens de l'ancienne Grèce : c'était par là que le
Directoire espérait frapper, en colportant parmi
ce peuple insoumis son manuel habituel de doctrines révolutionnaires. En effet, le 14 novembre,
il créa un comité d'insurrection grecque, composé de Mangourit, Émile Gaudin et Stamaty,
avec mission de résider à Ancône, et de dissimuler sa propagande sous le prétexte de ranimer le commerce français dans l'Adriatique[2].

1. Le Directoire prétendit, le 13 décembre, obtenir la liberté
de tous nos nationaux, emprisonnés par les Turcs. Cette proposition était peu acceptable, parce que le nombre des sujets
ottomans retenus en France était hors de proportion avec celui des Français mis aux fers dans le Levant. Le 30 janvier
1799, Talleyrand se réduisit donc à réclamer l'échange des
agents accrédités des deux nations. On verra plus loin que
même cette seconde demande ne fut pas accueillie.

2. Mangourit et Stamaty, arrivés les premiers à Ancône,
commencèrent le 26 janvier les opérations de la commission.

Le principal des coalisés, l'Empereur, cherchait encore à gagner du temps. Plus impatients et moins avisés, les Napolitains se laissèrent entraîner par Nelson, et se mirent en marche le 23 novembre. Le 4 décembre, le Directoire leur déclara la guerre.

Ces dernières semaines, les nouvelles d'Égypte arrivaient avec une sorte d'abondance. Le 15 novembre, le Directoire avait admis à sa séance le contre-amiral Blanquet Du Chayla, prisonnier sur parole des Anglais, qui l'entretint longuement du désastre d'Aboukir. Un commissaire des guerres, Julien, parti d'Alexandrie le 13 octobre, apportait les ordres du jour, les imprimés de toute espèce qui faisaient connaître les travaux de l'armée d'Orient. Ces mêmes documents, prodigués en vue de la publicité, parvenaient

Mais déjà il était presque impossible de communiquer avec la Grèce. Stamaty paraît avoir distribué quelques imprimés révolutionnaires : nous avons retrouvé deux de ces libelles, qui sont écrits en langue grecque. La commission tourna bientôt son activité vers les affaires d'Italie ; elle prétendit équiper des corsaires et diriger les autorités de la République romaine. Cette usurpation de pouvoirs mécontenta les Directeurs, qui prononcèrent, le 18 mars, la dissolution de la commission de commerce. L'arrêté fut exécuté le 10 avril. Stamaty resta encore quelques semaines chargé de la correspondance secrète avec les Grecs, et quitta Ancône au mois de mai.

alors dans tous les ports de l'Europe, où les
transportaient les bateaux neutres du convoi
de Bonaparte, qui avaient été licenciés à la fin
de septembre et se glissaient chaque nuit hors
d'Alexandrie, à travers la croisière anglaise.
Plus de quarante avaient été incendiés par l'ennemi, mais plus de cinquante autres, échappés
à cette surveillance, couraient dans toutes les
directions sur la Méditerranée.

Enfin, le 13 décembre, un paquet de lettres
de Bonaparte est déposé entre les mains des
Directeurs. Il était envoyé d'Ancône par un
courrier, du nom de Thibaut, sorti d'Alexandrie le 8 novembre, et subissant sa quarantaine.
Thibaut annonçait qu'il était parti d'Égypte un
jour après Louis Bonaparte, le frère du général, et qu'il apportait un double des mêmes dépêches.

Précisément à ce moment, on répandait un
bruit qui troubla profondément les esprits. On
disait que Bonaparte était mort. Les uns le faisaient tué dans un combat contre les Turcs
sous Alexandrie; les autres le prétendaient
assassiné dans une révolte au Caire. La rumeur
venait de Vienne, et se propagea jusqu'à Lon-

dres, où la populace la fêta par des réjouis-
sances. On remarqua que madame Bonaparte
ne se montrait plus en public. Malgré la contradiction de ces versions, le Directoire fut
assez alarmé pour écrire le 14 à l'amiral Pléville-le-Pelley d'interroger lui-même à Ancône
le courrier Thibaut, qui avait dû s'embarquer
après l'événement. Il n'eut pas besoin de cette
réponse : quelques jours après, la *Gazette de
Vienne* démentait ses propres assertions. Il n'y
avait de vrai dans ces nouvelles que la révolte
du Caire, et la mort d'un général français, tombé
sous les premiers coups des fellahs insurgés.

Rassurés sur la vie de Bonaparte, les Directeurs prirent une connaissance plus attentive
de sa correspondance. L'intérêt véritable n'en
consistait point dans le récit des combats contre
les Arabes, ou des heureux débuts de Desaix
sur le haut Nil, mais dans les vues politiques et
militaires qui s'y trouvaient exposées. Bonaparte persévérait, malgré le désastre d'Aboukir, à regarder l'occupation de l'Égypte comme
l'atteinte la plus nuisible que pût recevoir alors
la puissance britannique. Selon lui, il y avait
deux manières de tirer avantage contre les An-

glais de la position de notre armée dans le Levant. Et d'abord, si la tournure des négociations de Rastadt faisait craindre le renouvellement de la guerre avec l'Empereur et une coalition nouvelle, « il peut être avantageux à la République, disait Bonaparte, de faire de la conquête de l'Égypte un moyen de paix glorieuse avec l'Angleterre : alors il faut prendre la chose sur le temps et vivement[1]. » L'état de la colonie, qui se consolidait de jour en jour, et n'avait besoin que d'un peu de renforts et surtout de nouvelles de la patrie, permettrait dès à présent d'obtenir de l'Angleterre des concessions jusqu'ici refusées. Si, au contraire, par sécurité sur le continent ou par d'autres raisons, le Directoire était décidé à poursuivre la lutte avec les Anglais, il devait s'associer aux efforts de Bonaparte, et pour cela reconstituer une marine dans la Méditerranée.

Le général répétait avec insistance ce qu'il avait écrit récemment, quand il exposait la nécessité de réunir ensemble nos vaisseaux épars sur cette mer. C'était moins pour secourir l'ar-

______

1. *Corr. de Napoléon*, n° 3439.

mée d'Orient, que pour coopérer avec elle, en obligeant les Anglais à entretenir une escadre considérable près des bouches du Nil, au lieu de trois ou quatre bâtiments qu'ils y promenaient sans danger. Le moment était venu de mettre en mouvement la flotte inerte de l'Espagne, et, par un traité opportun avec la cour de Lisbonne, de détacher de Nelson les vaisseaux portugais dont le pavillon venait de se montrer en ennemi devant Alexandrie. « Je ne crois pas qu'il soit politique de rester sur la Méditerranée avec si peu de vaisseaux, » continuait Bonaparte; et, persuadé qu'en son absence on ne tenterait rien de sérieux contre la côte anglaise, il faisait un pas de plus, et insinuait l'avis de faire partir la flotte de Brest pour l'Orient. « Si vous ne pouvez rien faire en Irlande, peut-être serait-il convenable de porter dans la Méditerranée toute la guerre maritime. Cette guerre serait plus difficile et plus coûteuse pour l'Angleterre; il faudrait qu'elle nourrît trente vaisseaux au fond de l'Archipel, tandis que l'Égypte, Corfou, Malte, l'Italie, nous donnent mille moyens. » Dans ce système, Alexandrie pourrait au besoin servir de refuge, un sondage

ayant rectifié l'erreur funeste de l'amiral Brueys
et prouvé que les passes du port étaient acces-
sibles aux plus gros navires Mais. le point d'appui le plus ordinaire de nos flottes devait être
à Corfou ; c'est de là qu'elles pourraient avec
sûreté tenir en échec tous nos ennemis sur la
Méditerranée. En outre, un rassemblement de
vaisseaux autour des îles Ioniennes serait nécessaire à d'autres égards. Bonaparte se montrait
inquiet de l'attitude de la Porte ottomane. Sans
connaître encore la rupture, il en avait le pres-
sentiment. Il continuait à presser Talleyrand
de se rendre à Constantinople ; mais en même.
temps, prévoyant la guerre avec les Turcs, il
conseillait d'envoyer Bernadotte à Corfou pour
envahir la Morée et l'Albanie, sous la protection de la flotte, et retenir sur le vieux sol de la
Grèce une partie des hordes ottomanes. Le
détail de ces combinaisons diverses se résumait
dans une idée très simple : celle de refaire la
force navale détruite à Aboukir[1], et, dans cette

1. A Corfou, la même idée était venue au commissaire
Dubois : « Je ne vois qu'un moyen de sauver ce boulevard
de l'Adriatique [Corfou], c'est d'y faire passer... une escadre
de 10 à 12 vaisseaux de ligne, pour chasser l'ennemi... L'expédition d'une pareille escadre, si elle est possible, pourra

vue, de renoncer à des entreprises sur l'Océan, que Bonaparte supposait maintenant impraticables et qui l'étaient réellement.

Si l'exécution de ce plan, devait être commencée pendant l'hiver, elle ne pouvait s'achever qu'au moment de la belle saison. Bonaparte annonçait qu'alors sans doute il serait revenu en Europe. « Je ne pourrai pas être de retour à Paris, comme je vous l'avais promis, au mois d'octobre, » écrivait-il sous la date du 8 septembre, « mais cela ne tardera que de quelques mois. » — « Lorsque je saurai, disait-il le 7 octobre, le parti définitif que prendra la Porte, et que le pays sera plus assis et nos fortifications plus avancées, ce qui ne tardera pas, je me résoudrai à passer en Europe; surtout si les premières nouvelles me font penser que le continent n'est point encore pacifié, je me résoudrai à passer [1]. »

Les Directeurs ne laissèrent point ces dépê-

remplir un second objet, celui, après avoir touché Corfou, de porter des secours en Égypte, but qui sûrement doit exciter toute la sollicitude du gouvernement. » Cet avis, daté du 7 décembre, ne fut connu à Paris que le 10 mars 1799, et n'a pu influer sur les décisions du Directoire.

1. *Corr. de Napoléon*, nᵒˢ 3259 et 3439.

ches se répandre dans le public, parce qu'ils étaient disposés à s'en inspirer. On ne pouvait plus en douter : la guerre avec l'Autriche était devenue inévitable. L'armée napolitaine qui envahissait la République romaine, n'était qu'une avant-garde; le gros des ennemis ne pouvait tarder à paraître sur l'Adige et sur le Rhin. Quelque étendu que fût le théâtre de la lutte, le Directoire prétendait faire tête partout à la fois. Il remplissait la France de préparatifs militaires et, plein d'un sentiment exagéré de ses ressources, fabriquait de ces plans de campagne qui font dévoyer les généraux au lieu de les guider. Sans le blocus des îles Ioniennes, il aurait peut-être prêté l'oreille au général Meunier qui ne proposait rien moins que de faire passer une armée en Épire, pour marcher par Salonique sur Constantinople, et y donner rendez-vous à Bonaparte qui s'avancerait par la Syrie[1]. Au milieu de cette agitation, très différente de la véritable activité, on songeait à trouver enfin l'emploi de la flotte de Brest. Sur ce point surtout les idées du Directoire s'étaient

---

1. Plus tard, un mémoire semblable rédigé à Ancône par le général Belair, fut également soumis au Directoire.

modifiées et, d'elles-mêmes, se rapprochaient de celles de Bonaparte. D'un commun accord on renonçait à l'Irlande : après d'aussi tristes épreuves, la conviction était venue qu'on ne pouvait combattre sur l'Océan. Le Directoire approuvait donc l'envoi de toute la flotte dans la Méditerranée, comme la seule mer où il fût possible de rencontrer l'ennemi en forces inférieures, de trouver des abris et de combiner d'utiles mouvements avec la marche de notre armée, qui devait soutenir en Italie le principal effort de la guerre. Le ministre Bruix, qui souffrait de voir inactif le département de la marine, se remuait dans le même sens auprès du Directoire. Sur son rapport, il réussit à faire arrêter le 19 décembre que l'armée navale de l'Océan serait « équipée, approvisionnée et mise en état de prendre la mer dans le plus bref délai possible. » Un ordonnateur de marine devait, en conséquence, se rendre à Brest pour presser sur toutes les côtes la levée des matelots, avec le pouvoir exceptionnel de requérir le concours des autorités militaires ou civiles. Comme complément de cet ordre, Bruix reçut, le 23, l'autorisation verbale de faire rassembler, aux environs de Brest, 6,000 soldats afin de former les garnisons de ses navires.

Mais dès qu'il eût communiqué cette dernière décision au général Schérer, alors ministre de la guerre, il se heurta contre la répugnance la plus marquée. Ce n'était point l'effet de cette rivalité de compétence qui divise souvent les grandes administrations de l'État : Schérer alléguait, avec quelque apparence, qu'il n'avait pas un seul homme disponible. Pour renforcer l'armée d'Italie, il avait été obligé de faire aux armées du Nord les emprunts les plus imprudents. D'autre part, il avait fallu distraire plusieurs colonnes pour comprimer une rébellion en Belgique. A l'intérieur, partout, les départements réclamaient des troupes, les uns pour disperser les brigands qui pillaient sur les grands chemins, les autres pour forcer les conscrits à rejoindre, ou les malveillants à payer l'impôt. Quant à l'armée d'Angleterre, cantonnée depuis longtemps dans ses positions [1], loin de pouvoir détacher aucun de ses bataillons, elle aurait eu besoin de se compléter. Autour d'elle les Chouans

1. Cette armée comprenait alors 4 divisions militaires (16 départements).

étaient inquiets; leur correspondance continuelle avec les Anglais semblait annoncer des mouvements pour le printemps. Averti par sa police, Schérer venait, quelques jours auparavant, de transférer à Rennes le quartier général de cette armée, d'en resserrer la circonscription, et d'ordonner, pour la même heure, dans tous les départements de l'Ouest, une perquisition générale qui pourrait lui livrer la personne et les projets des chefs royalistes. Ce fut sous ces traits alarmants que le ministre représenta la situation de la Bretagne et de la Vendée; et, gagnant sa cause auprès du Directoire, il annonça le 20 janvier à son collègue que la réunion des 6,000 hommes à Brest demeurait suspendue.

Ce contretemps ne ralentit point les préparatifs de la marine, qui entreprit d'armer à la fois vingt-quatre vaisseaux de ligne. Le port de Brest fut couvert d'ateliers, où l'on fit venir à grands frais des matières navales. Comme on avait à peine les deux tiers des hommes d'équipage, on commença par prendre 1,800 marins sur des frégates bloquées au Havre, et par obliger les corsaires normands et bretons à envoyer à Brest une partie de leurs matelots.

Le choix si important des capitaines de vaisseau fut soumis sans retard à l'approbation du Directoire [1].

Quel concours était-il possible d'attendre des marines alliées? Le problème était délicat; il n'est pas surprenant que le Directoire en ait délibéré plusieurs fois avant de se résoudre. D'abord les Bataves inspiraient peu de confiance. Bruix rappelait, dans le conseil [2], les empêchements qu'ils avaient suscités sans relâche contre le partage du port de Flessingue, promis cependant par un traité de l'an III, et citait vingt autres preuves de leur mauvaise volonté. Il allait jusqu'à craindre des intelligences anglaises dans l'île de Walcheren. La flotte batave, soupçonnée de peu de loyauté envers la France, devait donc rester au Texel. C'était assez qu'elle obligeât ainsi les Anglais à maintenir leur croisière dans la mer du Nord, et même à surveiller la côte irlandaise; car nous pouvions, sans risque, la menacer des bords de la Hollande avec un embarquement simulé.

L'Espagne, par sa position sur la Méditerra-

---

1. Arrêté du 16 février 1799.
2. Rapport de Bruix au Directoire, 1ᵉʳ février 1799.

née, méritait assurément plus d'attention. Nul
doute qu'il ne fallût diriger dans le sens le plus
utile à nos intérêts, les pourparlers entretenus
avec cette puissance depuis la bataille d'Aboukir. Mais s'il avait toujours semblé politique de
s'abstenir de confidences avec le cabinet de Madrid, de lui adresser des demandes à double
entente sans en éclaircir la portée, il devenait
aujourd'hui nécessaire de lui dissimuler plus
complètement le but auquel nous prétendions le
conduire. Depuis longtemps l'Espagne se défen-
dait de nous aider sur la Méditerranée. Ne ve-
nait-elle pas de fermer l'oreille, quand nous
avions parlé de faire venir à Toulon plusieurs de ses vaisseaux et de ses frégates, avec
la pensée de les envoyer croiser pour nous
sur la rive italienne? Révéler aux Espagnols
notre nouveau projet de reporter au midi toute
notre flotte, c'était les enfoncer dans leur inertie
et provoquer un redoublement d'objections. Il
s'agissait maintenant de leur faire supposer que
nous avions toujours l'Irlande en vue, afin de
voiler toutes nos exigences sous ce commode
simulacre. Comme la négociation pouvait aller
parfois jusqu'aux dernières limites de la subti-

lité, elle devait se poursuivre moins par des notes
que par des conversations. Le 11 janvier, Bruix,
sur l'ordre du Directoire, expliquait à Talleyrand les détours qu'il était à propos de choisir. Avant tout il convenait d'inviter l'Espagne à
se tenir prête pour une action commune, annoncée comme très prochaine, et d'obtenir par ce
vague appel que sa flotte de Cadix fût mise promptement en état. Quant aux vaisseaux, en petit
nombre, répartis dans les autres ports espagnols,
ils devaient être placés immédiatement sous la
main de la France : ceux du Ferrol se rendraient
dans l'un de nos ports de l'Océan ; ceux de Carthagène feraient l'objet d'une cession véritable et
viendraient à Toulon prendre le pavillon républicain. Grâce à ces premières mesures et à
celles qui devaient suivre, lorsque la flotte française entrerait dans la Méditerranée, l'Espagne
se trouverait engagée par ses propres préparatifs à ne point déserter notre entreprise.

Talleyrand entretint aussitôt de ces demandes
M. de Azara, qui les accueillit avec un front
soucieux. L'envoyé espagnol commença par
écarter toute idée de céder à la France les vaisseaux de Carthagène, les déclarant nécessaires

à la reprise de Minorque, qui, à l'en croire, allait être bientôt essayée. Mais comment persuader à sa cour d'équiper vingt vaisseaux à Cadix et de se priver de la division du Ferrol, quand la destination de tant de forces demeure cachée? « Une franche communication du projet médité, disait M. de Azara, ne compromettrait en rien le secret. Vous savez à combien de malheurs injustes a donné lieu tout le mystère qu'on nous fit de l'expédition d'Égypte. » Ce n'est pas, ajoutait-il, en persévérant dans cette manie du silence, que l'on obtiendra le sacrifice de toute la marine de la monarchie. Le roi ne comprend point que son représentant officiel ne puisse lui fournir des éclaircissements aussi naturels, et commence à l'accuser de manquer de crédit ou de clairvoyance. Ce que M. de Azara disait à Paris, le chevalier de Urquijo le répétait à Madrid à notre envoyé Guillemardet[1]. Ce chevalier suppléait alors M. de Saavedra, trop malade pour supporter le poids de ses fonctions, et aspi-

1. Guillemardet, nommé ambassadeur le 20 mai 1798, arriva à Madrid le 3 juillet, et le 8, présenta ses lettres de créance. Il succédait à Truguet, rappelé par arrêté du 1er mai, et prit le service des mains du secrétaire Perrochel, chargé d'affaires.

rait à échanger une autorité précaire contre
le titre même de premier ministre. Il passait pour nous être peu favorable, pour être
l'instrument d'un parti qui trouvait notre alliance trop onéreuse, s'il fallait la payer par le
dérangement des finances, par l'isolement politique, et peut-être un jour par la perte des
colonies du Nouveau - Monde. Guillemardet
écoutait ces propos de cour, avec la complaisance qui les commente et les exagère; il finit
par s'imaginer que dans la circonstance l'intérêt français s'opposerait absolument à l'entrée de M. de Urquijo au ministère. Au lieu de
se placer à la traverse avec ménagements et
bienséance, il se mit en tête d'écrire au roi et à
la reine pour les sommer en quelque sorte
d'exclure M. de Urquijo : démarche inconsidé-
rée, dont le roi s'offensa et dont il se plaignit
amèrement au Directoire [1]. L'alliance parut un
moment compromise. Elle se raffermit néanmoins; et M. de Urquijo, prenant le parti de
dissimuler l'injure, se mit à affecter envers la
République plus de déférence même que ceux

1. Le roi au Directoire, 22 février 1799. — Réponse du Directoire, 4 mars.

qui l'avaient précédé au pouvoir. Il intéress:
son ambition personnelle à paraître nous satisfaire. Il fit lever quelques matelots en Catalogne, promit d'envoyer en France les vaisseaux
du Ferrol et fit travailler, avec une activité
relative, dans les arsenaux appauvris de Cadix

Une révolution qui, dans l'intervalle de ces
finesses diplomatiques, avait remué le royaume
des Deux-Siciles, semblait, par contre-coup,
avoir préparé à notre flotte de nouvelles stations
dans la Méditerranée. L'armée napolitaine,
chassée promptement de Rome, avait fui en
déroute devant nos troupes. La cour, éperdue,
s'était sauvée à Palerme sur les bâtiments
de Nelson, et la stupeur succédant partout à la
forfanterie, les provinces comme la capitale
s'étaient soumises sans résister. Après cette facile victoire, le général Championnet venait de
proclamer à Naples une république Parthéno-
péenne. S'il n'était pas arrivé à temps pour
s'emparer des vaisseaux napolitains, emmenés
ou incendiés par les Anglais, il était maître des
ports de la Calabre qui nous rapprochaient des
divers postes de l'armée d'Orient [1]. Le Direc-

1. Ce fut aussi la première impression de Championnet.

toire ordonna aussitôt de préparer dans ces parages des expéditions de vivres pour Corfou, Malte et l'Égypte. Il engagea l'amiral Pléville-le-Pelley à se rendre de Gênes[1] à Naples, pour y surveiller ces envois et tirer parti des débris de marine et de magasins militaires. On lui adjoignit l'amiral Renaudin et un agent spécial. Nul ne pouvait encore prévoir que, par la jalousie des républicains du pays, les efforts des deux amiraux deviendraient complètement stériles[2].

Avec ces avantages maritimes, notre domination dans le midi de l'Italie devait compenser, aux yeux de Bruix, un inconvénient également

« Naples, sous ses rapports directs avec Malte et le Caire, est un port précieux : je vous invite, citoyens Directeurs, à prendre des mesures telles que la République française soit ici capable de dicter des lois sur la Méditerranée. » (Au Directoire; Naples, 28 janvier 1799).

1. L'amiral Pléville s'était, de son propre mouvement, rendu d'Ancône à Gênes.

2. Renaudin jugea inutile de passer par le port de Livourne, qui fut occupé par nos troupes le 24 mars, mais qui n'offrit aucune ressource maritime à utiliser. Il arriva le 13 avril à Naples. Il y trouva l'amiral Pléville découragé par la perte de plusieurs felouques et par le mauvais vouloir du gouvernement de Naples, qui entendait se réserver le reste des bâtiments propres à transporter des provisions à Malte. Le blocus des Anglais commença bientôt. Pléville se retira le 14 avril; Renaudin et l'agent (Haran) évacuèrent la ville avec l'armée de Macdonald, peu de temps après.

récent, celui de ne pouvoir plus ravitailler ni sa
flotte ni la garnison de Malte, le long de la côte
africaine. On venait d'apprendre que les régences barbaresques avaient été sollicitées par
la Porte de nous déclarer la guerre. Un envoyé
turc, débarqué à Alger, y parla avec tant de
hauteur que, le 22 décembre, au sortir de l'audience, le dey mit à la chaîne notre consul et les
autres Français. Il ne s'était relâché de sa rigueur que sur les instances de quelques juifs
parents des Bacri de Marseille. Le Turc continua
sa route vers Tunis, où le dey, moins disposé à
l'écouter, fit cependant, le 4 janvier, arrêter
pour la forme notre agent consulaire et séques-
trer quelques bateaux. A son tour, le dey de
Tripoli, eut, le 29, à subir la même contrainte,
et mettait encore plus de mollesse à s'exécuter.
Le Maroc seul, d'humeur plus indépendante,
refusait de rompre avec la France. Quoique les
régences, sans excepter celle d'Alger, eussent
manifesté qu'elles n'agissaient point librement,
mais par obéissance pour le Sultan et par crainte
des Anglais, néanmoins elles nous fermaient
leurs ports ; et leurs corsaires, toujours en quête
de pillage, commençaient à infester les côtes de

la république Romaine et celles de la Provence. Par représailles, le Directoire venait d'emprisonner quelques négociants africains, de saisir leurs bâtiments, et d'autoriser la course contre les régences [1].

L'ensemble de ces événements et de ces préparatifs de guerre devenait assez important pour qu'il fût à propos d'en informer Bonaparte. Un bulletin [2], rédigé le 3 mars par le Directoire, résumait la situation des affaires extérieures : l'attitude hostile de l'Empereur au congrès de Rastadt, les progrès d'une armée russe en Gallicie, l'occupation par nos troupes de positions défensives en Allemagne. On y parlait de la conquête de Naples et de la rupture avec les Barbaresques. On annonçait l'armement de vingt-quatre vaisseaux à Brest, sans rien dire de leur destination. Cette forme d'un bulletin semblait avoir été préférée, afin de dispenser le gouvernement de faire connaître ses vues ou de donner des conseils. La prise de Mahon et le blocus de Corfou étaient les seules nouvelles où l'on pût découvrir une allusion aux projets ma-

---

1. Arrêté du 15 février 1799 (*Bull.*).
2. *Corresp. inédite de Napoléon* (Panckoucke), t. VI, p. 239.

ritimes recommandés par Bonaparte; encore l'allusion était-elle peut-être involontaire. Les Directeurs se taisaient sur l'Égypte, et renvoyaient d'une manière générale à leur dépêche précédente du 4 novembre, dont ils joignaient le duplicata.

La difficulté de faire parvenir une lettre en Égypte s'était encore compliquée de nouveaux obstacles. Il n'était plus possible d'avoir recours aux régences. L'arrivée de Magallon à Tunis, celle de deux agents de Bonaparte qui avaient successivement abordé à Tripoli, prouvaient qu'avec du temps, des correspondances auraient pu s'échanger par la côte de Barbarie. Par malheur, la conduite récente des deys ne permettait plus de renouveler la tentative : la maison Bacri, de Marseille, qui s'était engagée à transmettre à ses parents d'Alger une copie de la dépêche du 4 novembre, venait de renoncer à l'envoi. Si le gouvernement conservait quelque espérance de se servir du bon vouloir des Marocains, pour transporter avec leurs caravanes des paquets qu'ils recevraient de Cadix, un tel détour était assez incertain, assez impraticable en apparence, pour n'être pas même essayé sans de plus amples renseignements.

La Calabre n'étant pas bien soumise, le port le plus rapproché de l'Orient était jusqu'alors celui d'Ancône. La commission de commerce qui venait de s'installer dans cette ville, avait reçu dès l'origine, parmi ses attributions ostensibles, la charge d'organiser l'embarquement des courriers du Directoire. C'est ainsi qu'elle fournit à l'officier Lefranc, l'un des porteurs de la dépêche du 4 novembre, un bâtiment qui fut capturé par une frégate russe et conduit à Constantinople. Elle eut pareillement l'ordre d'accueillir Ferrières-Sauvebœuf, intrigant signalé, qui avait sollicité de porter la même dépêche, et devait expier par la prison des menées ourdies en route dans la Cisalpine. Depuis, le cours des événements avait rendu presque impossibles les départs d'Ancône. Le port, séparé désormais du reste de l'Italie par le brigandage des insurgés romains, était d'un accès périlleux, et surtout il manquait de bateaux qu'on pût sacrifier pour les expéditions du Levant. Les faibles ressources qu'il renfermait étaient entièrement absorbées par le ravitaillement de Corfou, qui, pressé depuis quatre mois par la flotte des Turcs et des Russes, commençait à manquer de vivres et de munitions. Ce fut cependant par Ancône que le Directoire voulut encore expédier le bulletin du 3 mars. Il ne trouva pour le porter qu'un seul agent, un certain Ragmey, qui atteignit ce port dans les premiers jours d'avril. Au même moment y arrivait le commandant Lucotte, en route depuis le commencement de novembre et rebuté de chercher vainement un navire à Barçelone. Tous deux unirent leurs instances auprès de l'ordonnateur de la marine, obtinrent à la longue un aviso, y montèrent ensemble le 26 avril, et allèrent s'échouer sur les rochers de la Pouille. Échappés à grand'peine au naufrage, ils regagnèrent Ancône, où Lucotte se renferma peu de temps après, pour prendre la part la plus honorable à la défense de la place.

Aucun envoi de dépêches par Ancône ne put donc réussir, et le bulletin du 3 mars qui prit cette voie malheureuse ne parvint jamais jusqu'à Bonaparte. Le port de Gênes parut au contraire favorisé par la fortune. Le consul Belleville avait eu commission, le 17 décembre, d'acheter du commerce génois trois bâtiments pour la correspondance avec l'Égypte, sous les noms significatifs d'Isis, Osiris et Serapis. L'un des émissaires qui portait la dépêche du 4 novembre, nommé Wynand Mourveau, vint s'embarquer sur *l'Osiris*, et partit le 9 février. Le vent le poussa rapidement vers la plage d'Aboukir, où il aborda le 26 du même mois. Reçu partout avec l'émotion de la patrie absente, il se rendit d'abord au Caire, et ne put rejoindre Bonaparte qu'à la fin de mars, devant les murs de Saint-Jean-d'Acre. C'était la première lettre du Directoire que recevait Bonaparte, depuis la dépêche insignifiante, remise par le courrier Lesimple au commencement de septembre. Pendant ce long intervalle, il avait essayé plusieurs fois, sans succès, d'envoyer des bâtiments légers sur les côtes les plus proches, pour chercher les nouvelles dont il manquait. A la fin de novembre, au moment de décider s'il irait en Syrie, il avait voulu par des parlementaires se renseigner auprès de la croisière anglaise, et n'avait recueilli que des rumeurs où la vérité se confondait avec la supercherie. Son incertitude avait enfin commencé à se dissiper dans les derniers jours de janvier, quand un bateau ragusais chargé de provisions, monté par des associés du nom de Hamelin et Livron, pénétra dans

Alexandrie malgré les Anglais. Les deux commerçants avaient recueilli un paquet de journaux italiens qui donnaient les nouvelles jusqu'au 1er novembre, et rapportaient quelques bruits plus récents, mais aussi plus vagues. Bonaparte, instruit par ce moyen de l'échec d'Humbert en Irlande, du blocus de Malte et de Corfou, de l'inaction de la flotte espagnole, de la lutte imminente avec Naples et des armements qui remplissaient l'Europe, n'avait plus douté du renouvellement de la guerre générale au printemps. Dès ce jour il s'était déterminé à ne point s'attarder en Syrie, et à revenir en France aussi promptement que le soin de cette expédition déjà en marche, pourrait le lui permettre. La dépêche apportée par Mourveau, bien que contemporaine des gazettes remises par Hamelin, laissait pressentir en partie les projets du Directoire ; elle était d'ailleurs accompagnée de plusieurs caisses de journaux et d'imprimés que le consul Belleville avait réunis jusqu'à la date du 9 février. Bonaparte dévora ces nouvelles, plus importantes à ses yeux que tout ce qu'il pouvait apprendre de l'Orient, et ne songea plus qu'à brusquer le siège de Saint-Jean-d'Acre, pour avoir plus tôt la liberté du retour.

Il est surprenant d'avoir à reconnaître que, depuis la nouvelle du désastre d'Aboukir, le Directoire n'avait expédié que deux avisos pour l'Égypte, l'un par Gênes, l'autre par Ancône. Celui qui plus tard, à la fin d'avril, porta Lucotte et Ragmey devait être le troisième. Le fait serait invraisemblable, s'il n'était certain. Il y a là un étrange contraste avec l'ingénieuse activité de Bonaparte, qui multipliait les moyens pour renseigner le gouvernement. Et pourtant le général ne pouvait réparer la perte des bâtiments qui partaient de l'Égypte, et il savait aussi que, grâce aux journaux étrangers, la France ne serait point privée des nouvelles de son armée, comme il était privé lui-même de celles de la patrie.

Le Directoire ne put éviter quelques reproches pour cette indifférence, lorsque Louis Bonaparte arriva à Paris. C'était le 11 mars. Louis, qui s'était embarqué quelques heures avant le courrier Thibaut, n'avait point fait une traversée aussi prompte. Il se dirigea d'abord vers Tarente, sans y aborder à cause de la guerre; puis le 26 décembre, entouré de bâtiments ennemis, il se vit forcé de jeter à la mer les étendards des mamelucks qu'il devait présenter au Directoire, et n'atteignit la Corse qu'au milieu des plus grands dangers. Il était resté plusieurs semaines dans cette île, avant de pouvoir gagner la Toscane. Si ses dépêches étaient connues depuis longtemps par les copies de Thibaut, les impressions qu'il rapportait, les besoins qu'il était chargé d'exposer en personne, rendaient ses récits attachants et ses critiques pénétrantes. Louis insista pour de fréquents envois de nouvelles, et conseilla de faire usage des ports napolitains dès que la Calabre serait pacifiée. D'autre part, il appuya de toutes ses forces les idées du général sur l'organisation d'une flotte puissante dans la Méditerranée[1]. Ne pouvant pénétrer le secret du Directoire sur les affaires maritimes de Brest, il crut l'armée d'Orient

---

1. Une note de Louis, sur les moyens de correspondance avec l'Égypte, nous a été conservée (Aff. étr., *Turquie*, vol. 200, pièce 139; imprimée dans la *Corr. inédite*, t. VI, p. 269). Nous citerons encore ce renseignement de M. Bary, des Arch. nationales : « Louis Bonaparte fournit au Directoire plusieurs rapports sur l'expédition : ils ont été brûlés et ne sont point imprimés. On se rappelle qu'ils présentaient les choses sous un jour favorable, tout en demandant des hommes et de l'argent, mais en insistant surtout sur la nécessité d'une force navale dans la Méditerranée. »

complètement abandonnée, devint froid, silencieux, et anima sous main le mécontentement de ses frères, Joseph et Lucien, qui murmuraient avec tant d'autres contre la politique des Directeurs[1].

Le 12 mars, lendemain de l'arrivée de Louis, les Conseils votèrent la loi qui déclarait formellement la guerre à l'Empereur. Les hostilités étaient du reste commencées en Allemagne et en Italie; et le Directoire, se jugeant de taille à vaincre la nouvelle coalition, se croyait prêt à la combattre partout, sur mer comme sur terre.

1. Révellière-Lépeaux, *Mémoires*, t. II, p. 347; — Bailleu, n° 203.

CHAPITRE IV

LA FLOTTE DE BREST DANS LA MÉDITERRANÉE

(14 MARS AU 26 MAI 1799)

Les derniers préparatifs maritimes.

L'amiral Bruix nommé au commandement de la flotte
(14 mars). — Ses instructions : il devra ravitailler Corfou,
Malte et Alexandrie. — Le droit de requérir la flotte de
Cadix est demandé pour lui et obtenu par le Directoire. —
Bruix quitte le ministère de la marine et vient à Brest
achever les préparatifs. — Secret gardé sur la destination
de la flotte, même à l'égard de Bonaparte. — *Le Saint-
Jean-Baptiste* apporte des dépêches d'Égypte, annonçant la
marche en Syrie et le retour probable de Bonaparte. —
Récits de Gaudfernau et du capitaine Stendelet sur le siège
d'Acre.— Bruit vraisemblable de la capitulation de Corfou.
— Ces nouvelles ne font point modifier les instructions de
Bruix.

Sortie de la flotte française.

La flotte se dérobe le 26 avril. — Erreur de lord Bridport
qui va l'attendre sur la côte irlandaise. — Passage de
Bruix devant Oporto. — Forces des Anglais dans la Méditerranée. — La division de lord Keith, qui nous attendait

devant Cadix, est éloignée par une tempête. — Bruix pénètre sans combat dans la Méditerranée.

L'amiral Bruix à Toulon.

Accident arrivé à trois de nos vaisseaux. — Faute de Bruix qui se rend à Toulon pour les réparer. — En route, il rêve la conquête de la Sicile. — A Toulon, il apprend nos revers en Italie, et se décide à attendre de nouveaux ordres. — Le Directoire, en effet, lui prescrit de secourir l'armée de Moreau, refoulée sur Gênes, puis de se joindre aux Espagnols. — Bruix appareille pour Gênes.

Entrée de Mazarredo dans la Méditerranée.

Plaintes de la cour d'Espagne sur l'ignorance où la tient le Directoire. — Pourquoi elle se refuse à combattre sur la Méditerranée, sauf pour reprendre Minorque. — Mazarredo reçoit l'ordre d'aller attaquer cette île. — Cette entreprise est blâmée à Paris. — En apprenant la sortie de Mazarredo, les Directeurs combinent un plan nouveau d'opérations maritimes : ils prescrivent à Bruix d'aller au-devant de la flotte espagnole, et de ramener Bonaparte. — Lettre du 26 mai exposant à Bonaparte cette résolution. — Elle implique, en réalité, l'abandon de l'Égypte. — La présence de Bonaparte semble nécessaire pour protéger le sol français.

L'amiral Bruix, nommé le 14 mars « général en chef de l'armée navale de Brest », reçut le jour suivant ses instructions. L'objet général de sa mission était « de pénétrer dans la Méditerranée, et d'y détruire ou du moins d'en chasser les forces navales ennemies. » A cet effet, il lui était prescrit d'éviter tout engagement sur l'Océan, soit à la sortie de Brest, soit dans les parages de Cadix. S'il ne pouvait s'ouvrir que

par force le détroit de Gibraltar, on l'autorisait,
dans ce cas, à prendre le ton du commandement
avec l'amiral espagnol, et à le requérir d'appareiller pour prendre part à ce combat nécessaire. Au contraire, s'il trouvait libre l'accès
de la Méditerranée, laissant les Espagnols
retenir devant Cadix l'escadre de Jervis, il
devait se porter aussitôt sur la côte d'Italie, y
prendre 3 à 4,000 soldats avec des approvisionnements, en transporter le plus grand nombre
dans la place de Corfou qu'on savait presque
réduite [1], puis déposer quelques autres troupes
à Malte, et le reste à Alexandrie. En Égypte, il
était chargé d'embarquer ceux des matelots,
échappés au désastre d'Aboukir, qui ne seraient
point réclamés par Bonaparte. La flotte ne
devait point sans nécessité chercher un abri dans

1. Les Directeurs venaient de recevoir plusieurs dépêches
(des 10, 30 décembre et 2 février) du général Chabot et
d'autres renseignements, par Pocholle, qui avait quitté Corfou
le 5 février avec le vaisseau *le Généreux* et le brick *le Rivoli*,
expédiés à Ancône pour y chercher des renforts. Pocholle,
arrivé à Paris le 10 mars, insista pour de prompts secours.
« Le jour de la délivrance de Corfou, disait-il à Talleyrand,
sera le signal de la liberté pour l'Archipel, et peut-être le
salut de l'armée d'Égypte. » Chabot se plaignait de n'avoir
pas même reçu des nouvelles depuis le 6 novembre : ses
forces étaient insuffisantes ; la famine seule devait le réduire
dans deux mois.

les ports de l'Espagne, mais tendre toujours à se réfugier à Toulon. Le Directoire enfin recommandait à Bruix la promptitude dans les opérations, et la plus grande prudence pour conserver à la République la dernière de ses escadres.

Parmi les moyens de mettre la flotte espagnole à la disposition de la France, il n'en était point de forme plus impérieuse que la réquisition. Le Directoire imaginait ce procédé, imité de la conduite de ses commissaires en pays conquis, parce qu'il persévérait à déguiser le but réel de son entreprise. Prévoyant le mécontentement des Espagnols lorsque ceux-ci verraient paraître, à l'entrée de la Méditerranée, une flotte qu'ils croyaient en route pour l'Irlande, il voulait s'assurer le pouvoir de donner, au dernier moment, un ordre auquel Mazarredo ne pût se dérober. Pour élever une prétention aussi peu conciliable avec les droits souverains de son allié, il fallait que le Directoire fît bien peu de cas de l'Espagne. C'était son habitude de ne point la ménager: cette fois du moins un tel empiètement trouvait une double excuse, et dans les promesses de M. de Urquijo, devenu obséquieux par l'envie de s'aplanir le chemin du ministère, et dans les prévenances de la famille royale, qui semblait attendre pour ses membres quelque profit de la conquête de Naples et de nos victoires probables en Italie. L'amiral Lacrosse fut désigné pour se rendre à Cadix, sous le prétexte de se concerter avec Mazarredo, en réalité pour être prêt à lui transmettre en personne et sur l'heure la réquisition française [1]. Cette mission, ainsi que la nouvelle exigence de notre gouvernement, annoncées à Madrid par Guillemardet, reçurent contre toute attente une réponse favorable et même assez empressée. Le 27 mars, M. de Urquijo, après avoir tenu conseil avec le roi et les ministres des finances et de la marine, prit l'engagement demandé de prescrire à Mazarredo de sortir au premier appel de la France. Il témoigna le regret de n'avoir à Cadix que 17 vaisseaux disponibles, les 11 autres n'étant

----

1. La lettre de réquisition, confiée à Bruix, était ainsi conçue : « Paris, le 25 ventôse, an VII (15 mars 1799). — Le Directoire exécutif arrête ce qui suit : Le contre-amiral Lacrosse, immédiatement après la réception du présent arrêté, requerra au nom du Directoire ex. l'officier général commandant l'armée navale d'Espagne, de sortir sur-le-champ de la baie de Cadix, pour se rallier à celle de la République. » — Lacrosse arriva à Cadix le 18 avril.

point armés, faute d'équipages. Quant aux 5 vaisseaux du Ferrol, il se rappelait sa parole antérieure, et allait signer l'ordre de les envoyer à Rochefort, avec 1,500 hommes et des fusils pour soulever les Irlandais.

A Brest toutefois, malgré trois mois de travaux incessants, la flotte n'était pas encore prête à remplir les vues si adroitement cachées du Directoire. Tous les vaisseaux étaient en rade, pourvus de leurs agrès et de leurs provisions; mais il manquait encore près de 7,000 matelots. Le vieil amiral Morard de Galles, chargé jusqu'à ce jour de commander les forces de l'Océan, avait épuisé son activité pour trouver ces hommes; il désespérait de combler le vide. On le rappela à Paris; et Bruix, convaincu que les derniers obstacles ne pourraient être levés que par sa propre main, partit pour Brest, où il arriva le 23 mars. Sa présence redoubla le mouvement du port. Bruix, âgé alors de quarante ans, s'était formé à la forte école des amiraux de la monarchie. Destitué comme noble par des représentants en mission, et bientôt après rétabli dans son commandement, il s'éprit pour le travail d'une passion d'autant plus vive,

qu'elle s'éveillait plus tard et semblait contrariée par un tempérament débile. Son esprit,
doué de finesse, d'à-propos, d'une promptitude
quelquefois excessive, reflétait les mœurs d'un
temps déjà bien oublié. Les ressources de la
manœuvre lui étaient plus familières que celles
du combat, et l'amour de la discipline, de l'ordre, de la bonne organisation était sa qualité la
plus sérieuse et la plus appréciée [1]. Il en donna
des preuves, en imposant aussitôt la soumis-
sion et l'exercice aux jeunes gens sans expérience, qui faisaient le fond de ses équipages.
Pour les compléter, il essaya d'abord de faire
fouiller les côtes, puis renonçant à y poursuivre
les fugitifs, il eut l'idée de lever sur place et

[1]. Bruix (Eustache), né à Saint-Domingue, le 17 juillet 1759,
entra dans la marine comme volontaire en 1778. Capitaine de
vaisseau le 1er janvier 1793, il fut destitué le 24 octobre par
les représentants du peuple à Brest, mais reprit du service
en 1794. Après avoir passé par les grades de chef de division
(7 novembre 1796), et de contre-amiral (20 mai 1797), il fut
nommé ministre de la marine le 28 avril 1798. Il conserva
cette fonction jusqu'au 11 juillet 1799, devint définitivement
amiral le 28 mars 1801, conseiller d'État le 23 septembre 1802,
inspecteur des côtes de l'Océan le 6 juillet 1804, et mourut à
Paris l'année suivante (18 mars 1805).

Un arrêté du Directoire, du 3 avril 1799, lui conféra le titre
d'amiral, qui était alors temporaire (loi du 3 brumaire an IV ;
art. 3). Pendant son absence, l'intérim du ministère de la
marine fut confié à Talleyrand (arrêté du 27 mars).

d'embarquer comme matelots les canonniers de la marine et ceux des ouvriers du port qui avaient déjà navigué. Il composait en même temps et avec une égale décision les garnisons de ses vaisseaux. Depuis que Milet-Mureau avait remplacé Schérer au département de la guerre[1], le rassemblement de 6,000 hommes, ajourné en janvier, avait été ordonné pour la seconde fois. Mais on prétendait fournir des conscrits, et l'on disputait sur le nombre. Bruix, qui voulait des soldats d'élite, requit une demi-brigade, et, grâce à ses pouvoirs exceptionnels, tira lui-même de l'armée d'Angleterre 3,000 hommes par détachements de toutes armes.

A mesure que le moment d'entrer en action se rapprochait de la sorte, l'obscurité qui voilait le but de l'opération maritime semblait devenir plus profonde. On était convenu, dès l'origine, que le secret était la condition nécessaire de l'entreprise[2]. Seul, il permettait de sur-

1. Par arrêtés du 21 février 1799, Schérer fut nommé au commandement des armées d'Italie, et remplacé au ministère par Milet-Mureau.

2. Le Directoire observa le secret, même à l'égard de ses ministres, et ne s'ouvrit qu'à l'amiral Morard de Galles qui, par un avis écrit, désapprouva l'expédition. Une exception semblable fut faite en faveur de Sandoz-Rollin : « Que peu-

prendre le concours des Espagnols; seul, surtout, il pouvait tenir les Anglais dans une
incertitude d'où dépendait le succès. Bruix
n'ignorait pas que tout ce qu'il faisait à Brest
était connu à Londres avec autant de célérité
qu'à Paris, et avec la même sûreté. Le système
d'espionnage qui recueillait les avis en Bretagne et les transmettait à Jersey[1], n'ayant pas
été trahi, les moindres mouvements du port,
les discours les plus intimes n'échappaient point
à la curiosité alarmée des Anglais. Bruix observait donc à Brest un invariable silence. De
leur côté, les Directeurs qui, à défaut de méri-
tes politiques plus avouables, avaient celui de
savoir dissimuler, ne parlaient de l'armement
naval que pour insinuer qu'ils le destinaient à

ser, écrivait-il, de la confidence qui vient de m'être faite sur
la destination de la flotte de Brest? J'en suis encore dans
l'étonnement et le doute. Jamais entreprise ne serait plus auda-
cieuse. La flotte... doit passer en Egypte; mais avant d'y
arriver, elle a ordre d'effectuer quelques objets importants,
de débloquer Cadix et de combattre conjointement avec la
flotte d'Espagne celle des Anglais, de tenter un coup de main
sur Palerme, de ravitailler Malte, et enfin d'aborder à Alexandrie et de se concerter avec le général Bonaparte pour les
autres opérations à tenter. » (Cette dépêche, du 8 avril 1799,
manque dans le recueil de Bailleu.)

1. Castlereagh's *Memoirs*, t. II, p. 161, 193, 206, etc. Cette
correspondance secrète était envoyée par les Chouans au
prince de Bouillon. Elle fut saisie plusieurs fois.

l'Irlande, et avaient eu soin de renouer à Paris et à Hambourg quelques intrigues apparentes avec les réfugiés irlandais. Troublé par cette conduite tortueuse, le ministère anglais regardait l'Irlande d'un œil indécis et ne renforçait aucun de ses amiraux. C'est ainsi que, même devant Brest, lord Bridport, avec une force inférieure de 16 vaisseaux, maintenait un blocus qu'il ne pouvait rendre ni sûr ni rigoureux.

Dans la crainte que la maladresse ou l'infidélité d'un courrier ne fît à la fin tout découvrir à l'ennemi, les Directeurs poussèrent la précaution jusqu'à feindre avec Bonaparte. Écrivant le 4 avril à ce général[1], ils continuaient à déguiser l'objet d'une expédition qui devait cependant porter des secours en Égypte. « L'armement à Brest de 24 vaisseaux, lui disaient-ils, est maintenant presque entièrement terminé... Le cit. Bruix, ministre de la marine, est parti pour Brest, afin de s'assurer de nos dernières ressources et d'en tirer sur-le-champ parti. Les mouvements du port et de la rade de Brest inquiètent l'ennemi, et l'Irlande paraît

____

1. *Corresp. inédite*, t. VI, p. 263.

être un des points principaux de sa sollicitude. »
Cette phrase trompeuse était insérée dans un
bulletin, résumant les nouvelles de la guerre
depuis le 3 mars, et rédigé sur le même modèle
que le précédent, avec une pareille sobriété de
considérations politiques et un silence semblable
sur l'Égypte. Ce document, remis à l'émissaire
juif Cerfberr, qui s'embarqua à Gênes sur *l'Isis*
et fut capturé par les Anglais, n'arriva point aux
mains de Bonaparte. Il est permis de croire
que s'il lui fût parvenu, il ne l'aurait en rien
détourné de ses dernières résolutions.

Quel était donc ce plan de conduite que Bonaparte prétendait suivre en Orient? Les Directeurs, si intéressés dans ce moment à le pénétrer,
ne tardèrent pas à en être instruits : le général
semblait prendre soin de le découvrir lui-même.
Le 12 avril, on reçut à Paris une dépêche qui
faisait suite aux lettres apportées par Louis et
Thibaut, et avec autant d'à-propos, les égalait
en importance. Sous la date du 10 février [1],
Bonaparte, prêt à partir pour la Syrie, expli-

1. *Corr. de Napoléon,* n° 3952. Cette dépêche ne fut publiée que par extraits insignifiants, dans le *Moniteur* du
15 avril. Elle fut apportée par le navire *le Saint-Jean-Baptiste,*
arrivé à Toulon le 5 avril.

quait les raisons de cette périlleuse entreprise. Persuadé que la Porte nous avait déclaré la guerre, il jugeait indispensable à la sûreté de l'Égypte de refouler et détruire des armées qui se formaient en Palestine, et qui menaçaient de combiner leur attaque avec un débarquement de Turcs ou d'Européens aux bouches du Nil. Pour la première fois, il réclamait des 'armes et des hommes afin de réparer les ravages de la peste et des combats. Il racontait ensuite l'arrivée du négociant Hamelin qu'il avait voulu interroger en personne, et terminait par cette phrase, écrite en chiffres, et qui semblait la substance de sa pensée présente : « Si, dans le courant de mars, le rapport du citoyen Hamelin se confirme et que la France soit en armes contre les rois, je passerai en France. »

Que l'annonce d'un retour aussi prochain ait ému les Directeurs, il est difficile d'en douter. Mais en mettant à part cette impression toute personnelle [1], ils ne pouvaient trouver dans la

1. A ce moment, les Directeurs étaient instruits des défaites de Jourdan en Allemagne (Bailleu, n° 244), et des premiers revers en Italie, où Schérer venait de perdre les lignes de l'Adige et du Mincio (Arch. guerre : le Directoire à Schérer, 15 avril). L'idée vint de ramener Bonaparte. « Le

lettre de Bonaparte que des motifs plus pressants de secourir l'armée d'Orient. D'autres renseignements qui leur parvinrent, à quelques jours d'intervalle, confirmèrent les besoins militaires de la colonie. L'officier de marine Gaudfernau aborda à Toulon avec deux bâtiments, chargés de soldats blessés ou aveugles. Il était sorti d'Alexandrie au mois de mars, pendant une absence de la croisière anglaise, qui permit à près de 80 navires du convoi de s'échapper du port et de se disperser dans toutes les directions. Gaudfernau, envoyé par le contre-amiral Perrée, rapportait des détails peu rassurants sur l'état d'Alexandrie, sur la peste qui s'y était déclarée, sur la misère et la désertion des anciens matelots de Brueys. Puis vint le récit du capitaine de frégate Stendelet, commandant la flottille sur la côte de Syrie, qui, le 18 mars, avait vu tomber aux mains de Sid-

sieur Barras a dû proposer en dernier lieu, dans le Directoire, de rappeler le général Bonaparte et de lui conférer le commandement de l'armée d'Italie... Mais il n'y a eu qu'un cri parmi ses collègues pour s'y opposer : N'avons-nous pas assez de généraux qui veulent usurper l'autorité, sans avoir besoin d'y joindre encore celui-là ? Le général Bonaparte est bien où il est, et notre plus grand intérêt est de l'y laisser » (Dépêche de Sandoz-Rollin, du 14 avril : Bailleu, n° 245).

ney Smith presque toutes ses corvettes, avec la grosse artillerie de l'expédition.

Il circulait alors une rumeur qui, à la différence des dernières nouvelles d'Égypte, aurait pu faire modifier les instructions remises à Bruix. On annonçait de diverses sources que Corfou avait capitulé. Ce malheur était réel, et remontait déjà au 3 mars ; mais les communications avec les îles Ioniennes étaient si incertaines, que les Directeurs hésitaient encore à croire à la nouvelle. Ils venaient, en effet, de commander des tentatives pour approvisionner la place [1], et d'envoyer à Ancône un officier, connu depuis par son énergie [2], qui promettait de risquer sa vie pour aller incendier la flotte assiégeante. La prise de Corfou était un événement grave, de nature à compromettre la mission de Bruix, non seulement parce que le ravitaillement de cette île

1. Une seconde expédition, composée du *Généreux* et de plusieurs bateaux de transport, mit à la voile d'Ancône pour Corfou, le 1er avril. Elle portait environ 800 hommes, et se dirigea d'abord vers Brindisi dont elle s'empara. Là, on apprit avec certitude la capitulation de Corfou. *Le Généreux* rentra le 1er mai dans Ancône (Bellaire, *Précis des opérat. de la divis. du Levant*, p. 379).

2. Le Coat de Saint-Haouen : il n'alla pas plus loin que Gênes.

était une partie importante de sa tâche, mais surtout parce que le mouillage de Corfou était alors un lieu de refuge presque nécessaire, pour une flotte française qui opérait dans le Levant.

Le Directoire cependant ne changea rien à ce qu'il avait prescrit, et Bruix, averti comme tout le monde du bruit trop probable qui se répandait, ne demanda pas à attendre que la vérité fût plus sûrement connue [1]. La flotte de Brest était prête : l'amiral, comme le gouvernement, fatigué par de laborieux préparatifs, ne pensait plus qu'à la faire sortir, et se montrait avant tout sensible à l'ambition de déployer sur la Méditerranée ces vingt-cinq vaisseaux de ligne [2], montés par plus de 23,000 hommes.

Le 25 avril, l'armée navale s'était mise sous voiles. L'ennemi continuant à croiser en vue de la rade, il fallait prévoir une attaque, et plus

1. La nouvelle incontestable fut apportée à Ancône, le 11 avril, par le général Chabot en personne, et ne parvint à Paris que le 4 mai. Déjà, le 14 avril, le Directoire avait reçu un avis qu'il crut d'abord certain ; puis il s'était remis à douter.

2. La flotte se trouva portée à vingt-cinq vaisseaux par l'adjonction de *la Convention,* qui fut armée en cinq jours. Elle comprenait en outre plusieurs frégates (voir le *Moniteur* du 13 floréal an VII).

encore une poursuite à distance qui mettrait les Français entre deux feux, le jour où ils rencontreraient une autre division anglaise. Ce dernier péril semblait si redoutable, que Bruix avait songé à profiter de la supériorité du nombre pour accepter le combat devant Brest, ou même pour y contraindre lord Bridport. Mais le Directoire, consulté, répondit par le télégraphe de s'en tenir à la lettre de ses instructions. La fortune permit presque aussitôt de se conformer à cet ordre. Le matin du 26, le vent souffla avec force du nord-ouest, et un épais brouillard assombrit la mer. Quelques heures après la flotte de la République, poussée par la bourrasque, entrait sans être aperçue dans l'Océan. Un seul vaisseau, *le Censeur*, perdit un mât, et dut rentrer au port pour se réparer.

L'amiral Bridport[1] n'eut connaissance de cette manœuvre que le lendemain. Il était trop tard. Incertain sur la direction prise par notre escadre, il fit en toute hâte partir des avis pour l'amirauté. De fausses commissions pour l'Irlande qu'il saisit sur un aviso, envoyé à dessein de le

---

1. Le *Naval Chronicle* (1799; t. I, p. 265) contient une biographie de cet amiral.

tromper[1], le confirmèrent dans la pensée que l'expédition se rendait à la côte irlandaise. Il réunit ses vaisseaux au nord, autour du cap Clear[2], pour y attendre les événements et y recevoir des secours.

Bruix, confiant dans le succès de sa sortie, s'avançait à pleines voiles vers l'Espagne. Le temps favorisait sa marche. Il passa le 1er mai devant Oporto, où sa présence fut reconnue par l'ennemi, et le 4 il arriva dans les parages de Cadix.

Les forces navales des Anglais dans la Méditerranée étaient restées sous le commandement suprême de Jervis. Pendant l'hiver, cet illustre amiral, créé lord Saint-Vincent après sa victoire sur les Espagnols, avait dû reposer à Gibraltar une santé usée au service de son pays. Il avait confié quinze vaisseaux à lord Keith pour maintenir le blocus de Cadix, en avait détaché quatre sous Duckworth pour protéger Mahon et en gardait trois sous sa main, comme réserve. Plus loin, autour de la Sicile, croisait

---

1. L'aviso *la Rebecca* (Castlereagh, t. II, p. 295 et 301). Les pièces pour l'Irlande avaient été fabriquées par Thompson (Aff. étr., *Angleterre*, vol. 595).

2. Ce cap est à l'extrémité S. de l'Irlande.

la division de Nelson. N'ayant plus à s'occuper de l'Égypte, depuis que Sidney Smith[1] y commandait à sa guise, avec une indépendance contestée par ses chefs mais effective, Nelson avait dispersé ses capitaines et les employait séparément à bloquer Malte, à inquiéter les rivages italiens, à contenir les régences barbaresques. Il avait sous ses ordres environ quatorze vaisseaux, dont plusieurs portugais. C'était donc une force de trente-cinq vaisseaux que les Anglais pouvaient mettre en ligne, si toutefois il leur restait le temps de s'avertir et de se rassembler.

Bruix était encore à douze lieues de Cadix, lorsque ses frégates lui signalèrent la flotte de lord Keith, qui l'attendait en ordre de bataille. On ne distinguait à l'horizon que quinze vaisseaux ennemis. Vainement Jervis, informé à Gibraltar, avait-il voulu conduire de sa personne quelques renforts à son lieutenant ; il était retenu par la violence d'un vent de sud-ouest, qui

1. Sidney Smith, parti d'Angleterre à la fin de l'automne sur *le Tigre,* se rendit d'abord à Constantinople où son frère était ambassadeur. Il y resta du 27 décembre au 16 février 1799, et le 7 mars vint devant Alexandrie prendre la croisière, qui jusqu'alors était confiée à des lieutenants de Nelson.

devint promptement tempêtueux. Les deux escadres s'étaient à peine formées pour se combattre, que l'ouragan éclata. Bientôt il ne fut plus possible de se voir et de manœuvrer, et chacun dut songer à sa propre sûreté. La nuit du 4 fut affreuse. Les vaisseaux français luttaient dans l'obscurité contre les flots qui les précipitaient vers le rivage espagnol. Quand le jour se leva, l'ennemi avait disparu, et Bruix put rallier sans danger ses navires, dont trois seulement s'étaient égarés. Dans l'attente d'une rencontre qui semblait encore imminente, il se crut autorisé par ses instructions à requérir la sortie de Mazarredo. Le gros temps l'avait empêché de le faire la veille : dès le matin du 5, il remit au capitaine Bourrand les lettres de réquisition, avec ordre de les porter à Cadix. Toujours pressé par une mer furieuse, il hésita s'il pouvait croiser jusqu'au jour suivant, pour se joindre aux Espagnols dans le cas où ils répondraient à cet appel péremptoire. Mais l'approche de la nuit annonçait un redoublement de la tempête sur l'Océan. L'accès du détroit se dessinait au milieu de la brume : la flotte française y pénétra, doubla le rocher de Gibraltar sans y trouver l'ennemi, et put s'abriter le soir derrière la côte de la Méditerranée.

La première partie du plan qu'avait tracé le Directoire se trouvait donc achevée : Bruix était entré dans la Méditerranée sans combat et même sans avaries. Le moment était venu de faire emploi du puissant armement qu'il dirigeait. Puisque la perte de Corfou devenait certaine[1], il fallait, sans perdre une heure, courir vers Malte, y surprendre la croisière anglaise et ravitailler la place. Après cette manœuvre, d'où dépendait peut-être la destinée de l'île, il fallait se jeter sur les vaisseaux disséminés de Nelson, et selon les nouvelles qu'on apprendrait à Naples, y embarquer des troupes pour l'Égypte ou remonter vers Toulon. On risquait, il est vrai, d'être devancé par Keith et Jervis, qui avaient pu suivre la même route un jour plus tôt, pour se réunir à Nelson. Mais la guerre ne se fait point sans risques, et si d'ailleurs la retraite devenait nécessaire, on avait derrière soi les ports et la flotte de l'Espagne. Bruix eut le

---

1. « ... Le jour même de mon départ de Brest, j'ai su que Corfou n'était plus en notre pouvoir » (Dépêche de Bruix, du 13 mai 1799).

mérite de concevoir cette opération; il n'eut
pas celui d'y persévérer. Il s'était élevé, le
6 mai, à la hauteur du cap Palos, pour y prendre
avec le vent la direction de Malte, lorsque, par
la maladresse des capitaines, trois de ses vaisseaux se heurtèrent : deux se trouvèrent atteints
dans leur coque ou dans leur mâture. Cet accident pouvait se réparer à Carthagène; il affai-
blissait peu l'escadre, qui conservait encore sur
Nelson l'avantage du nombre et d'une apparition inattendue. Bruix se troubla, changea
d'avis, et sous prétexte d'escorter ses deux vaisseaux endommagés, il donna l'ordre de gouverner vers Toulon.

En route, comme si son esprit était obsédé
par le sentiment d'une faute commise, il se mit
à inventer un nouveau plan de campagne. Il
imaginait une descente en Sicile. Il rêvait d'embarquer à Naples sur chacun de ses bâtiments
deux cents grenadiers, de les incorporer aux
8,000 hommes de troupes dont il disposait,
et par une conquête soudaine d'arracher aux
Anglais le meilleur point d'appui de leurs flottes : projet qui, même avant nos revers, eût
exigé de sérieux préparatifs, et qui n'était plus

qu'un songe douloureux. Bruix en fut vite désabusé, quand, arrivé à Toulon dans la soirée du 13, il y trouva la nouvelle des désastres qui accablaient nos armes dans toute l'Italie.

On y racontait la retraite de Schérer, battu par les Autrichiens sur l'Adige et le Mincio, l'entrée en ligne des Russes, le commandement remis à Moreau [1] qui avait subi le 27 avril une sanglante défaite à Cassano sur l'Adda, le passage de Suwarow à Milan au milieu des acclamations d'un peuple excédé de nos doctrines et de nos exactions, le siège de Mantoue, et déjà des capitulations inexplicables. On était inquiet de l'armée de Naples, qui pouvait être coupée et écrasée isolément. Moreau, suivi à peine de 25,000 hommes, venait d'abandonner la ville de Turin, et faisait effort pour se maintenir entre Alexandrie et Tortone. Derrière lui, les campagnes du Piémont étaient insurgées : des bandes de paysans, interceptant le chemin de Gênes, avaient depuis le 5 mai chassé les Français d'Oneille. Une dépêche chiffrée du gouvernement, en date du 6, avertissait

—————

1. Moreau, nommé le 21 avril à la place de Schérer, prit le commandement le 26, en présence de l'ennemi.

Bruix que des ordres étaient adressés en conséquence à Moreau, pour faire évacuer Naples, Ancône, Civita-Vecchia et Livourne, après avoir détruit tout ce qui ne pourrait s'emporter. Elle recommandait aussi de ne point s'approcher de ces ports, sans être en garde contre une surprise.

Tous ces événements changeaient si profondément l'aspect de nos affaires, que Bruix, s'applaudissant d'être venu dans un port français, résolut d'y attendre des lettres de Paris qui pouvaient modifier sa mission. Le hasard semblait le justifier de n'avoir rien tenté sur Malte, et l'avoir réservé pour porter un secours plus nécessaire à la malheureuse armée d'Italie. Quelques murmures s'élevèrent cependant à Toulon contre ce hasard, qui rectifiait une timidité évidente du commandement. Mais Bruix fit taire les malveillants, par une activité qu'il sut bien approprier aux circonstances. C'est ainsi qu'on le vit travailler sur tous ses vaisseaux et compléter ses vivres; que loin de réclamer des troupes promises par l'administration de la guerre, on le vit prendre sur les garnisons de ses navires des soldats pour attaquer Oneille, puis charger un convoi de blé pour nourrir la Ligurie. Pendant qu'il s'employait à ces soins multipliés, il reçut, le 22 mai, de Gênes comme de Paris, l'invitation qu'il pressentait de se rendre auprès de Moreau. D'une part les Directeurs, instruits, le 17, du passage de Bruix devant Carthagène et de sa résolution d'aller à Toulon, se hâtaient de lui avouer leurs craintes sur le sort de l'armée de Naples; ils pensaient que nos vaisseaux pourraient embarquer ces troupes, si la retraite était fermée par terre, et voulaient au moins qu'un concert s'établît entre toutes les forces de la République. D'un autre côté, dès que l'on avait su à Gênes que la flotte était à proximité, avec des troupes fraîches[1], on s'était attaché ardemment à l'espoir d'en être secouru. Le général Dessolle, chef de l'état-major, le consul Belleville avaient écrit à l'envi les lettres les plus émues. Ils représentaient l'armée de Moreau, harcelée, privée de tout, même de munitions, et resserrée chaque jour autour de Gênes. Un débarquement, disaient-ils, pouvait refouler l'ennemi et ranimer

---

1. « Hier matin, nous apprîmes ici que la flotte de Brest, portant 15,000 hommes de débarquement, était arrivée à Toulon » (Belleville à Talleyrand; Gênes, 21 mai 1799).

le courage de nos soldats harassés. Ces demandes étaient prévues et trop justifiées : Bruix y
répondit avec l'empressement d'un homme de
cœur, s'engageant à reprendre la mer le 24, à
donner à Moreau toutes les provisions dont il
pourrait se priver, à lui confier 6,000 hommes
pour une opération de quelques jours. Diverses
causes retardèrent un peu le départ de la flotte.
L'amiral était encore à Toulon, le 25, au moment du retour d'un courrier qu'il avait expédié
à Paris. Par ce messager, le gouvernement annonçait comme très probable la sortie de Mazarredo. Frappé maintenant des avantages « incal-
culables » d'une réunion des deux marines, il
autorisait Bruix à prendre les mesures nécessaires pour l'assurer, et se flattait que les deux
amiraux, supérieurs aux Anglais, pourraient
promener leur pavillon sur les côtes d'Italie,
dégager Malte et s'avancer même au delà. Un
désir plus marqué de rallier les Espagnols était,
à vrai dire, la seule idée nouvelle de cette dépêche, qui insistait surtout sur une prompte entrevue de Bruix avec Moreau. Libre enfin le 27
mai, Bruix appareilla pour Gênes. Il n'emme-
nait que vingt-deux vaisseaux, la réparation des

deux autres n'étant point terminée. Contrarié tantôt par le calme, tantôt par le vent du midi qui le poussait au rivage, il allait demeurer plusieurs jours dans le golfe sans pouvoir avancer.

Dans l'intervalle, les Espagnols s'étaient décidés à prendre la mer. Lorsqu'on avait su à Madrid que la flotte de Brest traversait le détroit de Gibraltar, on avait montré beaucoup de surprise, mêlée de quelque amertume[1]. Le secret si obstinément impénétrable du Directoire se découvrait tout à coup ; et ce n'était pas même par une confidence tardive, mais par le rapport des vigies de la côte. M. de Azara écrivait bien, depuis quelques jours, qu'il devinait une entreprise sur la Méditerranée. Par l'incertitude seule de cet avertissement, il prouvait que les Directeurs avaient maintenu jusqu'au bout leur système de feinte. Et ce mystère offensant, avait-on la certitude de le bien comprendre ?

---

1. « Le ministère espagnol a paru vivement affecté du peu de confiance que le gouvernement français lui a accordé sur toutes les dispositions qui pouvaient précéder cette expédition. Mazarredo, dans sa correspondance, en témoigne son ressentiment » (Guillemardet au Directoire ; Aranjuez, 17 mai 1799,.

Pouvait-on expliquer pourquoi les Français avaient appelé à Rochefort la division du Ferrol; pourquoi Bruix, passant devant Cadix, n'avait pas tout fait pour y réunir les deux escadres? Le ministre espagnol, après avoir renouvelé de la sorte ses plaintes sur l'ignorance de toutes choses où les Français le réduisaient, avait essayé de concilier les exigences de l'alliance avec ses soupçons croissants et l'utilité particulière de son pays. Il avait envoyé à Mazarredo l'ordre de sortir, en forçant le blocus s'il était nécessaire, mais avec l'instruction précise d'aller attaquer Mahon. Cette entreprise était en effet la seule qui importât à l'Espagne sur la Méditerranée. Si elle était heureuse, Mazarredo pourrait ensuite joindre ses vaisseaux à ceux de Bruix et marcher avec lui, sous la condition de ne point dépasser certaines limites que la politique espagnole se réservait de tracer. Quant à la division du Ferrol, on devait chercher un prétexte pour la retirer de Rochefort. En même temps que ces dépêches de M. de Urquijo, un ordre moins régulier, la lettre de réquisition de Bruix, parvenait à Cadix. La corvette qui la portait n'avait pu s'approcher de ce port dans la journée du 5 mai ; égarée par les vents, elle avait dû aborder à Malaga, d'où le capitaine Bourrand accourait à franc étrier, avec quatre jours de retard. La réquisition française, bien qu'elle fût convenue, avait en soi un ton impératif qui ne pouvait être agréable : Mazarredo le fit observer à Lacrosse, sans se départir de sa courtoisie, ni cesser d'afficher les intentions les plus amicales pour la France[1]. En fallait-il un gage ? Il venait de recueillir *le Censeur*, qui, ressorti de Brest sans réparation suffisante, n'avait pu rejoindre et courait les plus grands dangers en vue de Cadix. Ce bâtiment ne pouvant plus naviguer, et Lacrosse proposant de l'échanger contre *le San Sebastian*, Mazarredo se prêta de bonne grâce à cet arrangement qui le privait d'un des navires de sa réserve. Au milieu de ces procédés, plus adroits que sincères, Mazarredo suivit à la fois les ordres de Madrid et ceux de Paris ; il commanda à ses dix-sept vaisseaux d'appareiller. Le détroit d'ailleurs n'était plus fermé. L'escadre anglaise, qui avait repris sa

---

1. Lacrosse à Mazarredo ; Cadix, 10 mai. — Réponse de Mazarredo, 11 mai.

croisière après la tempête du 4, venait de quitter ces parages, et l'on apprenait par les vigies qu'elle était entrée le 11 dans la Méditerranée. Aussi, sans avoir à combattre, la flotte espagnole put-elle rompre, le 14 mai, le blocus humiliant qu'elle subissait depuis deux années.

Les instructions du cabinet de Madrid, communiquées en partie par le chevalier de Azara, n'étaient point de nature à satisfaire la politique du Directoire. Si l'entreprise sur Mahon pouvait retirer à l'ennemi un bon mouillage, c'était avant tout une affaire espagnole. Or le gouvernement français prétendait que les ressources de notre allié servissent à nos propres desseins sur l'Italie, sur Malte et le Levant, et ne se souciait point du reste. Dans ses entretiens avec M. de Azara [1], Talleyrand ne voulut rien entendre, quand il s'agit de l'île de Minorque. Non seulement il indiquait que notre flotte ne se détournerait point de ce côté pour aider les Espagnols, mais il demandait que le roi, ajournant une tentative sans doute impuissante, fît aussitôt partir Mazarredo pour Toulon et le

1. Talleyrand à Azara; Paris, 18 et 20 mai 1799.

mît, à titre de lieutenant, sous le commandement de l'amiral Bruix. Le rappel de la division espagnole de Rochefort fut critiqué avec une semblable vivacité, parce qu'il entrait dans nos intentions de faire sur l'Océan des armements ostensibles pour alarmer les Anglais sur l'Irlande, retenir autour de leurs côtes une partie de leurs vaisseaux, et par cette diversion dégager la Méditerranée. Le vœu de Talleyrand allait même jusqu'à faire envoyer la division espagnole plus près de la Manche, dans la rade de Brest. En conséquence, il écrivit à Guillemardet de soutenir à Madrid ces diverses réclamations, et surtout d'obtenir la subordination complète des forces des Espagnols. Le moyen le plus sûr de diriger les mouvements de leur flotte était, à tout prendre, de l'incorporer à la nôtre. Les Directeurs, persuadés de cette vérité, comptaient donc les heures que Bruix avait dû employer à Gênes, afin de lui prescrire d'aller au plus vite à la rencontre de Mazarredo. Le 24 mai, ils acquirent la certitude que, depuis dix jours, l'amiral espagnol était sorti de Cadix et commençait à exécuter ses ordres. On apprenait en même temps que l'escadre anglaise de blocus

avait paru devant Malaga, et semblait suivre
vers le nord une route qui l'éloignait de Nelson.
Ces nouvelles firent croire aux membres du
gouvernement, qu'ils touchaient à l'un de ces
moments critiques où se décide le sort d'une
campagne. Ils tinrent conseil, et adaptant leurs
anciens projets aux circonstances présentes,
reformèrent et arrêtèrent un nouveau plan qui
supposait une triple opération. Le premier mouvement de Bruix devait être de rejoindre les
Espagnols avant qu'ils fussent engagés autour
de Mahon, et de les placer sous son autorité.
La flotte combinée, avec ses quarante vaisseaux,
devait s'avancer contre les Anglais, qu'on ne
croyait pas encore renforcés, et par la supériorité du nombre les mettre hors de combat :
c'était la seconde manœuvre, la seule qu'on
dût juger un peu douteuse. Par la troisième,
Bruix, maître de la mer, devait secourir Malte,
puis aborder en Égypte, y recueillir Bonaparte
avec tout ou partie de son armée, et le transporter en Europe.

Une lettre, qui devait être remise par Bruix,
expliquait à Bonaparte cette dernière résolution. « Les efforts extraordinaires, écrivaient

les Directeurs, que l'Autriche et la Russie viennent de déployer, la tournure sérieuse et presque alarmante que la guerre a prise, exigent que la République concentre ses forces. Le Directoire vient en conséquence d'ordonner à l'amiral Bruix d'employer tous les moyens qui sont en son pouvoir pour se rendre maître de la Méditerranée, et de se porter sur l'Égypte, à l'effet d'en ramener l'armée que vous commandez. Il est chargé de se concerter avec vous, sur les moyens à prendre pour l'embarquement et le transport. Vous jugerez, citoyen général, si vous pouvez avec sécurité laisser en Égypte une partie de vos forces; et le Directoire vous autorise, dans ce cas, à en confier le commandement à qui vous jugerez convenable. Le Directoire vous verrait avec plaisir à la tête des armées républicaines, que vous avez jusqu'à présent si glorieusement commandées. » Cette lettre était datée du 26 mai, et portait, selon l'usage, la signature de trois Directeurs [1].

1. La lettre du Directoire, signalée vaguement par J. Miot en 1814 (p. 266), a été publiée pour la première fois dans les *Victoires et Conquêtes* (1re éd., 1818; t. XI, p. 207). En 1840, M. de Meneval la mit véritablement en évidence dans son opuscule intitulé : *Sur le retour du gén. Bonaparte de l'Égypte*

Ainsi, il n'était plus question, comme au mois de mars, de combler les vides de l'armée d'Orient, de la pourvoir de munitions et d'artillerie. Le gouvernement, au contraire, se décidait à abandonner l'Égypte. S'il ne prescrivait pas l'évacuation complète, il paraissait la recommander. Il était possible que Bonaparte se refusât à perdre tout le fruit de ses travaux, surtout au retour de la campagne de Syrie qu'on croyait victorieuse, et voulût enfermer quelques troupes dans les forts pour attendre des temps meilleurs. Le Directoire autorisait donc par avance ce qu'il ne pouvait empêcher; mais au fond il ne jugeait point probable que

(Extr. du *Spectateur militaire*, n° du 15 mai). Elle a été peu remarquée par les historiens (voir Thibaudeau, *Guerre d'Égypte*, t. II, p. 451; — Wouters, *Hist. de la Rép. et de l'Emp.*, p. 214; — Ernouf, *Nouv. étud. sur la Révol.*, 1799; p. 307; — Testa, t. I, p. 577). Révellière-Lépeaux, qui avait retrouvé cette lettre dans la 1re éd. des *Victoires et Conquêtes* pendant qu'il composait ses mémoires, a élevé des objections puériles contre l'authenticité du texte (*Mém.*, t. II, p. 350). On peut affirmer, au contraire, qu'aucun document historique n'a plus de certitude; car 1° l'expédition, celle même qui a été confiée à Bruix, a été copiée par M. de Meneval chez le notaire où elle était déposée; 2° la minute est conservée aux Arch. nat. (AF III, 4060) : toutes deux portent précisément la signature de Révellière. A ces preuves matérielles nous ajouterons la lettre adressée le 10 juin par Bruix au Directoire, qui constate la réception des ordres du 26 mai (voir l'Appendice).

Bonaparte prît cette responsabilité, et s'attendait à voir revenir le général avec toute son armée[1].

Ce n'est point que le sentiment secret des Directeurs contre Bonaparte se fût affaibli[2]. Lorsqu'ils consentaient à risquer tous leurs moyens maritimes et à sacrifier l'Égypte pour ramener un rival, ils n'avaient pas oublié les froissements du passé. Mais la crainte de voir agir auprès d'eux l'ambition d'un homme entreprenant et populaire était dominée par la conscience d'un péril bien autrement pressant. La victoire devenait nécessaire à l'existence même de la République. Les Russes, les Autrichiens avançaient toujours et touchaient aux frontières. Ces défaites continuelles ne menaçaient pas seulement la France d'un démembrement;

1. Les frères de Bonaparte eurent alors quelque soupçon du rappel du général. Joseph disait le 11 mai : « Je puis me tromper, mais je prévois que si l'embarras du Directoire se prolonge, il invitera mon frère à revenir dans sa patrie et à reprendre le commandement des armées... » — Le 31 mai, « Lucien prétendait savoir que son frère... recevrait probablement l'invitation de revenir en Europe, si les revers des armées se prolongeaient, et qu'il y obéirait sans hésiter; mais il croyait savoir également qu'il n'accepterait de commandement qu'après avoir fait ses conditions » (Dépêches de Sandoz-Rollin; Bailleu, nos 255 et 258).

2. Bailleu, nos 190, 217, 245, 255.

elles soulevaient au dedans les partis et rallu-
maient la guerre civile : dans le Midi, où les as-
sassinats s'étaient multipliés; dans l'Ouest, où
les bandes, recrutées de jour en jour, forçaient
les troupes républicaines à se fortifier dans
leurs cantonnements. Sous l'impression des malheurs publics, les élections avaient assez grossi
dans les Conseils le nombre des adversaires
du Directoire, pour que celui-ci n'osât plus
vicier ces scrutins répétés qui le condamnaient
ouvertement. Déjà les mécontents de tous les
partis commençaient à se concerter : Modérés
et Jacobins n'avaient-ils pas les mêmes griefs
contre un pouvoir, qui les opposait sans cesse
les uns aux autres, pour se perpétuer par leurs
divisions? Ce n'était qu'un cri unanime contre
les arrestations arbitraires, contre les « dilapidations » qui avaient remué la haine des peuples
voisins qu'on prétendait affranchir. Les frères
de Bonaparte s'étaient rangés dans cette opposition, composée de tous les intérêts froissés, et
sans y découvrir aucun projet particulier, parlaient, comme les autres, de la nécessité de
réformer le Directoire. Une crise était dans
l'air; déjà la nomination de Sieyès à la place

de Rewbell avait retenti comme la première annonce de l'orage [1].

Il ne restait aux Directeurs qu'une chance de sauver leur situation en même temps que la patrie, c'était de rétablir les affaires militaires. Or, on ne connaissait qu'un seul général qui fût capable de ramener la victoire sous nos drapeaux, lorsque des hommes comme Moreau, Macdonald ou Masséna semblaient en désespérer. Il fallait en convenir : on avait besoin de Bonaparte. Et d'ailleurs, s'il était à prévoir que ce général, victorieux en Suisse ou sur le Rhin, réclamerait une part du gouvernement, était-il impossible de s'entendre? Le Directoire, qui lui avait accordé sans restriction toutes ses demandes, tous les moyens d'accroître sa gloire, ne pourrait-il pas l'attirer dans son parti contre les Conseils? La question se présentait à l'esprit des membres du gouvernement, et chacun y répondait suivant ses espérances ou ses dégoûts. Barras et le ministre Talleyrand avaient leurs vues particulières sur Bonaparte :

1. Sieyès, élu le 16 mai, occupait encore l'ambassade de Berlin. Il n'arriva à Paris que le 7 juin. Sa nomination fut accueillie avec grande faveur par l'opinion modérée (Bailleu, nos 243, 246, 260, etc).

le premier, par la manie d'intriguer avec tous ceux qui pouvaient lui conserver une autorité d'où dépendaient ses jouissances[1]; l'autre, par une sagacité qui lui faisait pressentir un nouveau maître. C'était d'eux que venait l'idée de rappeler en Europe l'armée d'Orient. Treilhard, Merlin, le vaniteux Révellière-Lépeaux, irrités contre les événements, étaient prêts à accepter les remèdes les plus amers; ils se résignaient au retour de Bonaparte, se disant qu'après tout il n'était pas en leur pouvoir de l'empêcher. Le général n'avait-il point annoncé son départ d'Égypte pour le mois de mars, au cas

1. Barras ne suivait-il pas, au même moment, une négociation avec Louis XVIII? Depuis l'automne de 1798, les agents royalistes Fauche-Borel et La Maisonfort se vantaient d'être en rapports avec Barras par l'intermédiaire de ses familiers Monnier et Bottot. Les demandes d'argent de la part de ceux-ci, la légèreté, la présomption, l'imprudence de la part de ceux-là étaient les traits les plus certains d'une intrigue fort louche, sur laquelle le prétendant ne se faisait guère illusion. « Il n'y a pas moyen de raisonner sur cette affaire Barras », écrivait le secrétaire de Louis XVIII; « le roi n'a jamais dérangé ses mesures d'après cette vaine spéculation : elle a mal débuté, et probablement la fin y répondra. » Cependant, à deux reprises, le cabinet du roi a paru prendre les pourparlers plus au sérieux : d'abord le 14 novembre 1798, lorsqu'il y mêla le duc de Fleury; ensuite le 10 mai 1799, lorsqu'il prépara des lettres patentes en faveur de Barras. Quant à celui-ci, il est possible qu'il ait simplement essayé une issue pour s'échapper en cas de nécessité.

où la guerre serait déclarée? La guerre était survenue, et avec elle la défaite. On ne pouvait douter qu'à cette nouvelle, Bonaparte ne se résolut de confier son retour à la fortune qui l'avait jusqu'alors protégé. Ne valait-il pas mieux se donner, aux yeux de la France et de lui-même, le mérite d'avoir entrepris de le ramener?

Il fallait toutefois, pour réussir, le concours absolu des Espagnols et la supériorité sur les Anglais. Le Directoire, mal renseigné, avait le tort de faire fond sur ces deux avantages, qui étaient loin de lui appartenir.

CHAPITRE V

BRUIX ET MAZARREDO

(JUIN AU 8 AOÛT 1799)

Manœuvre de Bruix pour éviter les Anglais et rallier les Espagnols.

Mazarredo, en route pour l'expédition de Minorque, est assailli par une tempête. — Avaries graves qui le forcent de s'arrêter à Carthagène. — Mouvements des divisions de Keith et de Nelson. — Bruix mouille à Vado, dans le golfe de Gênes. — Son entrevue avec Moreau. — Il reçoit les derniers ordres du Directoire; en même temps il est averti de l'approche des Anglais. — Belle manœuvre qui le ramène en quelques jours à Carthagène.

Politique de Mazarredo.

Prétention du cabinet espagnol de reprendre Minorque avec l'aide des Français. — Mazarredo, au contraire, serait d'avis de rentrer à Cadix. — Conférences ambiguës à Carthagène entre Mazarredo et Bruix : le premier voulant sortir de la Méditerranée; le second, y faire campagne et aller en Égypte. — Lettre de Bruix pour Bonaparte. — A Madrid, Guillemardet soutient mal les demandes de notre amiral. — Nouveau plan d'opérations imaginé par Bruix, écarté par Mazarredo. — On apprend à Carthagène le coup d'État du 30 prairial. — Bruix consent à venir attendre à Cadix une réponse définitive du cabinet espagnol.

Les flottes alliées retournent à Brest.

Incertitude des Anglais sur nos mouvements.—Lord Keith, laissé par Nelson dans un isolement périlleux, apprend enfin l'entrée des alliés à Cadix. — La réponse du cabinet espagnol donne à Mazarredo la faculté de tout faire et de tout empêcher. — Nécessité pour Bruix de prendre une résolution immédiate. — Il met le premier à la voile : — Mazarredo est obligé d'honneur à le suivre. — Navigation des deux flottes sur l'Océan, et entrée heureuse à Brest.

Mazarredo était entré dans la Méditerranée, bien décidé à ne point se rendre à Toulon, mais à embarquer à Carthagène et Barcelone les troupes qui s'y préparaient depuis plusieurs mois, pour les conduire aux îles Baléares, dès que les Anglais n'en fermeraient plus la route. Il fut surpris par une tempête dans la nuit du 17 au 18 mai. Sa flotte mal manœuvrée, plus mal gréée, n'était pas en état de résister aux ravages du vent : sur dix-sept vaisseaux, huit furent démâtés ou avariés. Il fallut se réfugier à Carthagène et commencer de longues réparations, que la cour de Madrid pressa, du reste, en n'épargnant point l'argent qui parut nécessaire.

La même tempête avait assailli les Anglais,

sans les arrêter dans leur marche. Le vieux
Jervis, domptant sa maladie pour reprendre le
commandement, avait rappelé, le 10, à Gibraltar l'escadre de blocus, l'avait augmentée de
deux vaisseaux, et fait voile vers Minorque.
Il y mouilla le 22 après le coup de vent, y
trouva la division de Duckworth qu'il envoya
secourir Nelson, et reçut en récompense un
renfort de cinq vaisseaux venus de l'Océan, qui
portèrent sa flotte à vingt-deux bâtiments de
haut bord. Mais épuisé par tant de soucis, il dut
résigner son autorité entre les mains de lord
Keith[1]. Les instructions de l'amirauté, rédigées
en vue de circonstances différentes, prescrivaient avec rigueur de ne jamais laisser Minorque sans protection. Néanmoins lord Keith,
rassuré à l'égard des Espagnols qu'il savait
enfermés pour quelques semaines à Carthagène, crut pouvoir s'éloigner momentanément
de l'île pour diriger toutes ses forces contre
l'amiral Bruix. Il arriva, le 3 juin, en vue de
Toulon. De son côté, Nelson déployait son
ardente activité. Dans la nuit du 12 mai, avert

1. Tucker, *Mém. of admiral... Saint-Vincent*, p. 406, 483.

du passage des Français devant Gibraltar, il
avait secoué les liens indignes qui le captivaient
à Palerme et, sans perdre une heure, com-
mandé à ses lieutenants de le rejoindre près de
la petite île Maritimo, à l'ouest de la Sicile.
Retardé par l'ouragan du 17 mai qui balaya
toute la Méditerranée, il croisa quelques jours
au point de rendez-vous, réunit douze de ses
vaisseaux, et revint le 29 à Palerme pour refaire ses provisions. Là, il attendait avec impatience l'arrivée de Duckworth, qui devait lui
compléter seize vaisseaux de ligne; force encore
trop faible pour l'attaque, mais qui semblait
suffisante à son audace pour repousser tous les
efforts des Français[1].

Cependant l'amiral Bruix, stimulé par les
désolantes nouvelles de nos revers en Italie, et
luttant sans relâche contre une mer contraire,
avait fini par jeter l'ancre, le 4 juin, dans la baie
de Vado, près de Savone. Le lendemain, Moreau, accouru à Gênes, et le consul Belleville,
se rendirent à bord pour entretenir l'amiral
de la situation de l'armée. Elle s'était encore

1. Nelson, *Dispatches,* t. III, p. 352, 362, 374, 380, 393.

aggravée. La capitulation de Céva interrompait
désormais les communications avec la France.
Depuis dix jours, Moreau manœuvrait dans les
Apennins pour reporter le gros de ses troupes
vers Tortone, où il voulait attendre Macdonald,
en marche avec l'armée de Naples à travers la
Toscane. La contrariété d'ambitions qui aigris-
sait Suwarow contre les Autrichiens, et retenait
ceux-ci dans les Légations et le Mantouan pendant que les Russes insistaient pour forcer nos
frontières, avait seule empêché l'invasion de la
France et la ruine de nos deux armées. Si la
Ligurie était encore intacte, les malveillants y
relevaient la tête, et la misère produite par
l'absence de commerce faisait murmurer le
peuple de Gênes contre un gouvernement im-
posé et méprisé. Moreau s'animait par le récit
de tant d'infortunes, et Bruix, ému, promettait
de mettre sa flotte à la disposition du général [1].
Mais que pouvait-on faire? Il n'était plus temps
d'embarquer à Livourne les bataillons de Macdonald, déjà aux prises avec les Autrichiens, ni
même de se mettre à la recherche des bateaux

___

1. Moreau au Directoire; Gênes, 9 juin; — Belleville à
Talleyrand; Gênes, 10 juin.

nécessaires au transport de cette armée. Moreau se bornait à demander de la poudre, des boulets, de l'eau-de-vie, et surtout des troupes pour appuyer son mouvement; bien persuadé que la présence de la flotte doublerait le courage de ses malheureux soldats. Le débarquement des provisions de guerre, ordonné aussitôt, était commencé, lorsque dans la matinée du 6 juin, Bruix fut distrait de ces soins par la dépêche du Directoire qui lui enjoignait d'aller au-devant des Espagnols et de ramener Bonaparte.

« Voilà votre mission revenue à votre première idée, » lui écrivait Talleyrand dans un billet confidentiel[1]; « j'en suis enchanté. Vous voilà hors du vague; vous avez un but, un but prescrit, un but de la plus grande importance. Le Directoire n'écrit qu'un mot à Bonaparte. Je lui envoie une lettre de Barras à laquelle j'ai joint quelques lignes. Le Directoire s'en rapporte à vous pour l'instruire de notre situation intérieure et extérieure. Ramenez-le. On vous recommande le secret le plus absolu sur votre mission... »

Peu d'heures après, un courrier de Toulon

1. Meneval, *Sur le retour de Bonap.*, etc., p. 6.

apportait l'avis menaçant que lord Keith s'approchait de ce port avec vingt-deux vaisseaux. Le lendemain, les Anglais étaient signalés devant Saint-Tropez. Il était clair qu'ils voulaient, soit combattre à forces égales, soit refouler les Français sur Nelson pour les envelopper. En tous cas, il devenait imprudent de s'attarder à Vado. Bruix, gardant son sang-froid au milieu de ce croisement d'ordres et de nouvelles, consacra la journée du 7 et la nuit suivante à mettre à terre mille hommes avec un amas de munitions. Le 8, au matin, il fit appareiller. Il combinait dans sa tête une manœuvre hardie, qui devait lui faire rebrousser chemin en évitant l'ennemi. Il ne se confie à personne. Profitant du vent d'est qui chassait vers l'Espagne, et calculant chacun de ses mouvements, il se couvre de voiles et serre de près la côte au milieu de la brume. Il coupe ainsi les eaux de l'escadre anglaise, sans être découvert. Pour effacer toute trace de son passage, il se dirige pendant la nuit, de manière à se trouver au jour à grande distance de Toulon, et se contente d'y expédier une corvette pour donner à ses deux vaisseaux réparés l'ordre secret de rejoindre. Sa marche

était si rapide, que le 10 il dépassait Barcelone,
fier à juste titre d'une manœuvre aussi habilement conçue qu'heureusement exécutée.

Il avait maintenant la liberté de faire sa jonction avec la flotte espagnole, dont il venait
d'apprendre les dommages ainsi que la relâche
à Carthagène. Cette nouvelle opportune lui était
parvenue au moment même où il quittait Vado.
Elle arrivait de Paris, et le commentaire qu'ajou-
taient les Directeurs prouvait à quel degré ils
s'abusaient sur la force des Anglais. On prétendait savoir à Paris que Jervis avait souffert de
la tempête autant que Mazarredo; on recommandait à Bruix de ne plus s'occuper ni de cet
allié ni de cet ennemi également désarmés, de
quitter Gênes en toute hâte, de toucher Malte,
et d'accomplir sa mission en Égypte. « Songez,
lui disait-on, que c'est à l'audace que la République a dû la plus grande partie de ses victoires. » Ce conseil, imité des déclamations de
Danton, était singulier dans la circonstance.
Sans s'y arrêter, l'amiral, persuadé qu'une conduite différente serait approuvée plus tard, tourna ses vaisseaux vers Carthagène et y fit annoncer son arrivée.

La cour d'Espagne, prévenue dans le même temps de la prochaine réunion des deux marines, s'étudiait de son mieux à ménager ses intérêts. Elle s'était convaincue que s'associer aux entreprises des Français sur la Méditerranée, c'était augmenter gratuitement le nombre de ses ennemis. En réalité, c'était aux Anglais seuls qu'elle voulait faire la guerre. Elle n'avait point rompu avec les autres États ligués contre la France, et par une inconséquence réciproque, ou par l'espoir d'un changement de politique, ces États observaient à l'égard de l'Espagne les dehors de la neutralité. Comme gage de leur esprit pacifique, la Russie venait de faire des offres de rapprochement, et l'Autriche, plus cauteleuse avec plus d'arrogance, maintenait cependant son ambassadeur à Madrid. Mais on provoquait directement ces deux puissances, si l'on déployait sur les côtes italiennes le pavillon espagnol auprès du drapeau républicain. En s'étendant en Italie, la lutte rendait l'Espagne solidaire de nos défaites sur terre ; elle compromettait l'infant de Parme et son duché, qui était maintenant à la merci des coalisés. Voulait-on se borner à suivre les Français jusque dans le

Levant? on obligeait la Porte à se déclarer, et par suite les Barbaresques, dont les corsaires seraient si redoutables. La Méditerranée semblait donc aux politiques de Madrid toute semée d'écueils, au milieu desquels ils ne voulaient point s'aventurer. Ils exceptaient, il est vrai, l'entreprise contre Minorque, mais parce qu'ils n'y trouvaient à combattre que l'Angleterre, et avaient à cœur de réparer une perte cruelle faite par la monarchie. Aussi le ministère avait rassemblé 5,000 hommes à Barcelone, pendant le printemps, et venait de les diriger sur Alicante, pour les rapprocher de sa flotte qui se réparait activement à Carthagène. Grâce à quelques ressources, arrachées à un trésor épuisé, on espérait que Mazarredo serait bientôt capable de protéger une descente : on se flattait même du concours de Bruix. Après cette opération, réclamée par l'opinion espagnole, M. de Urquijo aurait volontiers envoyé les deux escadres poursuivre leur campagne commune du côté de l'Irlande ou de la Batavie, dans des parages où les Anglais seraient les seuls ennemis à rencontrer. Cependant, pour engager Bruix à prendre part à l'attaque de Minorque,

il faisait une double concession; il autorisait
Mazarredo, par réciprocité, à seconder le ravitaillement de Malte; il consentait aussi à révo-
quer l'ordre de rappel de la division de Rochefort et à la laisser conduire à Brest. Le roi
écrivit dans ce sens au Directoire, et le chevalier de Azara fut chargé d'expliquer ces desseins,
que depuis nos revers sa cour ne se mettait plus
en peine de déguiser.

L'amiral Mazarredo était loin de partager la
sécurité du roi et de son ministre sur un débarquement à Minorque. L'œil fixé vers les escadres
anglaises, il savait que deux divisions, l'une de
cinq, l'autre de douze vaisseaux, arrivées de
l'Océan, avaient fait voile au nord; il était
instruit de la présence de lord Keith avec vingt-
deux vaisseaux sur la côte de Provence. Si,
depuis quelques jours, il avait perdu de vue ces
ennemis, il ne doutait point qu'ils ne demeu-
rassent tous à portée de secourir Mahon. C'était
donc trente-neuf bâtiments de ligne qui pouvaient en défendre l'accès. En tenant compte de
la division plus éloignée de Nelson, on devait
s'avouer que les Anglais avaient maintenant
soixante vaisseaux à opposer aux quarante des

amiraux français et espagnol. Et même dans ce nombre, on omettait la flotte combinée des Russes et des Turcs, qui, maîtresse de Corfou, commençait à bloquer Ancône. Inquiet de son infériorité, Mazarredo était d'avis de renoncer à toute opération sur la Méditerranée, sans excepter celle de Minorque; par des raisons de prudence militaire, il confirmait donc, en la développant jusqu'au bout, l'abstention politique de sa cour. Selon ce qu'il écrivait à Madrid, il fallait retourner à Cadix et attendre là des renforts qui élevassent les deux marines au niveau de celle des Anglais. A tout le moins, il était nécessaire d'abandonner au plus tôt la Méditerranée, où l'on ne pourrait se mouvoir sans péril, où l'on manquait en ce moment d'un port sûr pour s'abriter; car la rade de Carthagène, resserrée et incommode, exposait les flottes à un blocus très difficile à forcer.

Ces raisonnements, peut-être sincères, furent répétés à Bruix, lorsqu'il entra le 22 juin dans Carthagène. L'amiral français les écouta sans d'abord essayer de les contredire. Il convint que le séjour au port ne pouvait sans danger se prolonger, au delà des huit jours, encore nécessaires

pour achever de remettre à flot les vaisseaux
espagnols. Il feignit même d'admettre que les
deux flottes devraient par précaution, regagner
l'Océan. Au fond, il se sentait obligé de négocier avec Mazarredo. Si jamais il avait pu s'imaginer que le Directoire obtiendrait pour lui la
direction suprême des deux marines, il devait
voir par l'accueil affable mais assuré de Mazarredo, qu'il traitait avec un égal, qu'on pouvait
persuader et non commander. D'un coup d'œil
Bruix sut apprécier cette situation délicate. Se
séparer des Espagnols, c'était risquer d'être
accablé ; mais sortir de la Méditerranée sans
avoir fait un effort pour remplir sa mission,
c'était faillir au premier de ses devoirs : d'autant que sa flotte avait alors la plus belle tenue
qu'on pût espérer dans un temps de décadence
maritime. Les équipages et les soldats, bien
pourvus, pleins de la confiance que donnent
l'obéissance et la bonne santé, commençaient
à se former après deux mois de navigation;
sauf la solidité éprouvée des Anglais, ils étaient
maintenant en état d'affronter les chances d'une
bataille navale. Une nouvelle lettre que Bruix
reçut de Paris le 23 juin, affermit encore sa vo-

lonté de persévérer jusqu'à la fin dans l'accomplissement de ses instructions. Les Directeurs, ignorant du reste sa dernière manœuvre, revenaient avec insistance sur la nécessité de ravitailler Malte et d'aborder en Égypte. Aussitôt Bruix se rend auprès de Mazarredo. Rien ne prouvait, disait-il, que les dix-sept vaisseaux anglais venus dernièrement de l'Océan eussent déjà rallié Keith ou Nelson. Il fallait s'avancer à l'est, en s'éclairant de tous côtés par des frégates. Si l'ennemi était réellement concentré, il ne restait, en effet, qu'à se retourner vers l'Océan : mais s'il était encore séparé en plusieurs divisions, il fallait poursuivre l'un ou l'autre de ces détachements pour l'écraser. Une victoire partielle rétablirait l'égalité des forces et permettrait de tenter les opérations de Minorque et de Malte. Bruix s'arrêtait là, se taisant à dessein sur l'Égypte, parce que Mazarredo l'avait déjà entretenu, en termes généraux, de la répugnance préconçue qu'aurait sa cour contre toute entreprise dans le Levant. Mais s'il gardait aujourd'hui le silence, il se promettait bien, après un succès, d'entraîner son allié à Alexandrie, et au besoin de s'y rendre seul.

Ces propositions, quoique chaudement soutenues, ne parurent point du goût de l'amiral
espagnol, qui s'obstina à redire qu'une campagne sur la Méditerranée ruinerait les deux
pays. Au sortir de cet entretien inutile, Bruix,
sans se rebuter, manda à Guillemardet de rappeler au roi ses engagements avec la France, et
d'obtenir que Mazarredo exécutât bon gré, mal
gré le plan proposé. Le moment parut même
venu de faire parvenir un avertissement à
Bonaparte. Bruix trouva un grec, et lui promit
500 louis pour remettre en Égypte un billet
de sa main. Dans cette lettre, il mandait ses
démarches auprès de l'amiral et du gouvernement espagnol. « Je ne perdrai pas un instant,
ajoutait-il, pour me porter sur Alexandrie immédiatement après le combat. Faites donc vos
dispositions pour retenir le moins de temps
possible la flotte sur les côtes d'Égypte. Vous
devez compter, général, sur tous les efforts dont
je suis capable pour renverser tous les obstacles,
et me rendre aussi promptement que je le pourrai auprès de vous. Néanmoins il m'est impossible de vous préciser l'époque de mon arrivée.
Et, comme il n'y a rien de moins certain que le

résultat d'un combat naval, ni même que je réussisse à attaquer l'ennemi avant sa réunion complète, je dois vous engager, citoyen général, à ne prendre les dernières mesures pour l'embarquement de votre armée, que lorsque vous serez prévenu, par des frégates que je détacherai sitôt après l'événement, de l'arrivée prochaine de l'armée navale... [1] »

La lettre se perdit, et le projet de Bruix fut désapprouvé à Madrid. L'adresse de Mazarredo réussit à le faire avorter. Ce gentilhomme était né avec un esprit délié, qui se pliait aisément aux intrigues sans y perdre de sa dignité. Fidèle à sa parole, mais trop fin pour l'engager mal à propos ; homme d'honneur, mais à la façon des politiques, il avait l'art de suivre l'intérêt de son pays sans paraître manquer à la France. Son expérience sur mer, la sagacité de ses avis, et jusqu'à sa bonne mine lui avaient donné à la cour un crédit mérité. Lorsque Guillemardet se fit auprès du ministre Urquijo l'avocat du plan de Bruix, on lui montra des lettres de Mazarredo dont les raisons spécieuses et les réticences

1. Meneval, p. 7. La date de cette lettre, que M. de Meneval fixe au 11 juin, doit être certainement reportée au 24.

apprêtées le remplirent d'incertitude. La pénétration faisait défaut à Guillemardet, qui par bien d'autres côtés ne se montrait guère propre à faire un diplomate. Il se laissa persuader que Bruix demandait avant tout à ne point aller à Minorque, et il s'imagina avoir assez obtenu quand M. de Urquijo déclara qu'il renonçait à cette entreprise mal vue du Directoire, et qu'il commandait à la flotte espagnole de rentrer sur-le-champ dans l'Océan.

Mazarredo reçut, le 28 juin, ces instructions, si conformes à ses désirs. L'amiral français, pourtant, ne fut pas pris au dépourvu, et dans cette lutte de souplesse, prouva qu'il avait autant de ressources d'esprit, avec plus de ténacité. Pressant son interlocuteur : « Avouons, lui disait-il, qu'en vous permettant de sortir de Cadix, le dessein du roi était de reprendre Mahon, comme celui du Directoire en m'envoyant ici, était de porter des secours à Malte. Pourquoi renoncer à cette double mission? Si vous trouvez dangereux de rester sur cette mer, même avec la chance d'envelopper des divisions isolées de l'ennemi, quittons la Méditerranée; mais que cette retraite devienne une feinte pour dérouter les Anglais. » Et Bruix expliquait son nouveau projet, qui ne manquait ni d'invention ni de hardiesse. Il s'agissait de semer partout le bruit que les flottes alliées se rendaient à Brest, et d'aller croiser au large dans l'Océan, sous quelque latitude écartée où l'on ne rencontre aucun navire. Lorsque les Anglais, courant à leur poursuite dans une fausse direction, se seraient éloignés vers la Bretagne ou l'Irlande, les deux amiraux devaient reparaître soudainement dans la Méditerranée, et, libres d'agir pendant plusieurs semaines, achever les entreprises qui leur étaient ordonnées. Ce langage insinuant ne put vaincre la froideur calculée de Mazarredo, qui renouvela ses objections, et, comme de guerre lasse, finit par offrir de reprendre des ordres à Madrid. Cependant, puisque ses vaisseaux étaient réparés, et que chaque heure inutile passée à Carthagène exposait au blocus des Anglais, il conseillait d'appareiller dès le lendemain, pour aller attendre à Cadix la réponse demandée à sa cour. L'adroit Espagnol annonçait en même temps la nouvelle du jour, le coup d'État qui venait à Paris de bouleverser la composition du Directoire.

Treilhard, Merlin et Révellière-Lépeaux
avaient été contraints de céder la place[1]. Har-
celés par des discussions sur les finances, ce
moyen d'attaque familier à toutes les assemblées; rendus responsables de dilapidations qui
épuisaient nos armées ou les avilissaient; con-
vaincus d'attenter chaque jour à la liberté et à
la fortune des citoyens, ils avaient été sommés
de rendre compte de tant de maux accumulés sur
la France. Ils étaient trop affaiblis pour mutiler
de nouveau le Corps législatif; ils tombaient
sous ses coups, sans qu'il se fût élevé dans le
public une seule voix pour les plaindre ou les
défendre.

On devait croire que la journée du 30 prairial
mitigerait la politique française; que, pour les
affaires du dehors comme pour l'intérieur, les
nouveaux Directeurs chercheraient à sortir des
errements tracés. Qu'allaient devenir les projets
sur la Méditerranée, sur Malte et l'Égypte?
Cette secrète incertitude, inspirée à propos par
Mazarredo, acheva d'entraîner le consentement

1. Dépêche de Sandoz-Rollin, du 21 juin (Bailleu, n° 263);
— Dépêches de Brinkman, des 21 et 27 juin (Léouzon-Leduc,
Corresp. de Staël et Brinkman, p. 282 et s.).

de Bruix. Le 29 juin, les deux escadres levèrent donc l'ancre, et le 10 juillet, elles mouillèrent à Cadix avec l'imposant appareil de quarante-quatre vaisseaux naviguant de conserve.

Sur leur route, elles n'avaient recueilli aucun indice de l'ennemi. Depuis quelque temps, Anglais et Français étaient mal renseignés sur leurs mouvements mutuels. Lord Keith, ne soupçonnant point la manœuvre qui, de Vado, avait conduit l'amiral Bruix en deux jours à Barcelone, inquiet d'autre part sur le rassemblement des troupes espagnoles préparées contre Mahon, avait longtemps croisé entre la Corse et les Baléares. Le 18 juin, il eut la bonne fortune de capturer la division du contre-amiral Perrée, qui revenait de Syrie. Puis il reparut devant Toulon, et, de plus en plus persuadé que Minorque allait être attaquée, il adressa le 27, à Nelson l'ordre de détacher tous ses bâtiments disponibles pour seconder la défense de l'île. Nelson n'avait pas obéi. Ce génie bizarre et intempérant, dominé par son courage le jour de la bataille, et le lendemain par les lâches passions de la cour napolitaine, avait de sa propre autorité disposé de toutes ses forces. Fatigué d'attendre la flotte française pour se jeter sur elle au passage, il était sorti de Palerme le 21 juin, et mettait tous ses emportements au service de la reine de Naples. Il s'était donné pour tâche de reconquérir les places fortes du royaume; et il poursuivait son œuvre, au mépris du droit des gens et sans respect pour la volonté de son chef, comme s'il comptait par l'éclat de ses succès se faire pardonner cette inconcevable témérité[1]. Ainsi laissé à lui-même pendant deux semaines, lord Keith aurait couru les plus sérieux dangers, si les Français avaient obtenu des Espagnols d'aller à sa rencontre. Il ne rallia que le 7 juillet les douze vaisseaux arrivés d'Angleterre. Le 9, il vint relâcher à Mahon et s'y arrêta seulement deux jours, la rumeur commençant à se répandre que la flotte alliée voulait rentrer dans l'Océan et attaquer l'Irlande. De nouveau, il écrivit à Nelson pour lui confier la garde de Minorque, et lui répéter un ordre qui devait être suivi d'une seconde désobéissance. Il apprit au cap de Gate que les alliés venaient de franchir le détroit, et

1. Nelson, *Dispatches*, t. III, p. 393, 408, 414.

avec toute la hâte permise par des vents contraires, il dut faire un détour vers la côte de Barbarie pour renouveler ses vivres de campagne. Trente vaisseaux étaient maintenant placés sous son commandement. Lorsqu'il parut le 30 juillet dans les eaux de Cadix, les alliés en étaient sortis depuis huit jours.

L'amiral Bruix avait, en effet, trouvé à Cadix cette réponse de la cour espagnole qu'il avait consenti à venir y chercher. C'était une protestation étudiée de la fidélité de l'Espagne au milieu de nos désastres, et du désir de voir la flotte royale se couvrir de gloire auprès de la nôtre. Comme conclusion de cet étalage d'amitié, le ministère s'en remettait complètement à la prudence de Mazarredo. Il l'autorisait à entreprendre, sans en référer à Madrid, toute espèce d'opération sur laquelle s'établirait un accord avec son allié. Pour mieux dire, il lui confiait la faculté de paralyser successivement, par un refus, tous les plans de l'amiral français. Bruix ne pouvait s'y tromper, et commençait à croire que Mazarredo, secrètement d'intelligence avec son gouvernement, n'avait tant insisté sur une station à Cadix, que pour s'y renfermer désor-

mais dans une invincible inertie. Il fit un nouvel appel à Guillemardet pour qu'il obtînt cette
fois un ordre positif, précis, que Mazarredo ne
pût éluder. « Si d'ici à huit jours », écrivait-il le
12 à Paris, « l'ordre de sortir nous arrive, je crois
pouvoir vous assurer qu'avant la fin du mois
prochain je serai rentré dans la Méditerranée. »
Mais Guillemardet, amusé par M. de Urquijo
qui protestait d'avoir tout accordé, ne sut ni
réclamer ni obtenir. Pendant ces délais, le pavillon anglais se montra dans les parages de Malaga. C'était la fin des pourparlers ; car devant un
blocus imminent, il fallait au plus vite conclure
et repartir. Le point principal était maintenant
d'arracher les Espagnols à la captivité volontaire
de Cadix. Bruix prit donc son parti : le 16 juillet,
il demanda nettement à Mazarredo s'il voulait se
joindre à lui pour aller à Brest. Comme celui-
ci réclamait une semaine, afin, disait-il, de remettre ses provisions au complet, Bruix revint à bord
et le lendemain fit résolument signal à tous ses
vaisseaux de se préparer. Il recevait au même
moment, de Paris, des lettres[1] qui justifiaient par

1. Lettres du ministre de la marine à Bruix ; Paris, 1er et
4 juillet.

avance cette décision devenue nécessaire. Les nouveaux Directeurs ne parlaient plus de Malte ni de l'Égypte. Sans imposer du reste un plan, que les circonstances pouvaient rendre impraticable, ils indiquaient leur préférence pour une campagne dans le golfe de Gascogne, qui devait débloquer la division espagnole de Rochefort, enlever les croisières ennemies et ramener les deux flottes à Brest. De l'aveu du Directoire, on s'inquiétait en France d'un embarquement considérable de troupes à Southampton, qui semblait destiné à envahir la Batavie; et l'on espérait retenir cette expédition au port, en rassemblant les vaisseaux français et espagnols sur les côtes de Bretagne ou d'Irlande. Ainsi le vœu du gouvernement, aussi bien que la nécessité, rappelaient à la même heure notre marine loin de cette Méditerranée, où elle s'était promenée en vain, où l'intérêt contraire des Espagnols l'avait empêchée d'agir. Bruix put même croire à une défection ouverte de son allié, lorsque nos premiers vaisseaux traversèrent, malgré le vent, les passes de la rade : Mazarredo semblait immobile. Enfin un retour tardif de fierté castillane fit ce que n'avaient pu

faire les meilleurs raisonnements de Bruix. A
l'aspect de notre pavillon qui s'éloignait, Mazarredo, aiguillonné dans son honneur de soldat
et de gentilhomme, changea de rôle; on le
vit mettre sur pied ses équipages, travailler
nuit et jour à la voilure et aux approvisionnements, et, le 21 juillet, se réunir hors de Cadix
à la flotte française, qui s'était arrêtée pour
l'attendre.

Les deux amiraux prirent aussitôt la direction de la Bretagne. Les Espagnols, inhabiles
dans leur marche, perdirent, dans les premiers
jours, un bâtiment qui s'échoua, et un autre
qui dut rentrer à Cadix. Le 3 août, un violent
vent d'ouest redoubla l'embarras de leur navigation. Bruix ne pouvait avec sécurité les écarter de leur route pour dégager Rochefort; il
craignait lui-même d'être jeté sur ce rivage, s'il
tentait de l'approcher. Renonçant donc à cette
entreprise, les deux escadres continuèrent à
gouverner vers Brest, qu'elles atteignirent dans
la soirée du 8 août. Il était temps. Une tempête,
qui éclata la nuit suivante, et l'apparition de
lord Keith qui, à force de voiles, avait presque
rejoint les alliés, prouvèrent que, par un jeu

singulier de la fortune, Bruix avait jusqu'au dernier jour réussi dans ses manœuvres, mais sans pouvoir accomplir aucune partie de sa mission.

CHAPITRE VI

CRISE DU RÉGIME DIRECTORIAL

(JUILLET-AOUT 1799)

Légende de la déportation de Bonaparte.

Ignorance de l'opinion sur l'objet véritable de l'expédition de Bruix. — Malveillance contre les nouveaux Directeurs : on leur reproche de faire le silence sur l'Égypte; pourtant il n'arrive plus de nouvelle directe de ce pays. — Malveillance contre les anciens Directeurs : on les accuse d'avoir déporté Bonaparte. — Ces préjugés populaires sont exploités par le parti jacobin, qui pousse à mettre en jugement les ex-Directeurs. — Dénonciations contre eux; procédure à suivre. — Attaques contre Talleyrand : — « Éclaircissements » publiés par ce ministre, et polémique sur l'origine de l'expédition d'Égypte. — Talleyrand cède la place à Reinhard.

Modérés et Jacobins.

Divisions dans le Directoire : Sieyès veut arrêter les tentatives révolutionnaires des Jacobins. — Divisions dans les Conseils : les Modérés se trouvent obligés de protéger les ex-Directeurs. — Fâcheuses nouvelles de Syrie, atténuées par le parti de Sieyès. — Relation du contre-amiral

Perrée, et nouvelle certaine de l'échec devant Acre. — Suite du procès contre les anciens Directeurs : défense de Rewbell, de Révellière-Lépeaux. — Les Modérés font rejeter les dénonciations. — Attitude des frères de Bonaparte pendant ce procès.

État critique de la République.

Troubles et découragement au dedans. — Au dehors, mort du général Joubert : invasion de la Suisse et de la Hollande. — Inertie des deux flottes, bloquées dans Brest. — Relâchement de l'alliance avec l'Espagne. — Impossibilité de ravitailler Malte, de traiter avec les Barbaresques.

L'amiral revenait, la santé altérée et l'humeur chagrine. Ces dégoûts s'accrurent par l'indifférence que montrait le public pour ses opérations. On les avait suivies de loin et sans les comprendre ; on les critiquait même pour les charges qu'elles imposaient au trésor. Le gouvernement ne se souciait point d'éclairer cette ignorance générale, en révélant les projets qu'il avait combinés sur le Levant. Lorsque les Espagnols étaient à Brest, il n'était point politique d'avouer devant eux des desseins qu'on leur avait toujours dissimulés, de leur fournir la preuve d'une duplicité dont ils se plaignaient.

D'ailleurs, si l'on avait annoncé en France que le gouvernement avait destiné sa flotte à secourir Bonaparte, puis à le ramener, on n'aurait trouvé que des oreilles incrédules [1]. L'opinion était alors malveillante ou prévenue : après la journée du 30 prairial, elle ne s'était remise à parler de l'expédition d'Égypte que pour y chercher des griefs contre les anciens Directeurs, et déjà pour reprocher aux nouveaux de faire le silence sur le vainqueur des Pyramides. En réalité, il n'arrivait plus de nouvelles directes de l'armée d'Orient. Non que les Anglais eussent multiplié les captures depuis l'accroissement de leurs forces sur la Méditerranée; mais à dater du mois d'avril, les départs même d'Égypte avaient été presque entièrement suspendus. Ni Marmont ni Menou n'avaient pris sur eux d'envoyer des nouvelles, lorsqu'ils n'en recevaient point du général en chef, séparé d'eux par les déserts de la Syrie et par une mer couverte d'ennemis. Pendant le siège de Saint-Jean-d'Acre, Bonaparte en effet n'avait écrit que deux dépêches au gouvernement, et le courrier

---

1. A l'étranger, le cabinet de Louis XVIII était arrivé à deviner la vérité : « Vous savez depuis longtemps l'escadre française dans la Méditerranée, » écrivait-il le 20 juin au duc d'Harcourt à Londres. « Je lui crois le projet de débloquer Malte, embarquer Bonaparte et son armée, et le ramener au midi de l'Italie pour soutenir Naples... J'espère, au reste, que les escadres anglaises le rencontreront en chemin. »

qui les portait à Alexandrie avait été saisi le 25 mai dans les parages de Jaffa. On était donc réduit, à Paris, à recueillir les bruits répétés par les gazettes allemandes ou anglaises; bruits contradictoires, dont les moins inexacts venaient de Constantinople[1]. Un jour, on lisait que Bonaparte, disciplinant les tribus chrétiennes du Liban, s'était mis à leur tête et marchait vers le Bosphore. Un autre jour, il était prisonnier, et son armée détruite. On se fiait plus volontiers aux succès qu'aux revers; mais cette croyance même n'arrêtait point l'essor des plus étranges déclamations. L'expédition d'Égypte paraissait maintenant une machination des anciens Directeurs pour se défaire de Bonaparte, et transporter dans les solitudes une armée qui lui était dévouée. Si le héros, se disait-on, avait jusqu'ici par ses victoires trompé l'attente d'un gouvernement jaloux, il manquait à la

---

1. En outre, le Directoire recevait, après de longs retards, des lettres particulières de Constantinople et copie de quelques dépêches adressées de cette ville à la cour espagnole. M. de Bouligny écrivait directement à Talleyrand sur l'affaire de nos prisonniers, mais n'osait se compromettre par cette correspondance évidemment surveillée. Il en était de même de l'agent batave qui, depuis le commencement de 1799, avait dû suspendre ses relations officielles avec le Divan.

France à l'heure de l'invasion; et peut-être
était-il voué, comme Hoche, à périr d'une mort
mystérieuse. Cette légende de la « déportation »
de Bonaparte, si bien appropriée au tour d'esprit du peuple, s'était propagée partout lors de
la chute du précédent Directoire. C'était la
manie du moment, comme celle de voir des
« dilapidations » dans les moindres actes du
gouvernement ou de ses commissaires.

Le parti jacobin s'était appliqué à renchérir
sur ces préjugés de la foule et à les exploiter à
son avantage. Ses clubs étaient rouverts; son
quartier général siégeait à Paris dans la salle
du Manège; ses journaux contrefaisaient le langage des Terroristes. Après avoir aidé les Modérés à renverser les Directeurs, les Jacobins
avaient rompu la ligue, et, avec la volonté de
s'emparer des affaires, travaillaient à rétablir
dans le Corps législatif le système de la Convention. Faisant leur profit du désarroi qui
suit toute crise intérieure, des troubles de l'Ouest
et du Midi, et des désastres en Italie où Macdonald venait de perdre son armée, ils avaient
fait voter la loi des otages et celle de l'emprunt
forcé : mesures odieuses qui rappelaient les

plus mauvais jours. Chaque soir, leurs tribunes improvisées retentissaient de cris de vengeance et de dénonciations furieuses. Par une logique habituelle à la démagogie, avant d'attaquer en face le nouveau gouvernement, ils foulaient aux pieds le corps abattu de l'ancien ; et prompts à outrer tous les châtiments, ils exigeaient qu'on punît Schérer et tant d'autres concussionnaires, qu'on chassât Talleyrand, qu'on traînât enfin en jugement les Directeurs destitués.

C'était surtout sur ce procès politique que le parti comptait pour remuer les passions et pousser aux extrêmes. Plusieurs pétitions portèrent donc l'affaire devant le conseil des Cinq-Cents[1]. Sous une forme banale, elles répétaient ce qui se disait partout des rapines des Directeurs, de leurs attentats contre la liberté des peuples et des citoyens. Elles les accusaient de même, « d'avoir déporté dans les déserts de l'Arabie 40,000 hommes formant l'élite de nos armées, le général Bonaparte, et avec lui la fleur de nos savants, de nos hommes de lettres et de nos

---

1. *Moniteur* du 15 juillet et du 11 août ; — Thibaudeau, *Guerre d'Égypte*, chap. xv.

artistes. » L'un des pétitionnaires, nommé Ruelle, se qualifiant d'ancien agent diplomatique[1], parlait de l'Égypte en termes moins puérils, mais avec autant d'injustice. « C'est incontestablement, disait-il, la violation du territoire ottoman par l'expédition d'Égypte qui est la principale cause des dangers de la patrie, parce qu'elle a entraîné les Turcs dans la nouvelle coalition. » Les Directeurs, continuait Ruelle avec l'assurance d'un homme du métier, les Directeurs, par trahison plus encore que par ineptie, ont voulu faire la guerre à la Porte. Nous devons aujourd'hui lui offrir la punition de ces traîtres comme premier gage d'un rapprochement, et rétablir à ce prix la paix avec la vieille alliée de la France. Le rapport sur ces pétitions, présenté à la séance du 12 juillet,

1. Ruelle se disait « ancien chargé d'affaires de France dans les Pays-Bas autrichiens ». Il avait, en effet, appartenu en 1788 à la légation de Bruxelles. Destitué le 13 décembre 1790, puis rétabli le 12 avril 1792, il fut expulsé quelques semaines après par les Impériaux. Cet agent avait la manie des réclamations et celle des dénonciations. Ainsi, en 1800, il se mit en tête d'adresser au Tribunat un mémoire contre Bonaparte : celui-ci écrivit en marge : « Le P. Consul a lu la pétition. Il n'a jamais entendu parler de Ruelle ; il ne comprend rien à cette affaire, et ne peut reconnaître en lui qu'un homme dont le cerveau n'est pas sain » (4 frimaire an IX : 25 novembre 1800).

invitait le Conseil à se former en comité pour décider s'il les prenait en considération. D'après l'acte constitutionnel, une procédure, heureusement assez longue, devait suivre ce préliminaire. Il fallait que la dénonciation fût lue trois fois, de dix jours en dix jours : les inculpés avaient alors trois jours pour s'expliquer devant le Conseil, qui votait en comité secret s'il y avait lieu de les renvoyer devant les Anciens. Cette chambre recommençait la formalité des trois lectures avec les mêmes intervalles, prononçait à son tour, et c'est seulement après tous ces délais que les Directeurs comparaissaient devant la haute cour de justice, chargée de les juger.

En attendant que ces victimes fussent plus à portée, les coups des Jacobins retombaient sur le ministre des relations extérieures, qu'on rendait en partie responsable des malheurs de la patrie. Comme s'il essayait de prévenir les attaques, Talleyrand avait rédigé, le 27 juin, sur la situation de l'Europe, un exposé plein de ces confidences diplomatiques qui caressent l'amour-propre des assemblées. L'origine de la guerre ; l'influence du désastre d'Aboukir ; la

déclaration imprévue de la Porte et les pourparlers inutiles avec cette puissance pour l'échange
des prisonniers; un tableau résumé des desseins des coalisés et des relations de la France
avec ses alliés formaient la substance assez vé-
ridique de ce mémoire. Talleyrand le terminait
en déclinant toute participation aux derniers
événements de Suisse et d'Italie, machinés,
disait-il, à son insu, et conduits sans son intermédiaire par l'ancien Directoire et des commissaires spéciaux. Quelques jours après, un
article du *Moniteur*[1], qu'il avait évidemment inspiré, revenait avec plus de force sur le système
des Directeurs de tenir leur ministre à l'écart
des affaires épineuses, surtout de celles où l'on
reconnaissait maintenant la main des « dilapi-
dateurs » et des révolutionnaires de profession.
Il était bien vrai que, depuis plus d'une année,
Talleyrand avait joué un assez mince person-
nage et s'en était accommodé[2]. Mais cet aveu,
qui ne coûtait guère à son esprit indolent et
dédaigneux, n'avait point la vertu de désarmer

---

1. *Moniteur* du 30 juin.
2. Bailleu, n° 234. — Sandoz-Rollin et Brinkman n'esti-
maient point le caractère de Talleyrand (Léouzon-Leduc,
p. 298).

ses adversaires. Poursuivi avec une aigreur croissante par le principal pamphlet des Jacobins, le *Journal des hommes libres,* mal défendu par ses amis, Talleyrand ne vit d'autre issue que sa démission, et la présenta le 13 juillet : elle ne fut pas acceptée. Le même jour, sous le titre d'*Éclaircissements*, il répandit dans les Conseils une apologie directe de sa conduite depuis le commencement de la Révolution. Il avait fait approuver le libelle par le Directoire, et l'avait imprimé sur les fonds secrets de son département. Quand il venait à parler de l'expédition d'Orient, sans en nier ni la grandeur ni l'utilité, il se bornait à insinuer qu'elle avait été préparée avant son ministère. A ce propos, il mentionnait plusieurs mémoires sur l'occupation de l'Égypte, adressés à son prédécesseur par le consul général Magallon, et un congé donné à cet agent, qu'on avait sans doute rappelé d'Alexandrie pour mieux expliquer ses projets de conquête. Bien que ce passage des *Éclaircissements* fût en soi de peu de conséquence, il éveilla la susceptibilité de ce prédécesseur, désigné sans être nommé, et qui était Charles Delacroix. De là une polémique[1]. Delacroix affirmait qu'il était absolument étranger à l'entreprise de Bonaparte, et que, si Magallon était revenu en France, c'était pour rétablir sa santé. Talleyrand répliquait que la lettre de Magallon sollicitant son congé était la preuve décisive du contraire. Comme il arrive d'ordinaire en pareille circonstance, on produisit le texte de la lettre, sans convaincre aucun des deux contestants. Le public assista froidement à cette querelle personnelle, que n'échauffaient point les passions des Jacobins, et d'où il ressortait surtout que les politiques, initiés aux projets sur l'Égypte, ne se souciaient plus d'en convenir[2]. Pendant cet incident, le ministre renouvela l'offre de sa retraite, et le 20 juillet se fit remplacer par Reinhard, qui présentait

1. *Éclaircissements donnés par le cit. Talleyrand à ses concitoyens* (distribués le 13 juillet); — *Observations* de Delacroix (15 juillet); — *Réponse* de Talleyrand (23 juillet); — *Réponse* de Delacroix (25 juillet). On peut consulter aussi une brochure assez rare : *Observations sur les éclaircissements donnés par le cit. Talleyrand à ses concitoyens* (Paris, an VII, in-8 de 30 p.).

2. Au mois d'avril de l'année précédente, Talleyrand tenait devant Sandoz-Rollin un langage bien différent. « Le sieur Talleyrand m'a avoué qu'il était avec Magallon, consul en Égypte, l'auteur de cette grande entreprise et qu'il en attendait les plus grands succès » (Bailleu, n° 163). Voir aussi l'opinion de Briot, du 12 fructidor an VII (p. 50 et s.).

le double avantage d'être absent et d'être un ami : combinaison qui réservait à Talleyrand le pouvoir pour le moment et l'influence pour l'avenir.

L'audace envahissante et déjà heureuse des Jacobins commençait de tous côtés à entraver la marche du nouveau Directoire. Plus pénétrant que ses collègues, Sieyès avait 'mieux compris la perversité en même temps que la faiblesse secrète d'un parti, qui prétendait sauver la République par l'énergie de 93. Il savait que ces énergumènes n'avaient plus la terrible conviction des vrais Jacobins qu'ils imitaient ; il savait surtout que la France ne se laisserait plus imposer le joug de fer qui l'avait courbée pendant la Terreur. Il était donc décidé à résister aux excès dont chacun se sentait menacé. Ses vues allaient même au delà, et, cherchant le moyen d'empêcher le retour de l'anarchie lorsqu'il l'aurait vaincue, il méditait de réformer les institutions de l'an III. Sans avoir définitivement arrêté la constitution, étudiée dans sa tête depuis tant d'années, et qui devait rendre le repos au pays par un savant équilibre des pouvoirs publics, il avait d'avance réfléchi au

mode d'exécution, et jeté, disait-on, les yeux
sur le général Joubert. Le voile qui entourait
tous ces projets se soulevait chaque jour davantage ; suivant l'opinion qu'on avait de cette politique prochaine, de nouveaux partis se formaient dans les Conseils et jusque dans le
gouvernement. Les deux Directeurs Gohier et
Moulins, attachés à la constitution de l'an III
par ignorance des affaires plutôt que par raisonnement, se tenaient à l'écart, et médiocres en
tout, même dans leurs préjugés républicains,
passaient pour les chefs du parti exalté qu'ils
ne dirigeaient point. Ils gênaient sourdement
leurs collègues. Secondé seulement par Roger-
Ducos, Sieyès avait dû s'entendre avec Barras,
dont la voix comptait dans le conseil à défaut
d'autre influence, et qui semblait avoir désormais besoin de nouveauté pour assaisonner ses
intrigues comme ses plaisirs. Cette alliance
entre deux hommes si divers se resserrait encore par le procès des anciens Directeurs, où
Barras, responsable des mêmes fautes, craignait d'être impliqué. L'œuvre de résistance
et de réparation combinée par Sieyès trouvait aussi quelque appui dans les esprits mo-

dérés du conseil des Anciens. Il n'en était pas de même des Cinq-Cents, où les Jacobins avaient rencontré beaucoup de députés disposés à s'affilier à leur club. Ils avaient avec eux Augereau, Jourdan, le ministre de la guerre Bernadotte, et se flattaient que le consentement de ces généraux les rendait maîtres d'une partie de l'armée. Depuis que Sieyès ne cachait plus sa volonté de réprimer leurs entreprises, ils se déchaînaient contre lui : c'était la guerre ouverte et ardente. Sieyès venait de fermer la salle du Manège, et lors de l'anniversaire du 10 août, on l'entendit, dans un discours vigoureux, flétrir les menées de ces hommes qui osaient chercher le salut du pays dans les mesures révolutionnaires auxquelles ils croyaient à peine, qui voulaient effrayer pour se saisir du pouvoir, et ne déclamaient si haut contre les ennemis de la République, contre les traîtres et les concussionnaires, que pour ébranler le gouvernement en le taxant de faiblesse ou de complicité.

Par un entraînement naturel de la lutte, les Modérés se trouvaient maintenant engagés à défendre ceux qu'ils avaient renversés le 30 prai-

rial, à sauver la personne des ex-Directeurs, et
même à atténuer leurs actes les plus incriminés.
Ainsi, pour éviter une recrudescence de plaintes
contre l'exil prétendu de Bonaparte, Sieyès dissimulait les nouvelles fâcheuses qui se multi-
pliaient sur l'armée d'Orient[1]. Le contre-amiral
Perrée, fait prisonnier avec toute sa division
par lord Keith, et débarqué à Gênes dans les
premiers jours de juillet, venait de tracer un
tableau inquiétant des affaires d'Égypte. Il était
sorti le 8 avril d'Alexandrie avec trois frégates
et deux bricks, qui formaient la partie la plus
saine des débris de la flotte, et racontait qu'arrivé le 15 devant Jaffa, il y reçut l'ordre de
croiser au large jusqu'à la fin du mois, puis
de mettre à terre une partie de son artillerie
pour battre les murailles d'Acre. Du 13 au
16 mai, sa division louvoya au milieu des vaisseaux de Sidney Smith et ne put échapper à leur
poursuite qu'en faisant voile vers l'Europe. On
apprit par lui la résistance que rencontrait
Bonaparte, et plusieurs assauts sanglants et

---

1. Le 24 juin, notre consul à Tripoli, Beaussier, débarqué
à Gênes par les Anglais, rendit compte d'une lettre écrite
le 9 avril par S. Smith sur les débuts du siège d'Acre. Beaussier avait lu cette pièce à Palerme.

malheureux. A défaut de renseignements sur la fin du siège, qui durait encore au moment de son départ, l'amiral Perrée représentait la détresse de l'armée, affaiblie par la peste et par tant de combats ; il insistait sur de prompts secours, et rendait compte enfin, avec une douleur professionnelle, des vains efforts de Bonaparte pour reconstituer une marine à Alexandrie. Le 28 juillet, des journaux bien informés[1] connurent, par la voie de Constantinople, la levée du siège de Saint-Jean-d'Acre et la retraite de Bonaparte. Les jours suivants, de nouveaux détails confirmèrent l'échec. Ne pouvant arrêter la publicité de ces bruits, le Directoire s'efforçait de jeter des doutes sur leur exactitude, et le *Moniteur* opposait quelques versions invraisemblables à des récits qui avaient déjà toute la certitude de la vérité.

Quant à la procédure même contre les anciens Directeurs, elle avait dû suivre son cours. Le 6 août, la troisième lecture avait été précédée d'un rapport qui remettait en relief les

---

1. Notamment le *Publiciste*. On trouvera dans le n° du 11 octobre des renseignements sur les sources d'information auxquelles puisait ce journal, l'un des plus sérieux du temps.

principales dénonciations, celle de Ruelle en première ligne. Les députés des Cinq-Cents s'étaient constitués en réunion secrète pour délibérer sur cette affaire qui, changeant d'aspect, prenait de jour en jour plus d'importance politique.

Déjà trois des inculpés avaient fait connaître leur défense. Rewbell l'avait depuis longtemps prononcée devant le conseil des Anciens, dont il était membre, et s'était fait écouter sans défaveur. Repoussant avec indignation les injures des signataires d'adresses[1] : « Nous avons exilé Bonaparte ! s'était-il écrié. La postérité pourra peut-être juger son expédition avec sévérité ; mais nos contemporains ne seront pas surpris que mes collègues et moi nous ayons partagé l'enthousiasme général, et cédé à l'ascendant du génie d'un héros couvert de gloire, qui répondait à toutes les objections, aplanissait toutes les difficultés et sut vaincre tous les obstacles. »—C'est à Bonaparte, « le libérateur des peuples, » écrivait, de son côté, Révellière-Lépeaux[2], que revient l'honneur d'un projet que

---

1. *Moniteur* du 15 juillet.

2. *Réponses de L.-M. Révellière-Lépeaux aux dénonciations*, etc. (15 therm. an VII). — Merlin fit également distribuer aux Conseils son apologie.

le Corps législatif a depuis sanctionné et glorifié, en votant que l'armée d'Orient a bien mérité de la patrie. Il a fallu le désastre d'Aboukir pour compromettre la conquête et faire déclarer la Porte ottomane. « Disons-le franchement, l'expédition d'Égypte peut être regardée comme une entreprise hardie, et sous ce point de vue, il ne serait pas étonnant que quelques bons esprits l'eussent envisagée avec une sorte d'effroi. Qu'est-il arrivé cependant? que les plus timides, se confiant à la fortune de Bonaparte, attendaient en silence, et même avec un espoir que rien encore ne dément, l'issue de cette grande tentative. » Révellière se raillait ensuite de Ruelle, qui prêchait la paix avec les Turcs. « Il faudra sans doute évacuer l'Égypte et la Syrie, et faire rétrograder l'armée de Bonaparte qui s'approche uu peu trop de Constantinople !... Ce n'est pas tout; pour être conséquent avec ce système de désaveu, il faut de suite évacuer Malte !... » Cette ironie, contredite par les nouvelles malheureuses de Syrie, n'était point la partie la plus sensée du plaidoyer; car il pouvait être opportun de traiter avec la Turquie. Révellière frappait plus juste,

quand il rappelait les applaudissements unanimes qui accueillirent le début de l'entreprise
et que chacun affectait d'oublier. Mais les assemblées ne souffrent point d'être convaincues
d'inconstance, et par là les propos de l'ancien
Directeur auraient pu lui nuire, s'ils n'avaient
été emportés au milieu du flot de passions qui
débordait sur ce procès. Les clubs avaient
redoublé d'agitation. Incapables d'ameuter la
foule, qui redoutait par-dessus tout les fureurs
de 93, ils visaient à s'imposer par la violence
et les menaces. Les nouveaux Jacobins réclamaient maintenant le supplice des Directeurs,
comme pour réveiller le souvenir de la mort de
Louis XVI : on eût dit que leur imagination
désordonnée leur représentait tout le mal qu'ils
étaient impuissants à commettre. La discus-
sion[1], échauffée à ce degré par la compétition des
partis, se prolongea plusieurs jours au conseil
des Cinq-Cents. Enfin l'opinion modérée l'em-
porta, et, le 12 août, la dénonciation contre les
Directeurs fut définitivement rejetée.

Pendant ce débat, où le nom de Bonaparte

____

1. Il y a apparence qu'on n'a point conservé de procès-
verbal des comités secrets, tenus pour cette affaire.

avait été si souvent prononcé, les frères du général avaient continué à faire cause commune avec les Modérés. Lucien, indiscret par nature, et excité par le contact des assemblées; Joseph, plus réservé et plus considéré, suivaient chacun selon son caractère l'impulsion de Sieyès et y soumettaient leur jeune frère Louis. Tous trois se résignaient à attendre. S'ils ne pouvaient s'empêcher de penser souvent au général, ils n'en parlaient qu'avec précaution et lorsqu'ils y étaient provoqués. Que pouvaient-ils sans la présence de leur frère? Essayer sans lui de préparer les voies à son ambition et à la leur, c'était embarrasser leurs amis communs, étonner, peut-être indisposer le gros de la nation, et attirer inutilement la haine des exaltés, qui ne s'apitoyaient sur Bonaparte qu'à condition de ne point le trouver en travers de leur chemin. Les nouvelles d'Orient commençaient à les tenir dans une cruelle perplexité. Ils n'en étaient pas mieux instruits que le Directoire; et faute de canaux particuliers pour faire passer des avis à leur frère ou pour en recevoir, ils demeuraient spectateurs attristés d'événements, dont ils étaient impuissants à l'informer.

Le découragement qu'ils ressentaient, se glissait d'ailleurs dans toutes les veines du pays. On n'avait pas été longtemps à s'apercevoir que la crise de prairial ne produisait aucun bien sérieux[1]. Sieyès était aux affaires, mais sa nature méditative et acrimonieuse n'était pas appropriée à des circonstances où il fallait agir sans hésitation et concilier sans faiblesse. Quel spectacle alors que celui de la France! La lèpre de la guerre civile étendue sur tous les départements de l'ouest; les Jacobins dans l'attente d'une mauvaise nouvelle pour recommencer leurs tentatives; plus de conscrits pour renforcer les armées; le trésor descendu au plus bas fond de l'épuisement; au nord comme au midi les frontières en danger. Le brave Joubert était tombé sur le champ de bataille de Novi, emportant les dernières espérances de l'armée d'Italie et peut-être le secret de Sieyès. Pendant que la Suisse, découverte par cette défaite, était livrée à l'invasion russe, le corps expéditionnaire du duc d'York avait pris la mer et venait d'aborder en Hollande.

C'était en vain que le Directoire avait espéré

1. Léouzon-Leduc, p. 294, 323, etc.

retenir les Anglais au port en rassemblant, comme on l'a vu, les deux flottes alliées dans la rade de Brest. Les quarante vaisseaux de l'Espagne et de la République, bloqués étroitement, y consumaient sans profit leurs provisions, au milieu de l'indiscipline ou de la désertion des équipages. Bruix avait prétexté sa santé pour demander un successeur ; quant à Mazarredo, revenu de son élan chevaleresque, et rebuté par le langage de nos Jacobins, il parlait de retourner sur la côte espagnole qu'il avait abandonnée sans défense. L'inaction à Brest était malheureusement forcée : car on ne pouvait sortir sans attirer sur soi les forces supérieures de l'ennemi ; quand même la surveillance des Anglais eût été moins incessante, où trouver les hommes, l'argent, les intelligences secrètes qui étaient nécessaires pour une descente en Irlande[1] ? Et pourtant, malgré nos revers

1. Dès le 9 août, le ministre de la marine, instruit par le télégraphe du retour des deux flottes, écrivit par le même moyen à Bruix : « ... Que comptez-vous faire ? Avez-vous quelques projets pour la fin de cette campagne ? Indiquez-les-moi. Que pensez-vous d'une expédition sur l'Irlande ? Vous croyez-vous assez fort pour l'entreprendre ? Combien vous faudrait-il de troupes de débarquement ? Que manque-t-il à l'armée que vous commandez ? Préféreriez-vous à une expédition sur l'Irlande l'honneur d'aller débloquer le Texel et

et notre impuissance, le gouvernement espagnol affectait de croire qu'on lui dissimulait encore quelque entreprise maritime. Il venait de remplacer le chevalier de Azara[1], comme s'il accusait cet ambassadeur philosophe de n'avoir pas les yeux assez ouverts sur les projets du Directoire. Bref, l'Espagne mesurait avec plus de parcimonie que jamais sa mise dans une alliance qui ruinait son trésor, et venait, par surcroît, de lui attirer la guerre avec la Russie. Déjà les cinq vaisseaux espagnols de Rochefort, après s'être montrés dans la direction de Brest, avaient rebroussé chemin pour rentrer à la Corogne. D'un moment à l'autre, Mazarredo pouvait recevoir un ordre semblable de rappel. Afin de le retenir en France, les Directeurs durent le combler de marques de distinction, l'invitant, ainsi que Bruix, à venir conférer à Paris[2], lui donnant des fêtes, et réclamant comme une faveur à Madrid qu'il fût investi des pouvoirs les plus étendus, pour concerter quelque plan nouveau

l'espérance de ramener dans nos ports de l'Océan l'escadre des Bataves ? » — Cf. Bailleu, n° 273.

1. Azara, remplacé le 14 août par M. de Muzquiz, lui remit le service le 23 septembre.

2. Mazarredo quitta Brest le 24 août, et Bruix le 26.

d'opérations et resserrer ainsi les liens si relâchés de l'alliance.

Sur la Méditerranée, depuis la retraite des deux flottes, les affaires n'avaient fait qu'empirer; et la conservation de Malte, le sort de l'armée d'Orient, n'étaient point les intérêts les moins lourds qui retombaient sur les bras affaiblis du Directoire.

On avait de Malte des nouvelles assez fraîches et très alarmantes. Deux émissaires, parvenus successivement à Gênes[1], faisaient craindre que cette précieuse conquête de Bonaparte ne fût bientôt perdue pour la République. Même avec le renfort des équipages de Villeneuve, la garnison, décimée par les maladies, suffisait avec peine à la garde des remparts. La haine de la population, affamée et dépérissante, les attaques continuelles des révoltés obligeaient les Français à rester toujours en éveil. Aucun bâtiment ami n'était entré au port depuis près de six mois. Le général Vaubois, privé d'instructions,

---

1. Saizier, arrivé le 9 juin, et Fouques, parti de Malte le 1er juillet et débarqué à Gênes le 27. D'après leur récit, la garnison perdait par les maladies de 100 à 130 hommes chaque mois; plus de 800 malades encombraient les hôpitaux et manquaient de linge et de médicaments.

certain néanmoins de faire son devoir en tenant jusqu'au bout[1], avait rejeté de haut les sommations des amiraux anglais et portugais. Mais les vivres s'épuisaient sans se renouveler. Les nouveaux Directeurs, qui jusqu'alors n'avaient pas cru le péril aussi grave, se décidèrent, au commencement d'août, à tenter un effort considérable pour ravitailler la place. Outre un marché secret, passé avec un négociant musulman de Tunis, nommé Osman Aga, l'ordre était parti pour Toulon[2] d'équiper tous les bâtiments disponibles, c'est-à-dire les trois vaisseaux vénitiens, *le Généreux,* deux frégates et deux corvettes. C'était toute la marine qui nous res-

---

1. Le 28 avril, le Directoire avait décidé de nouveau que Vaubois serait remplacé par le général Cambray. Ce second arrêté, aussi injuste que le précédent, fut aussi inutile.

2. Cet ordre partit le 9 août, et l'officier Fouques, envoyé à l'avance, apporta à Malte (le 16 octobre) l'annonce d'un ravitaillement. Au mois de septembre, le ministre de la marine retrancha du convoi les 3 vaisseaux vénitiens; mais il n'avait pu encore réunir ni les 2,000 hommes, ni surtout les fonds nécessaires. Il fallait au moins 300,000 francs, qu'il était impossible de trouver. A la fin d'octobre, on reprit les préparatifs. Ce fut seulement sous le gouvernement consulaire que le convoi prit la mer. Il sortit de Toulon le 25 janvier 1800, avec 1,200 hommes; mais quelques jours après, il fut dispersé près de la Sicile par une division anglaise. *Le Généreux* fut pris, et Perrée, qui commandait l'expédition, fut mortellement blessé.

tait sur la Méditerranée. Chargé de 2,000 hommes et de vivres pour un an, le convoi devait pénétrer dans la cité Valette, et revenir aussitôt en ramenant le vaisseau maltais *l'Athénien,* la division du contre-amiral Villeneuve, et tous les Maltais suspects dont Vaubois jugerait à propos de se défaire. Le Directoire enfin ne négligeait pas de s'adresser à l'Espagne, et lui demandait un contingent de 1,500 hommes. Toutefois l'exécution de ces diverses mesures demeurait en suspens. L'Espagne qui, un mois auparavant, au milieu des pourparlers de Carthagène, consentait encore à nous accompagner Malte, changeait de langage et refusait désormais de rien entreprendre pour nous sur la Méditerranée. D'autre part, le désastre de Novi avait fait trembler pour Gênes et Toulon, et fait conserver dans ces ports des bâtiments qui pouvaient servir à les défendre. Lorsque cette première émotion fut calmée, le défaut absolu de fonds empêcha l'achat des provisions et l'armement du convoi.

Cette misère vraiment inouïe du trésor avait sur la Méditerranée un autre effet moins apparent : elle paralysait les velléités du Directoire de traiter avec les Barbaresques. On savait que les deys, tout en laissant courir leurs corvettes sur les côtes de la Provence et de la République romaine, gardaient envers la France des ménagements qui s'accentuaient chaque jour. Celui de Tripoli avait souffert que notre consul envoyât à Malte une tartane remplie de vivres, et par cette complaisance avait attiré sur sa tête les vexations de Nelson. A Tunis, on comptait sur l'influence d'Osman Aga pour faire entrer des provisions à Malte. Le dey d'Alger, qui seul avait montré quelque animosité, s'était radouci et ne maltraitait plus ses captifs. Ajoutons que l'exemple du Maroc, ouvertement en paix avec la République sans que ni la Porte ni l'Angleterre eussent tenté de sévir, ne pouvait manquer d'encourager l'humeur indépendante des autres régences. Pour faire mouvoir des ressorts ainsi préparés, Talleyrand pensa à envoyer sans bruit à Alger, et ensuite à Tunis et Tripoli, soit Descorches, soit l'amiral Pléville-le-Pelley[1]. Plus tard, on parla de confier cette mission à Vallière, ancien consul d'Alger, et agent expérimenté

1. Rapport de Talleyrand, du 4 juillet 1799.

dans les intrigues appropriées aux mœurs du Levant [1]. Mais l'argument décisif d'une pareille négociation manquait au Directoire. D'anciens comptes à régler avec les régences nous constituaient redevables d'environ sept millions. Comment trouver l'argent pour payer cette dette, pour fournir les riches présents faute desquels rien ne se conclut avec les Orientaux [2]? La paix avec les Barbaresques méritait cependant ces sacrifices, puisqu'elle devait rendre la sécurité à nos côtes, assurer des vivres à Malte, et rouvrir la voie présumée la plus sûre aux correspondances avec l'Égypte.

1. Rapport de Reinhard, du 13 septembre 1799.

2. Pendant le Consulat, Talleyrand revint d'abord sur cette affaire en février 1800; puis le 9 mai, il soumit les pouvoirs pour une négociation au P. Consul, qui les renvoya avec son approbation, de Lausanne le 14 mai. En vertu de ces ordres, Dubois-Thainville qui attendait, depuis un an à Marseille, se rendit à Alger et, le 19 juillet, y signa un armistice. A Tunis, le consul Devoize conclut le 27 août un acte semblable et envoya un agent nommé Billon à Tripoli où la suspension d'armes fut convenue le 29 décembre. Cependant tout faillit être remis en question; en janvier et février 1801, l'influence anglaise réussit à faire expulser nos consuls d'Alger et de Tunis. Enfin les préliminaires de paix avec la Porte ayant été signés à Paris en octobre, on put rétablir nos anciennes relations : avec Alger le 28 décembre 1801, avec Tunis le 23 février 1802, et avec Tripoli le 19 juin suivant.

CHAPITRE VII

PROJET DE TRAITÉ AVEC LA PORTE

(3 septembre au 5 novembre 1799)

Talleyrand propose de négocier avec la Porte le retour de
Bonaparte.

Le sort de Bonaparte commence à préoccuper tous les
esprits. — Rapport présenté le 3 septembre au Directoire
par Talleyrand : — il s'agit d'une capitulation, avec faculté
pour Bonaparte de la refuser. — Ébauche de convention
en huit articles. — Reinhard, installé au ministère, adopte
le projet de Talleyrand et le fait approuver par les Directeurs. — Cette négociation sera conduite à Constantinople
par l'ambassadeur espagnol, M. de Bouligny. — Nécessité
de se hâter. — Les Directeurs se ravisent bientôt et demandent que Bonaparte puisse traiter de son côté : —
phrase ajoutée dans ce sens à une lettre préparée pour
Bonaparte. — On trouve des émissaires pour porter la
lettre en Égypte. — Succès de nos armées en Suisse et en
Hollande.

Velléités spontanées des Turcs d'entrer en négociation.

M. de Urquijo communique une conversation de M. de
Bouligny avec le ministre ottoman. — Les Turcs ont d'eux-

mêmes parlé de ramener Bonaparte, à condition que l'armée
française évacue l'Égypte. — Surprise du Directoire. — Elle
cesse avec l'arrivée d'une dépêche de Bonaparte, racontant
la déroute des Turcs près d'Aboukir : — par là, tout s'ex-
plique. — Le Directoire renonce aussitôt à son projet de
capitulation et à l'entremise de M. de Bouligny. — Pleins
pouvoirs délégués à Bonaparte seul, pour répondre aux
avances pacifiques du Divan. — Les Conseils votent que
nos armées ont bien mérité de la patrie.

Débarquement de Bonaparte en France.

Bonaparte dispensé de toute quarantaine. — Les Directeurs sont déconcertés. — Secousse profonde dans l'opinion.
— Bonaparte est promptement averti des combinaisons du
gouvernement pour le ramener. — Propositions de paix
qu'il a fait lui-même parvenir au grand vizir et instructions laissées à Kléber à cet égard. — Bonaparte ne voudrait céder l'Égypte que s'il devenait impossible de s'y
maintenir. — Reinhard se rend à cet avis, qu'il ne parta-
geait point. — Lettre écrite à Kléber. — Révolution du
18 brumaire. — Faute d'une marine en état, l'Égypte sera
perdue pour la France.

L'anxiété qui s'attachait à l'armée de Bonaparte, réveillée par les infortunes publiques,
redoublée par l'éloignement, avait fini par se
répandre dans la foule. Les journaux étrangers
étaient plus abondants en nouvelles depuis
qu'elles étaient devenues mauvaises. Ils montraient les troupes de Syrie réduites à 6,500
hommes, poursuivies dans leur retraite, sans
artillerie, et regagnant l'Égypte à travers
les sables du désert; tandis que le grand

vizir s'avançait sur Damas, et qu'une flotte turque passait les Dardanelles avec une armée de débarquement. Les Directeurs avaient eu quelque temps la crainte que l'expédition du duc d'York ne fût destinée à l'Égypte : la descente du duc en Batavie était à d'autres égards aussi inquiétante ; elle prouvait clairement la confiance des Anglais dans les attaques des Turcs, les révoltes des Arabes, la peste et l'épuisement, pour consommer promptement la ruine de Bonaparte. Il n'était plus douteux que ce général, enfermé dans l'Égypte comme dans une place de guerre, subirait le sort inévitable des assiégés qui ne sont point secourus. Combien de mois parviendrait-il à résister ? on l'ignorait. En tout cas, il était de l'honneur de la République d'essayer de le tirer d'Égypte avant qu'il y fût réduit à l'extrémité.

Ce sentiment, qui s'emparait par degrés des imaginations, fut développé par Talleyrand dans un rapport présenté au Directoire le 3 septembre. Il n'est plus temps, disait-il, de chercher à « réaliser les vues grandes et sublimes qui avaient fait entreprendre l'expédition d'Égypte : ce beau projet est évanoui. »

Les dangers de Bonaparte sont peut-être imminents. Il ne peut en sortir que par une convention qui ferait de l'abandon de l'Égypte le prix de son retour. La détresse de la France est même si grande, que nous n'avons plus sur la Méditerranée le nombre de bâtiments suffisants pour transporter notre armée : ainsi, par un surcroît de douleur, la convention devrait stipuler que ces braves gens seraient embarqués sur des vaisseaux ennemis. Telle est la nécessité qu'on ne peut éluder. Avec laquelle des puissances coalisées devons-nous entrer en pourparlers ? Il faut à coup sûr négocier avec la Porte, puisque l'Égypte est réputée lui appartenir. Mais il faut aussi prévoir une intervention des Anglais dans cette négociation, puisqu'ils ne sont pas seulement intéressés par le commerce à la destinée d'un pays placé sur le chemin des Indes ; à l'heure présente, ils sont maîtres de la Méditerranée. Leur flotte est assez puissante pour empêcher qu'une évacuation se fasse sans leur aveu ; elle est seule assez nombreuse pour prendre à bord une armée ; assez loyale pour préserver de la perfidie, si habituelle aux Turcs dans l'exécution de leurs promesses. Aussi, il paraît bien que nous ne pourrons éviter de traiter à la fois avec les Anglais et les Turcs. Cependant c'est Constantinople qui est le siège naturel d'une pareille négociation ; c'est avec la Porte qu'il convient de l'entamer. Quant au choix du négociateur, il ne peut tomber sur un Français ; car, outre la difficulté de le faire arriver jusqu'au Bosphore, on l'exposerait à la captivité avant même qu'il ait pu se faire écouter. C'est donc à un agent espagnol que nous sommes obligés d'avoir recours.

Nous ne pouvons le dissimuler, ajoutait Talleyrand, il s'agit d'une véritable capitulation. Comme l'ennemi ne se fera pas faute d'exiger, de la part des généraux, des officiers et des soldats, le serment de ne plus servir pendant la durée de la guerre actuelle, un engagement de cette nature ne peut être contracté sans que Bonaparte y consente. Réservons-lui donc le droit de rejeter ce qui aura été stipulé à Constantinople. Par ce moyen, le général se déterminera d'après sa position réelle en Égypte. S'il ne la juge pas aussi désespérée qu'elle nous le paraît, son refus mettra du moins le Directoire à l'abri de tout reproche. Pour qu'il puisse peser à l'avance une résolution de cette gravité, il importe de l'avertir sans retard et par tous les moyens possibles.

La convention relative à l'armée d'Orient, telle que l'exposait Talleyrand, ne devait en soi faire cesser l'état de guerre ni avec les Turcs, ni avec les Anglais. Il était même vraisemblable qu'en dépouillant la France d'un moyen de compensation aussi considérable que la colonie d'Égypte, elle augmenterait les exigences de l'Angleterre. A l'égard de la Porte, il en était autrement. C'était l'invasion de l'Égypte qui avait poussé les Turcs dans les bras des Anglais et surtout des Russes, leurs ennemis séculaires. L'évacuation supprimait la cause du grief et devait préparer le Divan à désirer la paix. Talleyrand ne doutait point que la réflexion dût adoucir les sentiments vindicatifs de la Turquie et l'éloigner par degrés de la coalition; mais il croyait que le rétablissement des anciens rapports d'amitié avec la France ne pouvait être que l'ouvrage du temps. Toutefois, en attendant cet avenir, il était urgent de stipuler dans un article de la capitulation, la délivrance des Français prisonniers à Rhodes et à Constantinople [1]. Jusqu'ici, les ouvertures qui avaient eu pour objet cette pressante affaire d'humanité, n'avaient point abouti. M. de Bouligny s'y était vainement employé avec le zèle le plus charitable ; privé de l'assistance des ministres étrangers, il n'avait fait qu'attiser la méfiance contre lui par ses démarches répétées. Le sort de l'ambassadeur ottoman, soumis à Paris à une surveillance voisine de la captivité, n'était point pour troubler les membres du Divan. Ceux-ci s'appliquaient à ajourner toutes les propositions d'échange de M. de Bouligny [2]. Ils avaient même appesanti les chaînes de nos prisonniers, lorsqu'ils s'emparèrent de la personne de Beau-

1. Le nombre des prisonniers allait sans cesse en grossissant : il fut porté à 2,000 par l'arrivée des garnisons prises dans les iles Ioniennes. M. de Bouligny s'était dévoué à distribuer des vêtements et de l'argent à tous ces malheureux. Lorsqu'il fut renvoyé de Constantinople, au mois de septembre, l'administration des secours fut confiée à M Hubsch, chargé d'affaires du Danemark.

2. Les propositions pour l'échange des légations, envoyées de Paris le 30 janvier 1799, parvinrent le 6 mars à Constantinople. M. de Bouligny les communiqua au Reis Effendi, mais sans obtenir une réponse satisfaisante. La négociation demeura suspendue, et le 29 septembre elle parut terminée par l'expulsion de M. de Bouligny. Au printemps de 1801, elle reprit en même temps que les pourparlers de paix avec la Turquie, et porta cette fois sur la délivrance de tous les prisonniers français. On les mit enfin en liberté, au mois d'août et de septembre 1801.

champ [1] que leur envoyait Bonaparte ; comme si tout ce qui rappelait le conquérant de l'Égypte avait l'effet d'exaspérer leur colère.

Talleyrand n'eut point de peine à faire entendre aux Directeurs ces raisonnements attristants, qui paraissaient imposés par les dernières nouvelles d'Égypte. Il semblait que chez le peuple une logique semblable conduisît aux mêmes conséquences. Comme indices de ce travail des esprits, on voyait surgir des projets chimériques pour faire revenir Bonaparte en France; on recevait surtout des offres d'émissaires. Pendant plusieurs mois, on eût vainement cherché à qui confier des dépêches pour l'Orient; on avait maintenant sous la main plusieurs postulants qui s'engageaient à tenter l'aventure.

Au sortir de la séance du Directoire, Talleyrand fit rédiger, sous la forme de huit articles, les principes qu'il venait d'exposer. La négociation devait s'ouvrir à Constantinople avec la Porte ; les Anglais pouvaient y être admis. M. de Bouligny deviendrait le négociateur; on

1. Beauchamp, saisi avec les dépêches de Bonaparte, arriva à Constantinople le 14 avril.

enverrait un agent espagnol pour lui porter des instructions. La convention devait stipuler l'évacuation de l'Égypte et le retour de tout le corps expéditionnaire. Elle rendrait en même temps la liberté à tous les Français détenus en Turquie. Bonaparte, averti dès l'origine par les soins de M. de Bouligny, aurait la faculté de ne point obtempérer à ce qui serait conclu. Telles étaient les propositions sommaires, sur lesquelles le Directoire n'avait plus qu'à statuer d'une manière positive et légale. L'arrivée de Reinhard, sur ces entrefaites, empêcha Talleyrand de continuer par lui-même cet ouvrage diplomatique, le dernier peut-être qu'il ait pu ébaucher. Le 5 septembre, il installa son successeur : mais la confiance qui rapprochait ces deux diplomates, et reportait déjà sur la tête du nouveau ministre la haine des Jacobins, était un gage que l'affaire ne serait pas écartée de la direction qu'elle venait de recevoir. En effet, Reinhard présenta, le 10 septembre, au Directoire les bases de la convention, telles qu'elles avaient été préparées par Talleyrand, et les fit approuver dans les mêmes termes. Comme tous les actes importants, la minute reçut la signature des cinq Directeurs.

La première des mesures à prendre était maintenant l'envoi d'un Espagnol auprès de M. de Bouligny. Reinhard désirait que cet agent ne fût pas un simple porteur d'instructions, qu'il eût l'autorité nécessaire pour aider M. de Bouligny de ses conseils. Il songea d'abord à désigner lui-même un officier de la marine royale qui se trouvait à Cadix; puis abandonnant cette idée, il chargea notre ambassadeur d'obtenir du cabinet de Madrid, le choix d'un homme de confiance qui pût remplir cette délicate mission.

Il était recommandé à Guillemardet de hâter cette démarche; car on calculait que l'affaire traînerait infailliblement en longueur. Toute autre route que celle de terre par Paris et Vienne étant dangereuse, l'agent espagnol ne pouvait atteindre ainsi Constantinople avant la fin de décembre; et la lenteur des Orientaux était assez connue, pour qu'on ne pût espérer signer la convention avant la fin de mars. Si ces longs délais semblaient inévitables, encore fallait-il s'efforcer de ne pas en dépasser le terme. Le péril que courait Bonaparte en faisait une loi. Une autre raison d'ailleurs, moins saisissante mais au fond aussi péremptoire, obligeait de se presser. Depuis que la Russie s'était déclarée contre l'Espagne, elle avait dû peser sur le Divan pour lui faire imiter cet exemple : l'état de guerre ne pourrait manquer d'entraîner l'arrestation ou le renvoi de M. de Bouligny. Si l'accès de Constantinople devait être interdit aux Espagnols, à qui le Directoire pourrait-il y confier ses pleins pouvoirs ? Était-ce à l'envoyé prussien ? mais la Prusse avait déjà refusé de s'entremettre pour la France dans l'échange de nos prisonniers. Était-ce au Suédois.? mais depuis nos revers, la Suède trouvait politique de nous montrer un visage hostile [1].

Cette éventualité si probable de l'expulsion de M. de Bouligny provoqua bientôt parmi les Directeurs un sentiment qui, depuis le traité de Bâle, semblait se glisser dans les conseils du gouvernement toutes les fois qu'il s'agissait du concours des Espagnols. On se sentait humilié de voir le roi d'Espagne se poser comme protecteur de la République. Le mépris qu'on

____

1. Pendant l'été, les relations s'étaient beaucoup tendues entre la France et la Suède (Léouzon-le-Duc, p. 304 et's.).

professait pour la cour de Madrid ne s'atténuant pas avec nos défaites, on prétendait encore n'en recevoir d'autres services que ceux que l'on était de force à exiger. Tandis que Reinhard, inspiré sans doute par Talleyrand, persévérait dans le système de remettre à M. de Bouligny la défense exclusive de nos intérêts, on commençait au contraire à murmurer dans le Directoire qu'il fallait conférer à Bonaparte une faculté plus large, que celle d'accepter ou de rejeter une convention toute faite par des mains espagnoles. Il avait été précédemment arrêté qu'une lettre scrait expédiée à Bonaparte pour lui retracer la suite des dangers de toute nature auxquels la France était exposée, et l'informer d'une négociation qui allait décider, à Constantinople, de la destinée de l'Égypte. On avait même jeté les yeux, pour emporter cette dépêche, sur Osman Aga, ce négociant tunisien qui s'était chargé d'approvisionner Malte. Lorsque Reinhard donna lecture, le 20 septembre, du projet de lettre, les impressions des Directeurs se firent jour, et le ministre dut ajouter à la fin une phrase qui, à dire vrai, ne s'accordait plus avec le commencement. « Le Directoire,

lui faisait-on écrire au général, ne veut pas que
vous vous reposiez exclusivement sur la négociation de M. de Bouligny. Il vous autorise à
prendre, pour hâter et assurer votre retour,
toutes les mesures militaires et politiques que
votre génie et les événements vous suggéreront. » Par là, comme on voit, au lieu d'un négociateur unique, agissant à Constantinople, le
Directoire en accréditait un second, qui devait
traiter en Égypte. Ce rôle diplomatique attribué
inopinément à Bonaparte, rendait plus que
jamais nécessaire de multiplier les moyens de
lui faire parvenir un avis. Parmi les émissaires
qui s'étaient présentés, le ministre avait distingué un juif, nommé Hourvitz, employé à la
bibliothèque nationale, et un grec natif de
Corfou, du nom de Vittallis. Il fut décidé que
Vittallis porterait le double de la lettre qui
devait être remise à Osman Aga, et que le juif
pourrait partir par une autre voie, quelque
temps après les deux autres.

La jalousie dédaigneuse du gouvernement à
l'endroit des Espagnols, qui portait ainsi à di-
minuer la part d'influence de M. de Bouligny
pour accroître celle de Bonaparte, trouvait un

nouvel aliment dans les circonstances. Les Directeurs respiraient depuis quelques jours : ils avaient des succès au dedans comme au dehors. Un de ces moments de répit qui ralentissent la ruine de l'édifice social sans l'arrêter, les faisait passer de l'abattement à l'espérance. Dans les Conseils, les Jacobins, sur le bruit que la flotte batave s'était rendue aux Anglais, avaient étendu de nouveau la main vers le pouvoir révolutionnaire, en cherchant à faire déclarer la patrie en danger[1]. Mais leurs efforts ayant échoué devant le vote du Corps législatif et la répugnance du grand nombre, leurs journaux avaient été saisis, leur principal club fermé. Sur les frontières, l'invasion n'était plus aussi menaçante. Après plusieurs jours de combats, les Russes se retiraient en désordre de Zurich; pendant qu'en Batavie, les Anglais venaient d'éprouver auprès de Bergen une défaite qui compromettait le reste de leur armée.

Le 4 octobre, le courrier de Madrid rapporta la désignation de l'agent espagnol qui devait se rendre en Turquie. Pour cette mission, M. de

1. Séance du 13 septembre.

Urquijo avait préféré le jeune Bardaxi de Azara, neveu de l'ambassadeur disgracié. Il communiquait en même temps une lettre de Constantinople, dont les confidences imprévues étaient bien faites pour remplir le Directoire de surprise. Sous la date du 24 août, M. de Bouligny racontait que, dans un entretien avec le Reis Effendi, il lui était arrivé de parler vaguement d'une médiation possible de l'Espagne entre la République et la Porte. Le ministre ottoman écouta avec attention, et revenant de lui-même sur ce sujet, il n'hésita pas à proposer l'évacuation de l'Égypte comme préliminaire d'une paix, dont il pourrait presque garantir la conclusion, en dépit des engagements pris par le sultan de ne point séparer sa cause de celle de ses alliés. « Les troupes françaises, ajouta-t-il, doivent nécessairement périr, et je vous conjure par le bien de la France, de la Porte, de l'humanité, de conseiller vous-même à Bonaparte d'abandonner l'Égypte, sous la condition que son armée puisse retourner en France. » M. de Bouligny fit observer qu'il ne pouvait se mêler d'une affaire de cette conséquence, sans avoir sollicité et reçu des instructions positives. Il y eut assemblée du Divan, d'où l'Effendi sortit en répétant avec quelque atténuation ses précédentes paroles, se bornant cette fois à déclarer que les Français devaient évacuer l'Égypte avant de traiter de la paix. M. de Bouligny soupçonnait que l'Effendi venait de concerter son langage avec les Russes et les Anglais, bien qu'il protestât du contraire. La lettre de l'ambassadeur se terminait par la demande de ce qu'il y avait à faire. Ainsi, par une étrange coïncidence, l'idée de la même négociation s'était produite presque le même jour à Constantinople et à Paris ; des deux côtés ensemble, l'abandon de l'Égypte avait paru le prix naturel du retour de l'armée française. Le Directoire ne savait qu'en penser. Déjà il commençait à discuter avec Reinhard les moyens d'éviter la médiation de l'Espagne, et de profiter néanmoins des dispositions pacifiques de la Porte, lorsque, dans la soirée, l'arrivée d'une dépêche bien inattendue vint expliquer ce mystère de la politique ottomane et fixer dans un sens nouveau les résolutions du Directoire.

C'était une lettre de Bonaparte[1]. Sous la date

1. Apportée par *l'Osiris.*

du 28 juillet, elle annonçait la déroute des
Turcs, débarqués sur le rivage d'Aboukir. Elle
se complétait par le double des dépêches antérieures, et une longue relation de Berthier, qui
peignait l'expédition de Syrie sous ces couleurs
éclatantes dont Bonaparte savait rehausser
ses moindres actions. C'est ainsi que l'échec
devant Saint-Jean d'Acre était habilement dis-
simulé, sous le décor triomphal de la rentrée
des troupes au Caire. Le Directoire s'empressa
d'annoncer aux Conseils l'heureuse nouvelle[1].
Pouvait-il douter de l'importance de la victoire
d'Aboukir, maintenant qu'il voyait clair dans
les précautions presque puériles de l'Effendi
pour la cacher à M. de Bouligny, et qu'il dé-
brouillait les velléités du Divan d'engager une
négociation? Dès lors il parut que Bonaparte
victorieux ne courait aucun danger présent;
qu'après une affaire si vivement conduite, il ne
pouvait penser à capituler avec son armée. Il
fallait donc se hâter de déchirer les articles ap-
prouvés par le gouvernement le 10 septembre,
et d'établir sur des fondements différents une
négociation plus honorable. Nous n'avions plus

1. Message du 5 octobre.

besoin de l'Espagne, de sa médiation, ni de son intervention. Le Directoire arrêta qu'il remettait entièrement à Bonaparte le soin de répondre aux ouvertures captieuses des Turcs. Il lui confiait à cet égard « les pouvoirs les plus amples et les plus étendus », lui déléguant « la faculté de traiter, soit par lui-même, soit par tel Français qu'il jugerait à propos de commettre et d'envoyer là où il croirait convenable. Il ne voulait le gêner par aucune sorte d'instruction », et se bornait à recommander à sa générosité le sort des prisonniers français. Puis, comme si le terrain se fécondait dès qu'il était manié par Bonaparte, « peut-être, disait le Directoire, que votre génie trouvera à semer dans le champ qui vous est présenté, les germes d'une pacification générale. » Ces pouvoirs illimités, souvenirs du temps de Campo-Formio et de Rastadt, étaient énoncés dans une lettre particulière, qui accompagnait une dépêche ostensible où les mêmes idées reparaissaient avec plus de réserve. M. de Bouligny devait recevoir ces lettres par Vienne, et demander aux Turcs de les faire passer en Égypte. Du rôle principal, M. de Bouligny descendait à celui d'un simple

confident, chargé de favoriser les premiers
pourparlers d'une négociation qui allait se
poursuivre en dehors de lui. On chercha, en
outre, d'autres voies plus directes pour envoyer
à Bonaparte plusieurs copies de ses pleins pouvoirs. Dans la vue de multiplier les moyens de
correspondance, on n'eut recours ni à Vittallis,
qui était parti depuis quelques jours avec la
dépêche du 20 septembre, ni à Osman Aga, qui
attendait encore à Paris. Mais le ministre de la
marine eut ordre de préparer à Gênes *le Serapis,* cet aviso destiné depuis si longtemps à
l'Égypte, et d'armer à Toulon un autre bâtiment
léger. Il semblait que la mer n'était plus aussi
fermée : une seconde dépêche de Bonaparte,
annonçant la reprise du fort d'Aboukir, venait
comme la précédente d'échapper aux croiseurs
ennemis [1].

Ce succès achevait la défaite de l'armée turque
en Égypte. Il fut connu à Paris le 9 octobre, en
même temps que la victoire de Brune sur les
Anglais à Castricum, et les nouveaux progrès de
Masséna contre Suwarow. On se hâta de porter

---

1. Cette dépêche fut apportée par *l'Hirondelle.*

une loi déclarant que nos trois armées avaient bien mérité de la patrie : vain témoignage qu'une assemblée ne marchande jamais après une longue suite de revers[1].

La marche de la négociation avec la Porte maintenant réglée, il ne restait qu'à faire partir les dépêches pour Constantinople et pour Alexandrie. Le 13 octobre, pendant que Reinhard mettait la dernière main à cet envoi, le Directoire fut troublé par une nouvelle, la plus grave qu'il pût alors recevoir. Bonaparte avait débarqué, le 9, à Fréjus et pris aussitôt la route de Paris. Entraînées par l'émotion de ce retour, les autorités du port avaient mis de côté tous les règlements sanitaires, et dispensé le général d'une quarantaine, qui aurait au moins laissé au gouvernement le temps de réfléchir et

1. Le ministre de la guerre fit préparer trois lettres pour transmettre cet hommage public à Bonaparte, à Brune et à Masséna. Ces deux dernières furent expédiées le 14 octobre. L'annonce du retour de Bonaparte empêcha l'envoi de la première, qui était écrite sur le ton emphatique. On y lisait : « ... Le Directoire ex. ne cesse d'apprécier l'admirable conduite de l'armée que vous commandez, et vous renouvelle, à vous, citoyen général, avec une satisfaction sans borne, l'expression de son inaltérable confiance dans vos rares talents qui ont si bien servi la gloire de la République, et qui concourent nécessairement à accélérer les jours si désirables de la paix... »

de se préparer. Les sentiments les plus divers agitaient les Directeurs. Après une interruption prolongée de toute communication avec l'Égypte, ils s'étaient habitués à croire que Bonaparte ne pouvait revenir avant le printemps de l'année suivante. Chacun, sans en avoir bien conscience, avait bâti sur cette illusion ses projets particuliers. Sieyès lui-même, qui se ménageait la première place dans ses institutions futures, s'était flatté de les établir loin de la présence d'un général dont il admirait le génie, mais redoutait encore plus l'ambition. Il venait de mander Moreau, qui par sa timidité politique ne lui faisait aucun ombrage, comme s'il voulait le pressentir sur un coup d'État. L'arrivée de Bonaparte dérangeait toutes les combinaisons, bouleversait toutes les intrigues. Déconcertés, chacun à leur manière, les Directeurs eurent le tort de ne point composer leur maintien et d'annoncer la nouvelle au Corps législatif avec un langage d'une froideur trop transparente. Leur embarras ne fit que s'accroître, quand on apprit chaque jour les transports qui éclataient partout sur le passage de Bonaparte. Personne ne lui faisait un reproche d'avoir quitté son armée ; personne ne pensait même qu'il dût aller reprendre en Italie, un commandement qu'il avait toujours rendu victorieux. Sa place paraissait marquée au centre des affaires publiques, qui étaient désespérées malgré quelques combats heureux, et que sa merveilleuse intelligence pouvait seule retenir sur le penchant de l'abîme. Il se produisait dans les esprits une de ces secousses profondes qui annoncent une crise, qui la rendent d'abord possible et bientôt inévitable.

Bonaparte avait rencontré à Aix l'émissaire Vittallis, et pris connaissance de la dépêche du 20 septembre. Talleyrand et l'amiral Bruix, qui furent des premiers à former autour de lui le cortège sans cesse grossissant des empressés et des habiles, lui découvrirent le projet qu'avait eu l'ancien Directoire de le ramener d'Égypte [1]. En peu de temps, le général apprit de même les dernières résolutions du gouvernement sur les moyens de négocier avec la Porte ottomane.

1. Dès le 14 octobre, Bruix envoya à Joseph Bonaparte la copie des pièces du 26 mai (Meneval, *Sur le retour*, etc., p. 11). Nous citerons aussi ce qu'écrivait Rœderer, le 23 octobre : « J'ai dîné hier avec l'amiral Bruix chez Talleyrand. Après dîner, ils sont allés faire visite à Bonaparte et l'ont trouvé seul avec sa femme » (*Œuvres*, t. VIII, p. 528).

Il ne s'en montra point surpris, et affectant de regarder une semblable négociation comme la conséquence naturelle des circonstances, il expliqua, mais sans tout dire, que, peu de jours avant son départ d'Égypte, il avait de son côté fait des ouvertures à la Turquie.

Depuis le débarquement de l'armée, il n'avait jamais réussi à correspondre avec cette puissance, ni à éclaircir ses véritables intentions. Dans les derniers jours du siège d'Acre, le 16 mai, il reçut de Sidney Smith une lettre qui, par son ton de bravade, ne pouvait guère passer pour une avance pacifique. Le commodore anglais rappelait la phrase suivante des instructions de Bonaparte, saisies sur son envoyé Beauchamp. A la question que le gouvernement turc pouvait faire : si les Français consentiraient à quitter l'Égypte, Beauchamp était tenu de répondre : pourquoi pas[1]? « Je n'ai point voulu, ajoutait Smith, vous faire une telle question, avant que vous eussiez fait l'essai de vos forces et des nôtres, puisque vous ne pouviez pas être convaincu, comme je le suis, de l'impossibilité

____

1. *Corr. de Napoléon*, n° 3746. Cette phrase avait beaucoup frappé les Anglais (Nelson, t. III, p. 303).

de votre entreprise »; mais aujourd'hui que, grâce à nous, les murailles d'Acre sont devenues imprenables, « je vous fais la demande : voulez-vous évacuer le territoire ottoman, avant que l'arrivée de la grande armée combinée change la nature de la question? » Ce langage ironique était très conforme au caractère mal équilibré de Sidney Smith, jeune officier gâté par la fortune, généreux envers nos prisonniers, brave jusqu'à la témérité, ambitieux de faire figure, ne se souciant guère d'obéir à ses chefs ni de respecter ses adversaires; trop bien né pour n'être qu'un capitaine de brûlot, comme l'appelait Bonaparte, mais assez avantageux pour être traité par Nelson encore plus sévèrement[1]. Bonaparte offensé, déclara qu'il ne voulait entendre aucune proposition qui passerait par la bouche de Sidney Smith. Alors, dans un dernier assaut, il tenta d'emporter Saint-Jean-d'Acre; mais c'était pour conserver intact le prestige de ses armes, et non pour continuer sa marche en Syrie. Dans tous les cas, Bonaparte était résolu à retourner en Égypte, où il restait à

1. Nelson, t. III, p. 285, 298, etc. Voir aussi J. Barrow, *The life and corresp. of S. Smith,* t. I, p. 242.

refouler les débarquements ennemis, puis à accomplir sa volonté, annoncée au Directoire, de repasser seul en Europe. Rentré au Caire comme un triomphateur qui sait en imposer aux Orientaux[1], il y trouva la colonie dans un état satisfaisant, et envoya aussitôt l'ordre secret de tenir deux frégates prêtes à Alexandrie. Bien que le blocus des Anglais y fût peu rigoureux, le général, avant de se séparer de son armée, attendit l'occasion prévue de la mettre à l'abri d'une agression par mer; il détruisit les Turcs sur la plage d'Aboukir. Sidney Smith n'arriva qu'après le carnage. Au milieu des pourparlers pour le sort des blessés, Bonaparte surprit à la vanité imprudente du commodore un paquet de journaux anglais et italiens qui l'instruisirent de nos désastres et l'avertirent de hâter son départ; renseignements d'autant plus précieux, que depuis le messager Mourveau, le général n'avait reçu aucune lettre, aucune nouvelle d'Europe. Un nouvel éloignement de la croi-

1. On ignore généralement qu'il dicta les principaux passages de la proclamation, affichée le 15 juin par le divan du Caire. Ces notes, omises dans la *Corr.*, fournissent un des exemples les plus curieux du style oriental, adopté par Bonaparte.

sière lui permit de mettre à la voile le 23 août. C'est à ce moment, au lendemain d'une victoire, à la veille d'une absence sans retour, qu'il jugea à propos de laisser tomber quelques paroles de paix dans l'oreille des Turcs, en dehors de Sidney Smith. Un Effendi avait été pris sur le champ de bataille : Bonaparte l'adressa au grand vizir avec une lettre, datée du 17 août[1], qui contenait l'offre d'une entente. C'était par une fatalité inexplicable, disait-il, que la Porte avait déclaré la guerre à la République et attaqué ses troupes invincibles. « Ce que la Sublime Porte n'atteindra jamais par la force des armes, elle peut l'obtenir par une négociation. Vous voulez l'Égypte, dit-on ; mais l'intention de la France n'a jamais été de vous l'ôter. Chargez votre ministre à Paris de vos pleins pouvoirs, ou envoyez quelqu'un chargé de vos intentions et de vos pleins pouvoirs en Égypte : on peut, en deux heures d'entretien, tout arranger. »

La pensée de Bonaparte, fuyante sous cette emphase étudiée, insaisissable sous ces formes

1. *Corr. de Napoléon*, n° 4364.

orientales, était consignée clairement dans les instructions qu'il rédigea le 22 pour Kleber[1], en lui confiant le commandement de l'armée. Il ne prévoyait pas le cas où les Directeurs enverraient, de leur côté, un plan de négociation ; cette éventualité était réservée de droit. Il supposait Kleber abandonné à sa propre inspiration. La conduite à suivre devait alors différer selon deux périodes successives. Pendant l'automne prochain, Kleber devait se borner à écouter la réponse du grand vizir et à commencer des pourparlers dilatoires, en répétant que la République n'avait jamais méconnu la suzeraineté de la Porte sur l'Égypte, et que l'intérêt manifeste de cette puissance était de rompre avec les coalisés. Par ce langage incertain, il ne devait viser qu'à obtenir une trêve de six mois. Au contraire, le printemps suivant, il fallait prendre un parti, et traiter sérieusement ou préparer les armes pour se défendre à outrance. A ce moment décisif, Kleber devait avant tout se rappeler « combien la possession de l'Égypte est importante à la France. Cet empire turc, disait

1. *Corr.*, n° 4374.

Bonaparte, qui menace ruine de tous côtés, s'écroule aujourd'hui, et l'évacuation de l'Égypte par la France serait un malheur d'autant plus grand que nous verrions, de nos jours, cette belle province en d'autres mains européennes. » Mais, si Kleber n'avait reçu de la République aucun secours, s'il voyait son armée décimée par la peste, s'il apprenait de nouveaux revers de la patrie, « je pense, ajoutait Bonaparte, que dans ce cas, vous ne devez point vous hasarder à soutenir la campagne prochaine, et que vous êtes autorisé à conclure la paix avec la Porte ottomane, quand bien même l'évacuation de l'Égypte devrait en être la condition principale. Il faudrait simplement éloigner l'exécution de cette condition, si cela était possible, jusqu'à la paix générale. » Ainsi, lorsqu'il écrivait au grand vizir, Bonaparte se proposait seulement de tenir une négociation ouverte avec les Turcs, pour attendre la suite des événements. Il persévérait à croire que l'Égypte ne devait être abandonnée que le jour où il serait impossible de la conserver, se promettant d'employer à Paris tout son crédit, pour faire envoyer à l'armée d'Orient les renforts et

les munitions qui pouvaient la rendre inexpu-
gnable dans sa conquête, et supérieure aux
intrigues d'une négociation.

L'arrivée de Bonaparte à Paris avait fait sur-
seoir à toute expédition de lettres pour la
Turquie et l'Égypte. Il devenait cependant
urgent d'arrêter une réponse aux propositions
de paix transmises par M. de Bouligny. Reinhard demanda donc de nouveaux ordres aux
Directeurs. Dans son rapport, trois systèmes
différents étaient passés en revue. D'abord on
pouvait décider de renforcer l'armée, pour se
maintenir en Égypte et garder définitivement
cette colonie ; mais on retombait dans l'objection
ordinaire : point d'hommes, point d'argent,
point de vaisseaux capables de s'ouvrir un passage. Il était possible, en second lieu, d'évacuer
dès à présent la vallée du Nil ; mais on savait
par Bonaparte que l'armée, bien qu'affaiblie,
pouvait pendant longtemps défier toutes les
attaques. Restait une troisième solution : c'était
de promettre aux Turcs la restitution de l'Égypte
lors de la paix générale, et de la conserver
jusque-là comme moyen de compensation vis-
à-vis l'Angleterre. Reinhard penchait vers ce

dernier sens, et semblait croire qu'il n'était pas possible d'obtenir mieux. C'est pourquoi il proposait d'envoyer en Égypte un plénipotentiaire, afin d'y nouer la négociation avec les Turcs, et il désignait Descorches, qu'on pourrait par cette mission consoler d'avoir autrefois manqué son ambassade. Quant à M. de Bouligny, s'il n'était pas encore expulsé de Constantinople[1], il suffirait de l'informer amicalement de la tournure nouvelle que prenaient les affaires.

Avant de rien décider, les Directeurs voulurent consulter Bonaparte : il n'était déjà plus loisible de se dispenser de connaître son opinion, ni même de la suivre. Le général déclara nettement qu'il fallait rester sur le terrain diplomatique, limité et choisi par sa lettre au grand vizir et les instructions de Kleber. Il ne pouvait admettre que le premier des systèmes exposés par Reinhard dût être abandonné. Il était nécessaire, au contraire, de mettre tout en œuvre pour secourir les braves qu'il avait laissés en Égypte et y consolider notre établissement. Il fallait envoyer des renforts de France ; il fal-

---

1. L'expulsion de M. de Bouligny, ordonnée par le Divan le 29 septembre, ne fut connue à Paris que le 14 novembre.

lait en exiger de l'Espagne. C'était l'intérêt du
pays, et pour lui-même une obligation d'honneur. Du reste il appuya la mission de Descorches, qui fut approuvée par arrêté du 5 novembre[1]. Une dépêche devait avertir Kleber du
départ de cet agent, et de l'envoi des secours
que l'on allait tenter de faire parvenir en
Égypte.

Cette lettre partit en effet quelques jours plus
tard. Mais alors le Directoire avait disparu, et
la révolution du 18 brumaire avait changé le
régime de la République. C'était désormais à
Bonaparte tout-puissant, qu'il appartenait de
décider du sort de l'Égypte et de veiller sur ses
vieux compagnons d'armes. Il allait consacrer
à cette tâche toute la persévérance, toutes les
ressources de son génie. Si tant de moyens
essayés se trouvèrent inutiles, si les mouvements de nos flottes et l'occupation des ports
napolitains ne purent sauver l'Égypte, c'est

---

1. Descorches reçut le 7 décembre ses instructions, quitta
Paris vers le 10 et se rendit à Toulon. Après une longue
attente, il s'embarqua le 20 mars 1800 sur la frégate *l'Égyp-
tienne*; mais, retenu par le vent au mouillage d'Hyères, il y
apprit le 6 avril la convention d'El-Arish, et rentra le 9 au
port. Il trouva à Toulon l'ordre de revenir à Paris; quelques
mois plus tard, il obtint la préfecture de la Drôme.

que, pour conserver ce pays, il fallait être maître de la mer, et la marine était peut-être la seule force en France que le Consulat ne pouvait ressusciter à temps.

APPENDICE

I

CORRESPONDANCES DU DIRECTOIRE
ET DE SES AGENTS AVEC BONAPARTE

1° Avant la nouvelle officielle de la prise de Malte
(1ᵉʳ et 4 juillet 1798 [1]).

Au moment de quitter Toulon, Bonaparte avait
laissé l'ordre (*Corr.* nº 2586) d'armer douze avisos et
d'en expédier au moins deux par décade, pour le renseigner sur les mouvements des Anglais et sur un
second convoi qui se préparait à Toulon et à Gênes.
L'ordonnateur Najac fit en effet partir douze bâtiments légers, du 20 mai au 8 juillet : aucun de ces
bâtiments ne portait de dépêches du Directoire.

1. Dates de l'arrivée de la nouvelle à Paris.

Le Chasseur, aviso ; capit. Laurens. Parti de Toulon le 20 mai, il rejoignit la flotte le 23, et rentra au port dans la soirée du 26.

Le Railleur, brick ; capit. Deboute. Il sortit de Toulon le 21 mai. On croit qu'il atteignit promptement la flotte : il servit plus tard à l'éclairer avant la bataille d'Aboukir[1].

Le 28 mai, le consul général Belleville expédia un aviso, pour demander à Bonaparte où devait se rendre la portion du second convoi réunie à Gênes. Il paraît que cet aviso n'a pu remplir sa mission. — Par la suite, au mois de juillet, les dépôts de Gênes et de Civita-Vecchia furent dirigés sur Toulon, et quatre transports, nolisés par Belleville, furent licenciés.

Du 21 mai au 12 juin, trois felouques, **l'Épervier** ; **l'Encourageante**, capit. Riouffe ; **le Requin**, capit. Berlengeri, et un quatrième bateau, partirent successivement de Toulon. Les trois felouques arrivèrent à Malte après que Bonaparte eût quitté cette île, et n'allèrent pas au delà.

Le 13 juin, le général Ambert, arrivé récemment en Corse, fit partir un aviso et une felouque pour avertir Bonaparte du passage de l'escadre anglaise. Un avis semblable fut expédié avant le 20 juin, de Cagliari, par Laugier, consul provisoire en Sardaigne[2].

1. Voir le tableau II.
2. Le 16 mai 1798, l'officier de marine Laugier avait été envoyé de Toulon par Bonaparte pour exercer les fonctions de consul en Sardaigne, et surveiller la marche de la flotte anglaise. Le Directoire le remplaça par Coffin, qui arriva à

L'Égalité capit. Esclapon, et **le Républicain**, capit. P. Lay, bateaux corses. Ils partirent ensemble de Tou-.lon, le 14 juin, et prirent des directions différentes. *Le Républicain* fut capturé, à la hauteur de la Sardaigne, par la corvette anglaise *la Bonne-Citoyenne* : l'équipage, débarqué à Naples et dirigé sur Civita-Vecchia, servit en partie à y recruter l'équipage du *Lodi.* Quant à *l'Égalité,* elle toucha à Naples le 24 juin, y prit des dépêches de l'ambassadeur Garat pour Bonaparte, et arriva le 14 juillet à Alexandrie.

Le Chasseur sortit de Toulon pour la seconde fois, le 17 juin, avec des lettres de Najac et du ministre de la marine : il était à Alexandrie le 21 juillet.

Le 17 juin, à Naples, Garat apprit la capitulation de Malte et en même temps fut témoin du passage de la flotte anglaise dans la baie. Par son ordre, le vice-consul Boucanier s'embarqua le soir, avec des lettres de l'ambassadeur pour Bonaparte et les amiraux Brueys et Du Chayla. Le 21 juin, il observa les vaisseaux de Nelson près de Catane, et apprit à Porte-Palo, par des chevaliers maltais, que Bonaparte avait quitté Malte le 18. Renonçant à poursuivre sa route, Boucanier toucha à Messine le 25, et le 3 juillet rentra dans Naples.

A Messine, le jour de l'apparition de Nelson (20 juin), notre consul essaya vainement de trouver un bateau pour porter un avertissement à Malte : il fut retenu par l'attitude menaçante de la foule.

Cagliari à la fin de septembre. Laugier n'est point le seul agent consulaire que Bonaparte se soit ainsi attribué le droit de nommer.

La malveillance croissante de la cour napolitaine, qui se tourna en hostilité déclarée quand arriva la nouvelle du désastre d'Aboukir (3 septembre), empêcha désormais Garat d'envoyer des bateaux à Malte, à plus forte raison en Égypte.

Le Lodi, brick ; capit. Senequier. Le duplicata des lettres portées par *le Chasseur* lui fut confié. Senequier partit de Toulon dans la nuit du 20 juin, relâcha le 22 à Gênes[1], et du 30 juin au 3 juillet à Livourne. Le 5 juillet, il soutint un combat très honorable contre le corsaire anglais *l'Aigle*, dans le canal de Piombino, vint se réparer à Civita-Vecchia, et en ressortit le 23 juillet. Chassé par des frégates anglaises, il se réfugia à Messine, où il demeura bloqué jusqu'au 13 août. Le 22, il entra dans Alexandrie et put y donner quelques renseignements sur les mouvements hostiles qui s'annonçaient en Europe.

Le Vif, aviso ; capit. Provençal. Ayant à bord Tallien et le général Lanusse, il mit à la voile de Toulon le 28 juin, passa par Malte le 15 juillet, et le 13 août atteignit [Alexandrie. Lanusse et Tallien étaient le 21 au Caire.

L'Indépendant, aviso ; capit. Gastaud. Parti de Toulon le 3 juillet, il relâcha à Malte les 17 et 18, et entra le 28 dans le port d'Alexandrie.

2° Depuis la nouvelle de la prise de Malte jusqu'à

1. Il y prit des lettres de Belleville pour Bonaparte. .

celle du désastre d'Aboukir (4 juillet à 14 septembre 1798).

Le Léger, aviso; capit. Jacon. Vers le 8 juillet, il partit de Toulon, passa le 1er août devant Livourne, et chercha un abri à Messine où il se trouva bloqué en même temps que *le Lodi*. Il sortit avec ce brick le 13 août. Poursuivis tous deux, ils se séparèrent. *Le Léger* fut pris en vue d'Alexandrie, le 22 août, par la frégate *l'Alcmène*. Les dépêches, jetées à la mer, furent repêchées par les matelots anglais.

L'Arthémise, frégate. Envoyée de Malte par Bonaparte pour porter des dépêches à Corfou, elle repartit de cette île le 8 juillet[1], avec l'aide-de-camp Lavallette, et arriva le 20 devant Aboukir. Les lettres qu'elle apportait parvinrent au Caire le 3 août. *L'Arthémise* périt dans le désastre du 1er août.

L'Assaillante, aviso; capit. J.-B. Fournier. Arrivée d'Égypte à Malte, elle en repartit le 10 juillet, avec des dépêches de Vaubois et de Regnaud de Saint-Jean-d'Angély pour Bonaparte. Elle fut visitée, le 13, par la frégate anglaise *la Terpsichore*, qui la renvoya à Malte sans avoir découvert les paquets[2]. Quant à Fournier,

---

1. Vers le 8 juillet, *le Fanari*, brick, partit de Corfou, escortant un chargement de bois, et aborda à Alexandrie.

2. Plus tard, *l'Assaillante* porta à Toulon (7 septembre) la nouvelle de la bataille d'Aboukir. Elle revint à Malte, en repartit le 29 décembre, relâcha à Tunis et y fut prise le 7 janvier 1799, au moment de la déclaration de guerre de la Régence. On la transforma en corsaire tunisien. Le capitaine fut déclaré (3 décembre 1800) déchu de tout commandement pendant trois ans.

il fut amené par la frégate en vue d'Alexandrie le 20 juillet, puis débarqué à Messine.

Le Rivoli, capit. Darras, et **le Fortuné**, capit. Marchand, bricks. Ils partirent de conserve le 12 juillet, de Corfou, et abordèrent le 28 à Alexandrie. Les dépêches qu'ils portaient furent reçues au Caire le 17 août. Ce fut la dernière expédition de Corfou[1].

L'Anémone, aviso; capit. Garibou. Elle embarqua à Toulon le courrier Lesimple, avec la première dépêche du Directoire, datée du 6 juillet. *L'Anémone* mit à la voile le 17 juillet, prit en route le général Camin, toucha à Livourne le 2 août[2], relâcha le 25 à Malte et arriva dans les eaux d'Alexandrie le matin du 2 septembre. Pressé par la frégate anglaise *l'Emerald*, Garibou fit échouer son bâtiment, se mit à la mer

1. Le 10 janvier 1799, le général Chabot fit partir pour l'Égypte un petit bâtiment, mais qui s'échoua à la sortie de Corfou.

2. Sur son passage, Lesimple fut chargé d'une lettre de Belleville et d'une lettre de Ribbaud, consul à Messine. Voici les réponses inédites qu'y fit Bonaparte : I. à Belleville. — « Caire, 24 fructidor an VI (10 septembre 1798). J'ai reçu par le courrier Lesimple, citoyen consul, votre lettre du 29 messidor. Je vous remercie de différents détails qui y étaient contenus. Continuez à m'instruire par toutes les occasions, de ce qui se passe en Europe. Tout ici va parfaitement bien. » — II. à Ribbaud (même date). — « J'ai reçu, citoyen consul, votre lettre du 9 thermidor. J'ai lu avec intérêt les différents détails que vous m'avez donnés. La mauvaise conduite de quelques officiers du Roi en Sicile est contraire aux intentions de la cour de Naples. Portez vos plaintes au ministre de la République à Naples; je vous en ferai faire bon droit. J'écris moi-même à Naples pour cet objet. Continuez à m'instruire, dans le plus grand détail, de tout ce que vous apprendrez. »

avec Camin, Lesimple et l'équipage, et tâcha de regagner Alexandrie par terre. La petite colonne, ses dépêches au centre, cheminait le long de la côte, quand elle fut entourée par des Arabes. Les cartouches mouillées étant hors de service, le général Camin et plusieurs Français furent massacrés. Garibou se sauva à la nage et fut recueilli par les Anglais. Quant à Lesimple, tombé vivant aux mains des Arabes, il fut racheté par les soins de Kleber, et le 9 septembre il parvint au Caire sans avoir abandonné ses dépêches[1].

A la fin de juillet et au mois d'août, diverses tentatives furent faites par nos agents dans l'empire ottoman, pour communiquer avec Bonaparte. Le 23 juillet, Mure, consul à Chypre, profita du passage d'un bateau ragusais et écrivit au général une lettre, qui parvint à Alexandrie le 16 août[2]. Vers le 20 août, Beauchamp, nommé consul à Mascate, aborda à Damiette par ordre du Directoire et se mit à la disposition de Bonaparte[3]. A Constantinople, Ruffin prépara des dépêches sans pouvoir les expédier. A Smyrne, le consul général Jean-Bon-Saint-André envoya vers Rhodes un messager chargé de lettres pour l'Égypte, qui furent retenues par les Turcs. Dès

1. Ce brave courrier, un des meilleurs qu'ait eus Bonaparte, mourut au camp de Saint-Jean-d'Acre. Garibou, débarqué à Naples, le 26 octobre, par les Anglais, apprit au Directoire que sa dépêche était parvenue à destination.

2. *Corresp. inédite*, t. V, p. 400 et 481.

3. Beauchamp, nommé consul à Mascate le 3 mars 1795, fut d'abord employé à une mission à Trébizonde. Il repartit en l'an V pour son poste, quitta Constantinople en novembre 1797 et arriva en février 1798 à Alep, où il attendit de nouveaux ordres.

la fin du mois d'août, tous nos agents dans le Levant étaient soumis à des rigueurs, qui s'aggravèrent bientôt par une captivité véritable.

Ce fut seulement dans les régences barbaresques que la persécution fut ajournée. Au mois d'août, le consul de Tunis, Devoize, confia des lettres pour Bonaparte, Brueys et le consul Magallon, à la bonne volonté du capitaine Bochara, patron d'un bateau ragusais ; mais ce bateau, arrêté par les Anglais, dut revenir à Tunis quelques semaines après. Devoize fut plus heureux en transmettant à Malte des dépêches pour l'Égypte : c'est ainsi que des lettres écrites par lui les 1er et 15 juillet, furent portées à Alexandrie par *le Vif* et le courrier Lesimple[1].

Le Céléré, aviso ; capit. Chiousse. Il quitta Toulon[2] le 16 août avec le double des dépêches de Lesimple, qu'on avait confié à un émissaire nommé Vigouroux. Il portait aussi Piveron, chargé d'une mission pour l'Orient[3]. Piveron, qui avait passé plusieurs années aux Indes, comme procureur général du conseil de Pondichéry et comme compagnon d'armes

1. Lettre inédite de Bonaparte à Devoize. — « Le Caire, 24 fructidor an VI (10 septembre 1798). Je reçois, citoyen consul, votre lettre du 27 messidor. J'avais déjà appris la même nouvelle par la lettre que vous avez écrite au citoyen Venture, et qu'il a reçue il y a quinze jours. Je vous remercie du zèle que vous avez montré dans cette occasion. »

2. Ce fut le dernier envoi de Toulon. Quelques jours après, le 19 août, l'ordonnateur Najac partit pour Paris et Brest, laissant l'intérim de ses fonctions à Even, commissaire principal, qui les exerça jusqu'à l'arrivée de Bertin, le 6 septembre.

3. Une maladie avait empêché Piveron de partir avec Bonaparte.

de Haider-Ali et de Tippoo-Saib, devait être envoyé d'Égypte auprès de ce dernier prince pour renouer avec lui des intelligences contre les Anglais. *Le Céléré* tenant mal la mer, Piveron descendit le 2 septembre à Gênes, et se rendit par terre à Ancône. De là, il comptait aborder à Patras et se rendre à Alexandrie par Naples-de-Romanie. Mais les événements en décidèrent autrement et le retinrent à Corfou, où il arriva le 10 octobre sur *la Brune* en compagnie de Vigouroux et du commissaire général Dubois. Pendant le siège de Corfou, il fut nommé commandant du génie, puis président d'une commission extraordinaire d'administration et tomba aux mains des Russes dans l'île de la Paix. — Quant à Vigouroux, les mêmes circonstances l'empêchèrent de remplir sa mission[1].

3° Depuis la nouvelle d'Aboukir jusqu'au départ de la flotte de Brest (14 septembre 1798 au 26 avril 1799).

Lorsque le désastre d'Aboukir fut connu à Paris, le 14 septembre, le gouvernement comprit que les Anglais devenaient les maîtres incontestés de la Méditerranée. La présence de leurs vaisseaux dans tous les passages, et bientôt celle d'une escadre portugaise autour de Malte, d'une flotte russe et turque dans l'Adriatique, des corsaires barbaresques sur les côtes italiennes, parurent intercepter les communications

---

1. On le nomma, pendant le siège, directeur des moulins établis pour la garnison, puis administrateur général des biens nationaux. En 1802, il revint à Corfou comme consul général.

avec l'Égypte. En même temps se révélait la nécessité de faire passer des secours en Corse, et surtout dans les places assiégées de Corfou et de Malte qui, privées de vivres, de munitions et d'une garnison suffisante, donnèrent promptement les craintes les plus sérieuses. Les bâtiments qui restaient dans nos ports du midi, furent donc réservés à la défense des côtes et au ravitaillement des îles de la Méditerranée. Toulon cessa d'expédier des avisos à Bonaparte. L'occupation successive de Civita-Vecchia, Livourne, Naples, Otrante, fut trop précaire pour permettre de tenter des envois en Égypte. A Ancône, deux bateaux légers mirent à la voile pour le Levant. Trois avisos, *l'Osiris*, *l'Isis* et *le Sérapis*, furent achetés à Gênes par Belleville pour la correspondance avec notre armée d'Orient : on verra plus loin quelles furent leurs destinées diverses. Belleville se disposait à fréter trois autres bâtiments du même genre, au mois de février 1799, lorsque la déclaration de guerre des Barbaresques le détourna de ce dessein.

Mission de Dubois-Thainville. Nommé consul général à Alger, le 10 septembre 1798, en remplacement de Moltedo, Dubois-Thainville reçut l'ordre de passer d'abord par l'Égypte, où il avait rempli une mission en l'an IV. Il était chargé d'une lettre de Talleyrand, du 15 septembre, qui félicitait Bonaparte de son débarquement et le renseignait sur l'attitude hostile de la Porte. Il se rendit à Gênes en octobre, parla de prendre passage sur un navire ragusais, puis sur un suédois, fit de fréquents emprunts à Belleville et se montra peu disposé à continuer sa route. Pressé par Talleyrand, il partit à la fin de novembre pour Ancône. Là, le consul, très embarrassé de trouver un moyen de transport, proposa de fréter à Trieste un

bateau de commerce impérial, où Thainville se cache-
rait sous un faux nom. Mais ces délais fatiguèrent le
gouvernement. Le 14 janvier 1799, Dubois-Thainville
dut remettre au consulat d'Ancône les paquets dont
il était chargé, et retourner à Marseille. Il y demeura
pendant plus d'une année, dans l'attente de nouveaux
ordres. Enfin, le 31 mai 1800, il se mit en route pour Alger.

Bateau ragusais monté par Hamelin et Livron. Le
péril de se rendre en Égypte semblait si grand, que
le commerce ne fit aucune tentative pour y envoyer
des cargaisons. Deux Français cependant risquèrent
l'entreprise[1], partirent de Trieste le 24 octobre et
pénétrèrent dans Alexandrie le 26 janvier 1799. Les
nouvelles qu'ils apportaient, consistaient en un paquet de journaux italiens que le consul d'Ancône[2]
leur avait remis au passage le 1er novembre. Bonaparte retarda son départ pour la Syrie afin d'interroger
lui-même au Caire, le 8 février, Hamelin et Livron[3].

1. Longtemps après, le 6 août 1799, un autre bateau ragusais, *le San Nicolo,* pénétra dans Alexandrie, avec l'autorisation des frégates turques, parce qu'il venait chercher l'ancien consul de Raguse. Les nouvelles qu'il put donner étaient
sans intérêt, au prix des journaux remis quelques jours avant
par S. Smith.

2. Ce consul, Meuron, était dévoué à Bonaparte qui avait
commencé sa fortune. Il écrivit au général le billet suivant :
« Ancône, 11 brumaire an VII (1er novembre 1798). — Le capit.
Guigou, commandant la canonnière *la Cisalpine,* est arrivé
ici le 7 vendémiaire, et ses dépêches n'ont éprouvé aucun
retard. Depuis, *la Brune* nous a apporté de Corfou des dépêches expédiées sur la fin de fructidor. Joseph m'a donné
dernièrement de ses nouvelles : il se porte bien, ainsi que sa
famille. Je vous envoie les feuilles publiques de Lugano et le
Courrier de l'armée, par le citoyen Livron. »

3. *Corr.* no 3944. Cf. no 3952.

Mission du chef de brigade Lucotte. N'ayant pu s'embarquer avec Bonaparte[1], il fut destiné par le Directoire à porter en Égypte l'importante dépêche du 4 novembre. Parti de Paris au milieu de ce mois, il arriva à Barcelone au commencement de décembre. Là, il tenta vainement de fréter un navire pour Tunis ou Tripoli. Après trois mois d'une attente fatigante, il se décida à gagner les ports d'Italie, et arriva à Gênes vers le 25 mars 1799. La suite de sa mission se trouve exposée plus loin.

Le Charles-Honoré, brick. Jean-Michel Magallon[2], frère d'un négociant établi à la Canée, reçut, sur sa proposition, la dépêche du 4 novembre avec une somme de 12,000 francs : il devait gagner Alexandrie par Tunis, où il avait de nombreuses relations. Parti de Paris le 23, il arriva le 12 décembre à Toulon et y trouva un bateau parlementaire, *le Charles-Honoré*, prêt à transporter à Tunis des ouvriers que le bey avait demandés pour son propre service. Caché dans

1. *Corr.*, n° 2577. — Nous ne mentionnerons point parmi les émissaires du gouvernement les militaires qui obtinrent de rejoindre l'armée d'Orient. Tels furent : 1° le général Salm, qui partit le 1er novembre et s'arrêta à Ancône; 2° le général Peyron, qui partit en janvier et s'arrêta à Gênes. Plus tard, le général Cordellier, et l'officier Geouffre demandèrent tout à la fois de reprendre du service en Égypte et d'y porter des dépêches; mais on ne put s'entendre avec eux.

2. Il ne faut pas confondre ce Magallon : 1° avec Charles Magallon, consul général en Égypte depuis le 20 janvier 1793, qui revint en France en mars 1798 et repartit avec Bonaparte : il était en ce moment au Caire; — 2° avec Jean-André Magallon, neveu du précédent, vice-consul à Alexandrie, qui se trouvait aussi en Égypte; — 3° avec Lazare Magallon, autre neveu, secrétaire de son oncle et titulaire du vice-consulat de Rhodes depuis le 29 août 1798, qui était alors à Paris.

ce bateau sous son prénom Michel, il mit à la voile le 28 décembre et aborda le 2 janvier à Tunis. Le consul Devoize s'était mis en quête d'un bâtiment pour l'Égypte, lorsque le 4 janvier la déclaration de guerre du bey empêcha ces préparatifs. Magallon arrêté comme Français, puis relâché le 26 février, trouva peu après l'occasion de retourner en France. Ses dépêches furent cachées par Devoize, qui les avait encore entre les mains en février 1800.

Envois de Tripoli, par terre. Le consul Beaussier reçut le 24 octobre une lettre de Bonaparte (*Corr.*, n° 3043), l'invitant à faire parvenir des nouvelles en Égypte et l'autorisant pour cet objet, à tirer sur le Caire une somme de 6000 francs.

Le 5 décembre, Beaussier expédia un premier courrier avec des nouvelles, des journaux, et une lettre de lui demandant à Bonaparte de ne point s'opposer au départ du Caire de Sidi-Hassen-Caramanli, neveu du bey. Ce courrier fut retenu à Bengasi[1], sous le vain prétexte que Caramanli avait déjà quitté l'Égypte pour Rhodes.

Au commencement de février 1799, après l'arrivée de Fabre[2], un second courrier partit par la voie de Bengasi, et quinze jours plus tard, fut suivi d'un troisième, qui choisit une route moins fréquentée. Outre les paquets du consul, les deux courriers portaient des lettres de Fabre adressées à Ganteaume et à Dumanoir. Il est à peu près certain qu'aucun de ces émissaires ne parvint en Égypte.

Le 5 février, arriva à Tripoli la caravane des pèle-

---

1. Le bey de Bengasi affectait une certaine indépendance à l'endroit du bey de Tripoli, son suzerain.
2. Voir le tableau II.

rins du Maroc se rendant à la Mecque. Ces pèlerins, au nombre de 5 à 6000, ayant à leur tête un proche parent de l'empereur, avaient quitté leur pays le 28 novembre, avant de bien connaître l'invasion de l'Égypte. A Tripoli, ils délibérèrent s'ils continueraient leur voyage. Les plus riches, au nombre de 800 environ, s'embarquèrent pour la Syrie, afin de rejoindre à Damas la grande caravane qui s'y forme tous les ans. Les autres se décidèrent à pousser jusqu'à Bengasi et Derne, pour y prendre un parti définitif selon les nouvelles; mais, vers le 20 février, les pèlerins de Salé ayant rétrogradé, leur exemple entraîna les autres et la caravane se trouva dissoute.

L'arrivée de B. Arnaud, envoyé par Bonaparte, fournit encore l'occasion de correspondre avec l'Égypte. Cet émissaire se rembarqua le 1er mars pour Bengasi, d'où il se proposait de regagner Alexandrie par terre. On verra ailleurs comment cette mission fut empêchée[1].

Ce fut le dernier envoi de Tripoli[2]. Le bey, qui avait déclaré pour la forme la guerre à la République, et qui jusqu'ici fermait les yeux sur les tentatives de correspondance, finit par s'attirer les menaces de Nelson. Le 13 mai, il fut contraint de livrer aux Anglais notre consul, le chancelier, etc. Dans les autres régences, à Tunis et Alger, nos consuls étaient captifs

1. Voir le tableau II.

2. Même pendant la captivité de nos consuls en Barbarie, des correspondances diplomatiques se sont échangées entre ce pays et la France, par les ports espagnols et sous le couvert des consulats d'Espagne et de Batavie. Mais entre Tunis, Tripoli et l'Égypte, les communications, déjà si difficiles pendant les premiers mois de l'expédition de Bonaparte, se sont complétement fermées à dater de février 1799. Elles n'ont paru se rouvrir qu'en 1801.

depuis deux mois et n'avaient point la liberté d'essayer des envois en Égypte. Quant aux caravanes de commerce habituées à suivre le chemin de Bengasi, elles avaient cessé de se former depuis la prise d'Alexandrie, et ne reprirent leur trafic que dans l'automne 1800.

L'Osiris, capit. Gascogne. Un émissaire, nommé Wynand Mourveau, partit de Paris le 30 décembre, avec ordre de se rendre en Égypte par Gênes ou par Ancône. Arrivé le 21 janvier à Gênes, il y trouva *l'Osiris* qui était prêt depuis un mois, et s'y embarqua le 26, après avoir reçu de Belleville ses instructions et plusieurs caisses de journaux. Retenu au port par des vents contraires, il ne mit à la voile que le 9 février. Sa traversée fut très prompte. Il fit une courte relâche à Lingueglia, et le 26 février au soir, il aborda à Damiette. Le bruit de son arrivée se répandit aussitôt et remua tous les cœurs. Il se rendit d'abord sous escorte à Rosette, et monta sur le canot *la Saône*, qui le débarqua à Boulac le 4 mars. On publia dans « le Courrier d'Égypte » (n^os des 15 et 20 mars) les nouvelles générales d'Europe qu'il apportait. Par les soins du général Dugua, commandant au Caire, Mourveau repartit pour la Syrie, et le 25 mars remit ses dépêches à Bonaparte devant Saint-Jean-d'Acre. Mourveau fut nommé contrôleur des services de l'armée ; il obtint le 9 septembre un passeport pour la France, mais n'y rentra que longtemps après. — Dès le 24 mars, Belleville était instruit[1] de l'arrivée de Mourveau en Égypte, et transmit cette assurance au gouvernement qui en fut informé le 6 avril.

1. Par un bateau ligurien, patron Nicolo Michelino, sorti le 6 mars d'Alexandrie.

Le Directoire avait remis à Mourveau une lettre du 29 décembre et le double de la dépêche du 4 novembre. Ces mêmes pièces furent également confiées :

1° A Lefranc, dont il sera bientôt question.

2° A la maison Bacri et Abucaya, de Marseille. Ces juifs algériens devaient transmettre les plis à leurs parents et correspondants, qui occupaient à Alger une position considérable dans le commerce. La nouvelle de la déclaration de guerre du dey fit renoncer à ce mode d'envoi. Le 11 février, ordre fut donné de faire passer les dépêches de Marseille à Gênes, et, le 23 février, de les diriger sur Ancône. Belleville, qui les avait reçues, les remit à Lucotte le 30 mars.

3° A Azialy, Marocain, qui reçut le 13 janvier une somme de 500 fr. pour se rendre à Cadix et Tanger [1]. On ignore quelle a été la suite de cette mission.

4° A Ferrières-Sauveboeuf, auteur de voyages en Perse, Turquie et Arabie [2]. Il partit de Paris avec un ordre, signé du ministre de la marine le 14 janvier, pour s'embarquer à Ancône. Sur la route, sa nature remuante et besogneuse se donna librement carrière dans cette Italie, qui semblait alors la proie de tous les intrigants. Ferrières-Sauveboeuf, oubliant sa mission, resta tout le mois d'avril à Milan, et fit si bien qu'au commencement de mai il y fut mis en prison par le général Schérer [3]. Il s'échappa, et revint en France continuer son existence aventureuse.

1. « Le Maroc peut fournir un moyen de correspondance avec l'Égypte... Les paquets seraient expédiés à Cadix d'où ils passeraient facilement à Tanger » (Note sur le Maroc, annexée au Bulletin du 3 mars 1799 qui a été envoyé à Bonaparte : — *Corresp. inédite*, t. VI, p, 246).

2. Imprimés en 1790.

3. En vertu d'un arrêté du Directoire, qui prescrivait de l'arrêter comme « prévenu d'espionnage, d'embauchage, de

Le Reconnaissant, aviso ; capit. Guigou. L'officier de cavalerie J.-Ph. Lefranc quitta Paris le 7 janvier, passa le 19 à Milan, et le 2 février atteignit Ancône où il devait s'embarquer. L'aviso était prêt à le recevoir : Lefranc mit à la voile le 10 février et arriva en vue d'Alexandrie ; mais, rejeté en mer par la tempête, il fut ramené dans les parages de Brindisi et pris le 13 mars par la frégate russe *la Fortunée*. Il avait eu soin de détruire ses dépêches. Livré aux Turcs, il fut enfermé le 15 juin au bagne de Constantinople.

La Cisalpine, canonnière ; capit. Étienne. Le 3 mars, un bulletin de nouvelles adressé à Bonaparte sous la date de ce jour, fut remis à un ancien commissaire des guerres, nommé Ragmey. Celui-ci parvint à Ancône dans la première quinzaine d'avril et s'y fit délivrer les paquets de Dubois-Thainville. Il se rencontra avec Lucotte, qui, reparti de Gênes le 30 mars, atteignit Ancône le 10 avril. Les deux émissaires eurent quelque peine à obtenir un bâtiment ; enfin ils montèrent tous deux sur *la Cisalpine*, le 26 avril. On peut dire que le hasard avait réuni sur ce bateau toute la série des dépêches destinées à l'Égypte depuis le commencement de l'expédition. Le 29 avril, *la Cisalpine* heurta contre des écueils, en face de Barletta : il fallut descendre à terre. Les émissaires y restèrent jusqu'au 4 mai, et durent rentrer le 9 à Ancône. L'administration maritime s'occupa de leur préparer un autre navire ; mais l'arrivée d'une division de la flotte turque et russe, le 17 mai, rendit désormais tout départ impossible. Ragmey se rendit en Toscane, puis

provocation à la désorganisation et à la désertion de l'armée française, et de conspiration contre la République. »

en France; tandis que Lucotte, enfermé dans Ancône, se consacra à la défense de la place.

L'Isis, aviso génois. Le 2 avril, un ordre fut envoyé à Gênes de préparer ce bateau pour recevoir un fournisseur de l'armée, Cerfberr, qui fut chargé de porter à Bonaparte le bulletin du 4 avril [1]. Cerf-berr devait être accompagné de plusieurs juifs, dont deux seulement s'embarquèrent avec lui le 1er mai. Le 4, *l'Isis* fut capturé par une division anglaise dans les eaux de la Sardaigne et conduit à Palerme. C'est de là que Cerfberr annonça son malheur, qui fut connu à Paris à la fin de juillet.

4° Depuis le départ de Bruix jusqu'à la nouvelle du retour de Bonaparte (26 avril au 13 octobre 1799).

La flotte de Brest. L'amiral Bruix n'eut d'abord d'autre instruction à l'égard de l'armée d'Orient, que de lui porter des secours. On sait que le 10 juin, au mouillage de Vado, il reçut du Directoire l'ordre de ramener Bonaparte et de remettre au général la dépêche du 26 mai annonçant cette nouvelle résolution [2].

---

1. Dans le texte imprimé de ce bulletin (*Corr. inéd.*, t. VI, p. 268), on a omis les deux passages suivants : « ... est arrivé à Toulon le 5 germinal. Vous trouverez ci-joint copie des rapports faits par le capitaine de frégate Senequier, commandant ce bâtiment, et même une copie de la lettre que vous écrivait le cit. Arnaud, votre délégué : cette lettre est datée de Tripoli de Barbarie, 9 ventôse... P.-S. Le Directoire vient de recevoir la nouvelle de l'occupation de Livourne et Florence par les troupes de la République » (Arch. nat.).

2. En résumé, le Directoire n'a écrit que six fois à Bonaparte pendant son séjour en Égypte : 1° Lettre de félicitations du 6 juillet 1798 : elle fut apportée le 9 septembre au Caire par le courrier

On sait aussi que Bruix, arrivé à Carthagène, écrivit le 24 juin à Bonaparte une lettre qui, confiée à un Grec, ne parvint point en Égypte. On a vu que Bonaparte n'eut connaissance de ces projets qu'à son retour à Paris.

Lorsque les Directeurs voulurent entrer en négociations avec la Porte, ils sentirent plus vivement que par le passé, la nécessité de correspondre avec Bonaparte. Dans un rapport du 20 septembre, Reinhard disait : « Il est du devoir du ministre de faire connaitre au Directoire exécutif le peu de succès qu'ont eu jusqu'à présent les tentatives d'ouvrir des communications avec Bonaparte. La liste ci-jointe des Français chargés de lui porter des paquets[1], et dont aucun n'a pu pénétrer jusqu'à lui[2], prouve qu'il est indispensable de trouver d'autres moyens. C'est à des étrangers, à des Orientaux surtout, que nous sommes réduits à avoir recours... » Ce fut en effet parmi les Orientaux que furent choisis les quatre derniers émissaires.

Lesimple. — 2° Dépêche du 4 novembre : Wynand Mourveau, l'un des émissaires qui en fut chargé, la remit à Bonaparte devant Saint-Jean d'Acre, à la fin de mars. — 3° Lettre du 29 décembre : on verra que c'était une simple lettre d'envoi. Elle fut aussi remise par Mourveau. — 4° Bulletin du 3 mars 1799, contenant les nouvelles politiques de l'Europe : il ne parvint pas à destination (impr. dans la *Corr. inéd.*, t. VI, p. 239). — 5° Bulletin semblable du 4 avril : il eut le même sort (impr. dans la *Corr. inéd.*, t. VI, p. 263). — 6° Lettre du 26 mai, qu devait être remise par l'amiral Bruix. Elle ne put être portée (impr. plusieurs fois). On remarquera que les trois dernières lettres, les seules qui aient été imprimées, sont précisément celles que Bonaparte n'a jamais reçues en Égypte.

1. Cette liste ne se retrouve pas.

2. En effet, Wynand Mourveau devait être d'origine hollandaise. Quant à Lesimple, qui était Français, sa profession de courrier ne le fait pas mentionner ici parmi les émissaires.

1° Osman-Aga. Au commencement d'août, ce musulman avait passé avec le ministre de la marine un marché secret pour approvisionner Malte par Tunis, où sa famille était très influente. Il avait déjà reçu, le 24 août, un passeport pour la Tunisie, lorsque, au commencement de septembre, Reinhard eut l'idée de le charger de lettres pour Bonaparte, et lui confia d'abord celle du 20 septembre, puis celle du 10 octobre. On calculait que ces dépêches pourraient arriver en Égypte à la fin de décembre. La nouvelle du retour de Bonaparte parvint à Paris avant le départ d'Osman : celui-ci rendit donc les dépêches et ne s'occupa plus que de son contrat. Arrivé à Toulon à la fin de novembre, il s'embarqua sur le parlementaire *l'Hirondelle* dans les premiers jours de février 1800, atteignit Tunis le 12, mais y rencontra des obstacles et même des dangers qui l'empêchèrent de remplir ses engagements.

2° Vittallis. C'était un Grec, réfugié de Corfou, qui promettait de s'embarquer à Gênes sur un bateau grec et de gagner Alexandrie par Chypre. Le 30 septembre, on lui consigna un double de la lettre du 20 : il partit aussitôt; le 10 octobre il rencontra Bonaparte à Aix, remit la lettre et suivit le général à Paris.

3° Poullio. Établi en Allemagne, cet aventurier s'était mis en relations occultes avec les patriotes de la Grèce, et avait fait agréer ses services par Talleyrand. Les événements d'Italie l'ayant retenu loin de la commission d'Ancône, Poullio vint à Paris et se proposa pour renouer à Leipzig des correspondances avec les Grecs, et par eux avec tout le Levant. Cette mission, qui n'avait point simplement pour objet les communications avec l'Égypte, fut approuvée le 29 septembre par le Directoire et ne prit fin qu'au mois d'août 1800.

4° Enfin un juif polonais, autrefois employé à la Bibliothèque nationale, et nommé Zalkind Hourvitz, s'étant également offert comme émissaire, il fut question de lui remettre les lettres du 10 octobre ; mais les pourparlers n'avaient pas encore abouti lorsqu'on apprit le débarquement de Bonaparte[1].

En dehors du gouvernement, les frères de Bonaparte ont-ils entretenu des correspondances avec l'Égypte? ont-ils cherché à renseigner le général sur des événements, que son ambition était si intéressée à bien connaître? « Je n'ai reçu de toi qu'une lettre, celle de Lesimple », écrivait le général à Joseph, au mois de septembre 1798[2]. Après le courrier Lesimple, Mourveau est le seul émissaire qui atteignit l'Égypte, et il n'apporta, parait-il, que des nouvelles de Joséphine[3]. Plus tard, lorsque la flotte fut rentrée à Brest, lorsque les frontières furent menacées d'invasion, Joseph, Lucien et Louis devinrent de jour en jour plus inquiets, en voyant leur frère absent à l'heure où tout semblait exiger sa présence. Le mois de septembre 1799 arriva.

1. Le ministre de la marine avait préparé des ordres pour faire disposer *le Sérapis* à Gênes, et un bâtiment léger à Toulon.

2. Cette lettre est publiée dans les *Mém. de Joseph* (t. I, p. 188). On a omis la date, qui est postérieure à l'arrivée de Lesimple au Caire ; on a omis également une phrase intime. Il paraît que Joseph avait écrit précédemment. « Deux courriers expédiés par le Directoire exécutif ont été arrêtés, » lui mandait Louis le 13 août 1798 ; « ils avaient des lettres de vous » (*Mém. de Joseph*, t. X, p. 413).

3. « D'après les questions que je lui ai faites, [Mourveau] ne vous a point vu, ne vous a point parlé. Il n'a également point vu les frères du général Bonaparte, mais seulement sa femme » (Belleville à Bruix ; Gênes, 21 janvier 1799).

Joseph dut recevoir les conseils sinon les confidences de Talleyrand disgrâcié, qui cherchait maintenant à rattacher sa fortune à celle du général. Ce fut dans ces circonstances[1] que, pour la première fois, Joseph résolut de chercher un émissaire particulier, afin d'avertir son frère et de le presser de revenir en France.

Il y avait alors à Paris un Grec réfugié, nommé Constantin Bourbaki. Habitant de Céphalonie, il s'était signalé dans cette île par son dévouement à la cause française, et avait protégé le commissaire Pocholle au milieu des troubles provoqués par l'apparition des vaisseaux turcs et russes. Lui-même, pillé et blessé dans cette émeute, s'échappa vers Corfou avec Denis et Joseph ses fils, et concourut à la défense des remparts. Son fils aîné, Joseph, âgé de vingt ans, se distingua aussi pendant le siège. Après la capitulation, ils débarquèrent tous trois à Ancône, le 12 avril 1799, en même temps que le général Chabot, terminèrent la quarantaine le 8 mai, et arrivèrent à Paris le 9 juillet. Leur détresse étant extrême, ils obtinrent les 13 et 29 juillet de faibles secours. Le 7 octobre, ils signèrent tous ensemble une nouvelle pétition : pour Denis, enfant de treize ans, on demandait une place au prytanée ; pour Joseph « propre au service militaire, un placement quelconque, qui pût fournir à son existence, sans l'éloigner de son père, dont la santé, affectée par ses blessures et ses malheurs, ne peut, du moins de quelque temps, se passer de son assistance. » Rien dans une pareille pétition ne laisse même prévoir un voyage en Égypte. Il faut donc placer entre le 7 octobre et le 14, jour où chacun connut à Paris le débarquement du général, les pourparlers qui rapprochèrent

1. Joseph, *Mém.*, t. I, p. 75 ; — Miot de Melito, *Mém.*, t. I, p. 240. — Cf. Sybel, *Geschichte der Revolutionszeit*, t. V, p. 520.

Constantin Bourbaki et Joseph Bonaparte. Il est certain que Bourbaki accepta la périlleuse mission de se rendre au Caire. Eut-il le temps de s'éloigner, à une distance de quelques jours de route? Fut-il au contraire surpris à Paris par le retour du général? Dans tous les cas, il n'eut pas à remplir un engagement, qui était devenu sans objet.

Tels sont les faits réels, et ils ne mériteraient guère une place dans l'histoire, si la légende ne les y avait introduits. Parmi les historiens, les uns prétendent que Bourbaki a porté au Caire un avis mystérieux qui a décidé le retour de Bonaparte; les autres contestent, mais sans preuves décisives. En 1840, M. de Meneval a discuté les témoignages divers qu'il avait recueillis jusqu'alors, et son impartialité s'est abstenue de conclure. Il faut bien le reconnaître : la lumière ne se trouve même point dans les assertions confuses et variables de Joseph Bonaparte[1]. Mais si son souvenir

---

1. Les assertions écrites sont au nombre de quatre : 1º lettre à Talleyrand, du 1er mai 1802 (*Rev. des Quest. hist.*, nº d'octobre 1880); — 2º Lettre au comte Thibaudeau, du 10 mai 1826 (*Le Contemporain*, nº du 1er août 1882. Cf. *Mém. de Joseph*, t. X, p. 287); — 3º Lettre à M. Presle, du 30 août 1829 (*Rev. des Quest. hist.*, nº d'octobre 1880); — 4º Mémoires écrits en 1830 (*Mém. de Joseph*, t. I, p. 75). Même dans le premier de ces documents, qui semble si rapproché des événements, on reconnaît une erreur de souvenir; car Joseph Bonaparte confond Constantin Bourbaki avec son fils aîné, pour qui il sollicita et obtint une place de consul.

Au mois d'octobre 1830, dans un certificat délivré en faveur de Joseph Bourbaki, Pocholle écrivait : « M. Bourbaki père trouva l'occasion de rendre service à la France, devenue sa patrie, en acceptant une mission secrète qui lui fut confiée vers le général en chef de l'expédition d'Égypte. » Cette phrase nous semble très exacte; elle ne dit nullement que Bourbaki ait accompli ou même commencé sa mission; elle

n'a pas gardé toute la précision que désire l'histoire, il est resté assez présent pour protéger efficacement pendant l'Empire les deux fils de Constantin Bourbaki, l'un dans la carrière des consulats et l'autre dans celle des armes [1].

se borne à dire qu'il y a eu l'acceptation courageuse d'une tâche pleine de périls.

1. Joseph Bourbaki, lieutenant de dragons en mai 1800, fut nommé vice-consul à Céphalonie le 20 juin 1802, prit en 1806 le titre de chargé d'affaires à Corfou, dans des circonstances singulières où il se servit du nom du roi Joseph, et mourut après 1830. — Son frère cadet, Denis, entra à l'école militaire de Fontainebleau, passa en 1806 au service du roi Joseph à Naples, puis en Espagne, fut nommé lieutenant-colonel après la bataille de Toulouse, prit part au soulèvement des Grecs et mourut en 1827; il avait un fils qui est devenu le général Bourbaki. — Quant à Constantin Bourbaki, il se retira à Céphalonie pendant le Consulat, et mourut, paraît-il, avant la Restauration.

II

CORRESPONDANCES DE BONAPARTE
AVEC L'EUROPE ET L'ORIENT

1° Avant l'arrivée de Bonaparte à Malte (19 mai à 10 juin 1798).

Le Chasseur, capit. Laurens. Cet aviso, sorti de Toulon le 20 mai, rejoignit la flotte à la hauteur du cap Corse. Il repartit avec des dépêches du 23 mai (*Corr.* n°s 2606 à 2609), et rentra à Toulon le soir du 26. Nous le retrouverons en Égypte.

Le 28 mai, au soir, la flotte détacha un aviso, qui toucha à Bonifacio et arriva à Toulon le 6 juin. Les dépêches (*Corr.* n°s 2611, 2614 et 2615 [1]), annonçant la

1. Deux de ces dépêches sont restées inédites : I. A Najac. « A bord de *l'Orient,* le 8 prairial an VI. — Le convoi d'Ajaccio nous rejoint à l'instant même. Nous attendons à tout moment celui de Civita-Vecchia. L'escadre et le convoi n'ont eu aucune espèce d'accident. Un brick anglais a été poursuivi par l'aviso *le Corcyre,* obligé de se jeter sur les côtes de Sar-

jonction des convois de Corse et de Civita-Vecchia,
étaient connues à Paris le 11 juin [1].

2° Depuis la capitulation de Malte jusqu'au débarquement à Alexandrie (12 juin à 1er juillet 1798).

Speronare maltaise, expédiée à Naples le 14 juin,
avec un courrier portant la relation des événements
de Malte (*Corr.* nos 2640, 2641, 2655 et 2656). Ce courrier, débarqué à Naples le 21 juin, traversa Milan
le 25 au soir, et arriva à Paris le 4 juillet. Depuis
le 1er, on y connaissait, par une voie indirecte, le
succès de notre armée d'Orient.

La Santa Marina, capit. Grasset. Partie le 15 juin de
Malte pour Corfou, avec des dépêches (*Corr.* nos 2662,
2663), elle y aborda le 27 juin. Le général Chabot,
commandant à Corfou, avait mission de communiquer la nouvelle de la prise de Malte à Ruffin, chargé
d'affaires de la République à Constantinople. Ruffin
reçut cet avis le 2 août.

daigne où il s'est brûlé. Nous attendons avec impatience des
nouvelles de France; nous n'en avons pas depuis notre départ. — *P. S.* du 9 prairial. — Le convoi de Civita-Vecchia
nous rejoint à l'instant même. »

II. Au consul de Gênes, Belleville. « A bord de *l'Orient*, le
9 prairial an VI. — Les convois de Gênes, de Corse et de Civita-Vecchia sont réunis, et nous voguons à pleines voiles pour
notre destination. Dès que nous aurons mis le pied quelque
part, je vous ferai part des besoins que nous pourrons avoir,
et je ne doute pas que vous y pourvoirez, avec ce zèle ardent
qui vous caractérise et dont vous venez de nous donner des
preuves dans l'embarquement qui a eu lieu à Gênes. »

1. Le 1er juin, l'expédition perdit le brick *le Corcyre*, pris par
la frégate anglaise *la Flore*, près de Maritimo à l'ouest de la
Sicile. L'équipage fut débarqué à Oran.

Le 15 juin, Bonaparte écrivit une lettre circulaire (*Corr.* n° 2665) aux trois consuls de France près les régences barbaresques. La lettre adressée au consul de Tripoli, Guys, lui fut portée par la frégate suédoise *la Thetys*. Celle destinée au consul de Tunis, Devoize, lui parvint le 10 juin sur une speronare. Enfin le consul d'Alger, Moltedo, reçut également son exemplaire [1].

La Sensible, frégate ; capit. Bourdé. Elle fut chargée de transporter en France les trophées de Malte, qui devaient être présentés au Directoire par le général Baraguey-d'Hilliers. Collot et V. Arnault, déjà dégoûtés de l'entreprise, eurent permission d'y prendre passage. En se privant ainsi d'une frégate, Bonaparte croyait qu'elle servirait à conduire Talleyrand à Constantinople. *La Sensible* se mit en route le 18 juin. Armée simplement en flûte, n'ayant pour équipage que des hommes levés à la hâte et en partie maltais, elle ne put résister à l'attaque du *Sea-Horse*, frégate anglaise qui la rencontra le 27. Après une courte canonnade, Bourdé essaya vainement un abordage, ne put enlever ses matelots et dut amener pavillon. Les dépêches furent jetées à la mer avec partie des trophées ; mais Arnault, débarqué en même temps que l'équipage à Cagliari, puis à Gênes, connaissait le contenu des lettres, et put en instruire le gouvernement [2]. Les Anglais ne retinrent comme prisonniers que Baraguey-d'Hilliers et ses deux aides de camp. Quant à Bourdé, il fut destitué par arrêté du 31 juillet, et renvoyé de-

1. A. Devoulx, *les Arch. du consulat général de France à Alger*, p. 130.
2. V. Arnault, *Souvenirs d'un sexagénaire*, t. IV, p. 169 et s. ; *Mélanges*, p. 236.

vant le jury militaire, qui l'acquitta le 20 mai de l'année suivante.

L'Arthémise, frégate. Elle reçut un ordre de départ le 17 juin, en même temps que *la Sensible*. L'aide de camp Lavallette s'y embarqua, avec ordre de porter une lettre (*Corr.* n° 2684) à Alï, pacha de Janina, d'escorter le grand maître de Malte allant à Trieste, de toucher à Corfou et de rejoindre l'armée en Égypte. Cette mission fut exactement remplie [1]. Lavalette était à Corfou le 5 juillet, et le 20 à Alexandrie. *L'Arthémise* fut brûlée dans la bataille d'Aboukir.

3° Pendant le séjour de Bonaparte à Alexandrie (2 à 7 juillet 1798).

L'Assaillante, aviso; capit. J.-B. Fournier. Chargée de porter à Malte la nouvelle du débarquement de l'armée, elle partit aussitôt et arriva un peu avant le 10 juillet.

L'Assaillante devant retourner à Alexandrie, le général Vaubois envoya en France les nouvelles d'Égypte, par les avisos *l'Épervier* et *l'Encourageante*. Ces bateaux relâchèrent à Bastia; et là, comme ils étaient très mauvais marcheurs, les dépêches furent transférées sur la felouque *le Requin*, qui arrivait également de Malte, toucha Livourne le 30 août et n'atteignit Toulon que le 6 septembre. Les nouvelles parvinrent à Paris, un ou deux jours après que le Directoire eut été informé du débarquement de Bonaparte par une lettre de Ruffin du 10 août.

1. Lavalette, *Mém.*, t. I, p. 270 et s.

La Marguerite, bombarde; capit. J. Chavon. Expédiée vers le 7 juillet, d'Alexandrie pour Malte, avec le courrier Ragé qui portait la première dépêche de Bonaparte adressée du sol de l'Égypte au Directoire (*Corr.* n° 2765), elle fut prise avec ses dépêches par une caravelle turque devant Stancho, dans l'Archipel. Cette capture eut lieu le 5 août, un mois avant la déclaration de guerre de la Porte. L'équipage fut enfermé, en octobre, au bagne de Constantinople [1]. Ragé, délivré par Sidney Smith au commencement de février 1799, fut rendu à Bonaparte, le 24 mars, devant Saint-Jean d'Acre.

Vers le 7 juillet, envoi d'un courrier mahométan à Ruffin. Les dépêches ont été ouvertes à Constantinople, vers le 1er août, par le gouvernement ottoman, qui les a ensuite rendues en partie à Ruffin le 3 août [2]. Cet

---

1. Au mois de février 1799, Bonaparte croyait par erreur à l'heureuse arrivée de *la Marguerite* (*Corr.* n° 3938).

2. On remit à Ruffin les pièces (*Corr.* n⁰ˢ 2777, 2719), et une troisième dont le texte n'a pas été retrouvé. En voici l'analyse, telle qu'elle fut envoyée à Paris : « ... lettre datée du 13 messidor, à bord de *l'Orient*, dans laquelle [Bonaparte] m'annonçait son arrivée à Alexandrie, l'envoi qu'il me faisait de la relation de la prise de Malte, de sa lettre au pacha du Caire et de sa proclamation aux Égyptiens; me prévenant que cette expédition devait être regardée comme celles faites, dans les temps passés, contre Tunis et Alger, et ne point amener de rupture entre la Porte et la République; et il m'engageait à dire à la première, que la punition des Beys et la destruction du commerce anglais étaient nos deux seuls buts, et à l'instruire, lui général, dans le plus grand détail de tout ce qui se passait à Constantinople, et de la position momentanée de l'Empire ottoman. » — On refusa de rendre à Ruffin la relation de la prise de Malte (*Corr.* n° 2641) et surtout la proclamation aux Égyptiens (*Corr.* n° 2723), « attendu, disait le

agent en a transmis la substance par lettre du 10 août,
parvenue à Paris vers le 11 septembre. C'est d'après ces
renseignements certains que le Directoire a annoncé
l'arrivée de l'armée en Égypte, dans son message du
14 septembre.

4° Depuis le départ du général d'Alexandrie, jusqu'à la bataille navale d'Aboukir (8 juillet à
1ᵉʳ août 1798).

Bonaparte, en marche vers le Caire, ne laissa derrière lui aucun détachement de troupes. Les Arabes
interceptèrent ses courriers, et, depuis le 8 juillet jusqu'au 29, on ne sut rien de l'armée ni à Alexandrie,
ni à Rosette. Le 29, Brueys et Kléber apprirent par
Menou l'entrée au Caire; mais les communications
restèrent fermées jusque vers la mi-août. Pendant
cette interruption, qui fut une des causes de la perte
de la flotte, la marine ne paraît avoir expédié aucun
aviso pour l'Europe. Après la funeste nuit du 1ᵉʳ août,
quelques bâtiments fugitifs se réfugièrent à Malte et
à Corfou, apportant la nouvelle du désastre :
C'était la division du contre-amiral Villeneuve,
composée des vaisseaux **le Généreux** et **le Guillaume-
Tell**, et des frégates **la Diane** et **la Justice**. *Le Généreux* fit route à part. Le 7 août, près du cap Cheli-
donia entre Chypre et Rhodes, l'amiral détacha le
brick **la Salamine**, qui rentra à Alexandrie le 11 août.
Il continua sa route vers Malte qu'il atteignit vers le
28 août. De là, il transmit promptement les nouvelles
par l'aviso *l'Assaillante,* qui entra à Toulon le 7 sep-

Reis Effendi, qu'elle contenait des blasphèmes contre la religion mahométane. »

tembre. La bataille d'Aboukir fut ainsi connue à
Paris le 14 septembre, presque en même temps que le
débarquement à Alexandrie. La division de Villeneuve
resta bloquée dans Cité Valette [1].

Le Généreux, vaisseau de 74; capit. Lejoisle. Séparé
de la division, il fit voile vers les îles Ioniennes, com-
battit en route le 18 août, le vaisseau anglais *Leander*,
lui fit baisser pavillon après quatre heures de lutte
et l'amena à Corfou. *Le Généreux* prit une part active
à la défense et au ravitaillement de cette place. Le
5 février 1799, il traversa la flotte ennemie, avec le
brick *le Rivoli*, et arriva à Ancône le 12. Après la
mort du brave Lejoisle, tué devant Brindisi le 9 avril,
le Généreux réussit à gagner Toulon, au mois de mai.

Outre la division de Villeneuve, le brick **le Railleur**,
capit. Deboute, réussit à se dérober aux Anglais.
Lorsque la bataille commença à se changer en désastre,
il se dirigea vers Rhodes et y mouilla imprudemment
le soir du 11 août. Le lendemain matin il fut assailli
par le peuple mutiné, et l'équipage fut mis aux fers.
Le consul français, Chépy, était déjà tenu dans une
demi-captivité, qui devint bientôt plus étroite.

Le contre-amiral Blanquet Du Chayla avait été
blessé et fait prisonnier à bord du *Franklin*. Les Anglais le laissèrent quelques jours à Alexandrie, auprès
de Kleber, puis ils le rembarquèrent sur *l'Alexander*,
le 15 août, au moment du départ de Nelson, et le
déposèrent à Naples le 20 septembre. Blanquet traversa Rome et se rendit à Paris. Il fut reçu le 15 no-

1. *Le Guillaume Tell* tenta de sortir dans la nuit du
5 avril 1800, et fut pris après une résistance honorable.

vembre par le Directoire, qu'il renseigna complètement sur l'affaire d'Aboukir. Il était porteur d'une
lettre de Louis Bonaparte pour son frère Joseph[1].

5° Depuis Aboukir, jusqu'à l'arrivée d'Hamelin et Livron au Caire (1er août 1798 à 8 février 1799).

Le 7 août, l'ennemi s'empara, aux bouches du Nil,
d'un courrier parti du Caire le 27 juillet. Ce courrier
ne jeta à la mer que les dépêches destinées au Directoire. Les autres lettres furent saisies, envoyées à
Londres et publiées dans le recueil intitulé « *Copies
of original Letters*, etc. »[2]. La pièce la plus curieuse
était une lettre intime de Bonaparte à son frère
Joseph. Le général n'apprit que le 18 août la capture
de son courrier : cet accident retarda de près de
trois semaines l'envoi des dépêches en France[3].

21 août. Le passage au Caire des pèlerins tripo-
litains revenant de La Mecque, parut fournir l'occasion de rassurer les musulmans de Barbarie et de
communiquer avec le consul de Tripoli. Bonaparte
facilita donc au cheik Abou-el-Cassim, conducteur de

1. Cette lettre, datée d'Alexandrie le 13 août, est insérée
dans les *Mém. du roi Joseph*, t. X, p. 413. — L'amiral Blanquet
avait été devancé à Paris par d'autres officiers, prisonniers
d'Aboukir.

2. Le premier recueil contient des pièces prises sur ce courrier et sur *la Marguerite*. Dans le second recueil, on trouve
principalement des pièces saisies sur *le Chien-de-Chasse*.

3. Le 11 août, le chebec *le Fortuné*, arrivé récemment de
Corfou, fut pris dans les eaux de Damiette par *la Swiftsure*.
— Pendant la nuit du 24 août, l'aviso *la Torride* fut enlevé
par les chaloupes du *Goliath*, dans la rade même d'Aboukir.

la caravane, les moyens de se remettre en route, lui fit de riches présents et, par un contrat passé le 21 août, le chargea pour notre consul d'un paquet qui devait être porté en trente jours. La caravane traversa Bengasi, le 25 septembre. Ce fut seulement le 24 octobre, que le paquet fut remis au consul Beaussier[1]. Il contenait une lettre de Bonaparte pour ce consul (*Corr.* n° 3043); plusieurs exemplaires imprimés[2] de ses dépêches au Directoire des 6 et 24 juillet et de sa proclamation aux Égyptiens (*Corr.* n°s 2723, 2765 et 2834), qui furent répandus dans les régences; et enfin deux plis destinés au général Vaubois, qui parvinrent plus tard à Malte.

La Cisalpine, corsaire; capit. Guigue. Son départ, ordonné le 18 août, eut lieu le 28 du port de Rosette. Ce bateau portait le courrier Mothey, parti le 25 du Caire, avec la série des dépêches adressées au gouvernement[3]. Mothey toucha le 24 septembre à Corfou,

1. Beaussier avait remplacé Guys, depuis le 3 octobre.

2. En faisant imprimer ces pièces, Bonaparte voulait les répandre le plus possible. Cette intention éclate dans une lettre inédite adressée par lui à Berthier, et datée du Caire, le 8 fructidor an VI (25 août 1798). « Vous enverrez cinq exemplaires des relations de l'armée, par différentes occasions, pour Corfou. Le général Kleber à Alexandrie, le général Vial à Damiette, auront soin d'en envoyer par toutes les occasions qui pourront se présenter. Vous en enverrez également par duplicata, par Damiette et Alexandrie, à tous nos consuls en Syrie et dans l'Archipel, en écrivant au bas de chaque relation : L'agent ou officier français qui recevra cette relation est prié de l'expédier sur-le-champ à Paris. »

3. *Corr.* n°s 2765, 2834 et 3045. Le *Moniteur* du 20 octobre et s., a publié ces dépêches en supprimant divers passages. La dépêche n° 3056, apportée également par Mothey, a été entièrement omise dans ce journal.

en repartit le lendemain, débarqua le 7 octobre à Ancône, et, dispensé irrégulièrement de toute quarantaine, put arriver à Paris dans la nuit du 15 au 16 octobre. Bonaparte apprit le 5 février, par Hamelin et Livron, que *la Cisalpine* était arrivée à destination.

Le 22 août, Bonaparte confia au chef d'escadron Calmet de Beauvoisins une mission près du fameux Djezzar, pacha de la Syrie (*Corr.* nos 3077 et 3078). Beauvoisins s'embarqua à Damiette, le 30 août, sur un chebec syrien, arriva le 4 septembre à Saint-Jean-d'Acre, y trouva les musulmans très irrités et ne put obtenir audience du pacha. Le 6, il repartit sur une djerme qui s'échoua à l'entrée de Damiette. Beauvoisins se sauva à la nage, et le 11 septembre était de retour au Caire[1].

Une lettre de Bonaparte au grand vizir, du 22 août (*Corr.* n° 3076), fut expédiée vers Rhodes par un bateau parti de Damiette. On croit qu'elle a été interceptée par les Anglais[2].

1. Beauvoisins, ayant été renvoyé en France, s'embarqua le 4 novembre 1798 et fut pris le 25 aux atterrages de la Calabre. Prisonnier en Morée, puis conduit aux Sept-Tours, à Constantinople, en juin 1799, il ne reçut la liberté qu'au mois de juillet 1801. On trouvera des allusions à sa captivité dans son *Tableau de la Cour ottomane* (Paris, 1809, p. 65 et s., 91, 93).

2. On trouve, dans la *Corr.*, des lettres de Bonaparte : du 27 août aux négociants français à Jaffa (n° 3138) ; du 28 août au consul de Chypre (n° 3157) ; du 31 août au pacha de Damas (n° 3205). Toutes ces lettres devaient partir par Damiette. L'effervescence religieuse était déjà si grande sur les côtes de Syrie, que ces pièces n'ont point dû parvenir à destination. Le consul de Chypre, Mure, fut emprisonné au mois de septembre, à Larnaca, et y resta plusieurs mois malgré d'honorables efforts de S. Smith pour le tirer de captivité.

L'Égalité, bateau corse; capit. Esclapon. Arrivé le 1er juillet de Toulon, il y fut renvoyé d'Alexandrie le 8 septembre, avec des dépêches. Il a été pris.

Le Chien-de-Chasse, aviso; capit. Caboufigue. Ce bâtiment faisait partie de l'expédition, et à la fin de juillet avait fait une courte croisière dans la direction de Chypre. Chargé de dépêches, il mit à la voile d'Alexandrie pour Malte, le 9 septembre[1]. Les Turcs l'enlevèrent le jour de la déclaration de guerre, et retinrent l'équipage dans les prisons de Rhodes.

Le 10 septembre, Bonaparte écrivit à Regnaud de Saint-Jean-d'Angély (*Corr.* n° 3267) et au général Vaubois[2], à Malte. Ces lettres, déposées à Corfou, en repartirent le 17 octobre[3] pour Ancône sur *la Brune*,

---

1. Il portait probablement les dépêches (*Corr.* n°s 3064, 3068, 3069). Voici à ce sujet une lettre inédite de Bonaparte à Dumanoir : — « Le Caire, 30 fructidor an VI (16 septembre 1798). Je reçois, citoyen, votre lettre du 23 fructidor, où vous m'annoncez le départ du bateau *Égalité* et du *Chien-de-Chasse* pour Malte. Vous avez parfaitement pensé de préparer un bâtiment du convoi bon marcheur : il arrivera aussi. Cela épargne d'ailleurs le nombre des avisos. Tenez un autre prêt à partir. »

2. Cette lettre est inédite. — « Le Caire, 24 fructidor an VI (10 septembre 1798). — J'ai reçu, cit. général, votre lettre du 5 fructidor. Je vois avec plaisir la tournure que prennent les affaires à Malte. L'hiver qui arrive vous approvisionnera de tout ce qui peut vous manquer. J'ai déjà, depuis longtemps, écrit au gouvernement pour qu'on vous fasse passer de l'argent pour la solde des troupes et de la marine. Envoyez un aide de camp à Paris pour solliciter pour le même objet. Tout ici va à souhait; notre établissement se consolide journellement, et prend un caractère qui nous découvre toujours de nouveaux avantages pour la République. »

3. Quelques jours plus tard, le 22 octobre, un brick français

et finirent par arriver à Malte, vers le 20 février 1799, sur la goélette *la Cybèle*.

Le 12 septembre, ordre à l'adjoint Mailly de Chateau-Renaud (*Corr.* n°⁸ 3280 à 3282) de s'embarquer à Damiette pour Latakieh, de remettre à notre consul à Alep des lettres pour la France avec invitation de les diriger sur Constantinople, enfin de recueillir des nouvelles. Arrivé à Latakieh, Mailly fut jeté en prison, puis livré à Djezzar, qui le fit mettre à mort au moment de l'expédition de Syrie[1].

L'Heureuse-Marie, bombarde de Marseille; capit. Jeard. Elle portait des dépêches de Bonaparte et de Dumanoir confiées au capitaine de navire Masse, et sortit d'Alexandrie le 1ᵉʳ octobre. Elle a dû être prise.

Le 4 octobre, sortie d'un bâtiment d'Alexandrie, portant un aide-commissaire de la flotte avec des lettres de Le Roy, commissaire de la marine. Ce bâtiment a dû être pris.

Au commencement d'octobre, de nombreux bâti-ments reçurent de l'autorité française la permission de sortir d'Alexandrie. Ce port était encombré. Il avait reçu 280 bateaux de toutes nations et de toutes grandeurs, qui avaient servi au transport de l'armée et formaient les convois de Toulon, Marseille, Gênes,

venu d'Alexandrie, entra dans Corfou. On ignore s'il était porteur de dépêches. Ce brick repartit le lendemain pour Ancône, où il transporta Rulhière et le capitaine Scheffer.

1. Son frère fut tué au siège de Saint-Jean d'Acre. — Avant d'envahir la Syrie, Bonaparte obtint plusieurs fois des nouvelles de ce pays, d'abord par des djermes arrivées à Damiette, ensuite par des espions.

Civita-Vecchia et Ajaccio[1]. Il contenait en outre une centaine de navires de commerce neutres, qui s'y trouvaient au moment du débarquement des Français, ou même qui y étaient entrés pendant le mois de juillet, avant le blocus des Anglais. L'embargo avait longtemps retenu tous ces bâtiments. Le 30 août, Bonaparte autorisa les neutres trouvés à Alexandrie, à en sortir. Le 13 septembre, il licencia les convois : en vertu de ce second ordre, les neutres affretés pour l'expédition furent libres de mettre aussitôt à la voile ; quant aux navires français ou appartenant aux pays alliés, c'est-à-dire à l'Espagne et à la Ligurie, ils durent rester provisoirement, jusqu'à ce que la saison et le blocus devinssent moins rigoureux. Ces mesures furent publiées à Alexandrie à la fin de septembre.

La croisière anglaise, depuis le départ de Nelson, le 15 août, était sous le commandement du commodore Hood et comptait d'ordinaire 3 vaisseaux et 2 frégates. Elle ne s'opposa point au passage successif d'une quarantaine de bateaux grecs et turcs, que les Français traitaient comme neutres parce qu'ils ignoraient la déclaration de guerre de la Porte, et que les Anglais laissaient libres parce qu'ils connaissaient cette déclaration[2]. Le 7 octobre, 38 bâtiments neutres du convoi, napolitains et toscans, mirent à la voile ; mais arrêtés par la croisière, 31 furent brûlés en vue du port. Malgré cet exemple effrayant, quelques bateaux neutres se risquèrent la nuit et pour la

1. Convoi de Toulon, 71 bâtiments ; convoi de Marseille, 59 ; convoi de Gênes, 72 ; convoi de Civita-Vecchia, 56 ; convoi d'Ajaccio, 22.

2. 46 passagers français, sortis sur un bateau grec, furent arrêtés par les Turcs à Syphanto, en novembre, et conduits au bagne de Constantinople. Mais Sidney Smith les fit délivrer, en janvier 1799.

plupart vinrent aborder en Europe. C'est ainsi que des lettres particulières, quelquefois des journaux et des imprimés de l'armée d'Orient, multipliés en vue de la publicité[1], parvinrent de divers côtés. En dehors de ces documents, les passagers n'apportaient que des nouvelles vagues ou arriérées. Plusieurs bâtiments neutres ont été affretés, soit pour porter des dépêches, soit pour ramener des blessés ou des officiers faits prisonniers à Aboukir et rendus sur parole[2]. Les sorties des neutres auraient sans doute été plus fréquentes, si Bonaparte, dans la vue de recruter son armée parmi leurs équipages, n'avait pas, en fait, rétabli l'embargo[3] dès le mois de novembre.

Le commissaire des guerres Julien partit d'Alexan-

1. *Corr.* nᵒˢ 3175 et 3291. — Bonaparte à Le Roy. — Le Caire, 11 vendémiaire an VII (2 octobre 1798) : « J'ai reçu, cit. ordonnateur, vos lettres du 7 vendémiaire. Je vous remercie des détails que vous me donnez sur les mouvements de la mer. Je vous prie de faire passer, par tous les bâtiments qui partiront, les imprimés que je vous envoie, en les adressant à nos différents consuls dans le royaume de Naples. Vous prendrez le reçu de tous les patrons auxquels vous remettrez ces paquets, et vous leur ferez connaître que s'ils ne remettent pas exactement aux ministres et agents français lesdits paquets, ils ne seront pas payés de ce qui leur est dû. Vous aurez soin de les prévenir, de tirer un reçu des ministres français auxquels ils remettront lesdits paquets » (Inédit).

2. Nous citerons comme exemples : un bateau maltais, parti le 5 novembre avec 45 blessés, qui fut livré à des frégates russes devant Zante ; et un brick impérial, parti le 17 novembre et portant 22 passagers, qui fut arrêté par un corsaire tunisien.

3. Des ordres inédits, du 16 octobre, prescrivaient d'envoyer au Caire tous les matelots du convoi ayant moins de 25 ans. Les lettres suivantes de Bonaparte, également inédites, montrent les difficultés que rencontra l'exécution de

drie le 10 octobre, sur une tartane livournaise du convoi, et aborda à Livourne le 29 octobre. Une lettre qu'il écrivit au Directoire, des imprimés qu'il apportait d'Égypte arrivèrent à Paris le 27 novembre et furent en partie insérés au *Moniteur*[1].

Ce fut le premier revenu des 14 bateaux livournais, nolisés pour l'expédition. Une autre tartane, patron

cette mesure : I. A Menou, — le Caire 22 brumaire an VII (12 novembre 1798) : « Vous ferez connaître, citoyen général, au commandant de la place et de la marine à Alexandrie, et à l'ordonnateur Le Roy, que je ne permettrai à aucun bâtiment espagnol, génois, napolitain, etc., de partir, avant que mon ordre relatif aux jeunes gens ayant moins de 25 ans et aux Napolitains n'ait reçu son entière exécution. »

II. A Marmont, commandant à Alexandrie, — le Caire, 15 frimaire an VII (5 décembre 1798) : « Je vous ai fait connaître par mes dernières lettres, citoyen général, l'importance extrême qu'il y avait a retenir tous les matelots napolitains, espagnols, génois, etc. Cette mesure a été exécutée en partie par le citoyen Dumanoir; mais est bien loin de l'être entièrement, puisque les Napolitains seuls étaient 380. Les états que l'on m'a remis de la force du convoi, portaient 277 bâtiments et 2374 matelots. Je pense qu'aujourd'hui il sera réduit à 2000. Il est indispensable que vous parveniez à me procurer encore 800 hommes. Si les nouvelles recherches que vous ferez pour trouver les jeunes gens ayant moins de 25 ans, ne suffisent pas pour trouver ce nombre, vous aurez recours à une réquisition d'un quart de chaque équipage, ayant soin de prendre les plus jeunes. Ceci doit avoir lieu pour tous les bâtiments du convoi, soit français ou étrangers. Ne donnez communication de cette lettre qu'au citoyen Dumanoir, et concertez-vous avec lui pour nous procurer ces 800 hommes. Ce ne sera qu'après l'exécution préalable de cet ordre, que je lèverai l'embargo mis sur une partie du convoi. Visez vous-même tous les passeports de ceux qui s'en vont, et ne laissez partir personne qui puisse faire un soldat. Ceux qui s'en vont n'ont pas besoin de domestiques, à moins qu'ils n'aient plus de 35 ans. »

1. *Moniteur* du 30 brumaire an VII.

S. Scarparo, partit d'Alexandrie le 11 octobre et toucha à Messine à la fin du mois. Elle portait le capitaine L. Icard et un pli pour les Directeurs. Ces dépêches, débarquées à Naples le 3 novembre, passèrent par Rome et Livourne, et parvinrent le 25 novembre à Paris[1].

La Capricieuse, aviso; capit. Fabrègue. Elle sortit de Damiette le 11 octobre, avec la mission de croiser au large pour rencontrer des bâtiments, recueillir les nouvelles des côtes de Syrie, de l'Archipel, de Constantinople, et surtout pour parvenir à savoir comment nos nationaux y étaient traités. Après avoir laissé aux mains des Turcs plusieurs de ses matelots à Macri en Natolie, Fabrègue, alléguant le mauvais état de son aviso, se dirigea sur l'Italie et entra le 13 novembre à Civita-Vecchia. Il y fut retenu pour le service de la République romaine[2].

Le Vif, aviso. Le 9 octobre, Bonaparte donna ordre à son frère Louis, resté à Alexandrie depuis le mois de juillet, de s'embarquer à Rosette sur le chebec *la Revanche*. Louis devait retourner en France avec des dépêches pour le gouvernement, présenter les étendards conquis en Égypte, rendre compte verbalement de l'état des affaires et insister pour l'envoi de forces navales dans la Méditerranée. A Rosette, où Louis arriva le 16 octobre, des vents contraires s'opposèrent au départ immédiat du chebec. Louis, ayant témoigné quelque inquiétude sur l'état de ce bâtiment, se fit autoriser à s'embarquer sur *le Vif*, qui était mouillé à

1. *Moniteur* du 5 frimaire.
2. *La Capricieuse*, allant en Égypte, fut prise le 1er septembre 1800 dans les eaux de Livourne.

Alexandrie[1]. Retenu de nouveau dans ce port par la mauvaise saison, il ne mit à la voile que le 5 novembre. Le voyage fut long et difficile. On se présenta devant Tarente, où l'on apprit à temps que les Napolitains étaient en guerre avec la France. Le 26 décembre, Louis, entouré de bâtiments ennemis, jeta à la mer les drapeaux, puis réussit, non sans peine, à gagner Porto-Vecchio en Corse. Il resta plusieurs semaines enfermé dans cette île, débarqua à Livourne le 20 février 1799 sous l'escorte des avisos *l'Encourageante* et *la Dangereuse*, et arriva à Paris vers le 11 mars. A trois reprises, il avait expédié de Corse des copies de ses dépêches, qui le précédèrent en France.

La Nativité, tartane. Elle fut destinée à porter le courrier Thibaut, avec le duplicata des dépêches remises à Louis Bonaparte. Thibaut quitta le Caire le 3 novembre, avec ordre de partir vingt-quatre heures après celui-ci. Il sortit d'Alexandrie dans la nuit du 8 au 9 novembre, fit une traversée heureuse et aborda à Ancône le 5 décembre. Le 13 de ce mois, les dépêches étaient arrivées à Paris, devançant de plusieurs semaines les copies envoyées par Louis. Thibaut finit sa quarantaine le 1er janvier 1799, et atteignit Paris vers le 12.

Le 9 novembre, l'ordre fut donné à un courrier de

---

1. Bonaparte au contre-amiral Perrée, — le Caire, 2 brumaire an VII (23 octobre 1798) : « Vous ferez rester *la Revanche* jusqu'à nouvel ordre à Rosette, où elle se tiendra prête à partir au premier ordre, qui sera probablement à la fin de la lune. Je donne ordre au citoyen Louis Bonaparte de se rendre à Alexandrie pour s'y embarquer sur un brick. Il est tellement malade à la mer, qu'il craint de trop souffrir sur un bâtiment aussi petit que *la Revanche* » (Inédit).

s'embarquer sur un bateau grec d'Alexandrie, pour porter à Constantinople une lettre au grand vizir, et une lettre à Talleyrand que Bonaparte pouvait croire installé dans son nouveau poste (*Corr.* nᵒˢ 3595 et 3596)[1]. Cet envoi paraît avoir été contremandé[2].

Tartane corse; capit. P. Roux. Elle sortit le 6 décembre d'Alexandrie, avec le lieutenant de vaisseau Fabre, qui était chargé de recueillir à Bengasi des nouvelles d'Europe, et d'y déposer un paquet, destiné au consul sous le couvert du pacha de Tripoli. Fabre, gêné par le vent, se fit débarquer le 20 janvier 1799 au cap Mesurat et arriva à Tripoli par terre, le 26. Le paquet contenait des ordres du jour, les dépêches imprimées de Bonaparte au Directoire, la gazette d'Égypte, et une lettre de Venture, secrétaire-interprète du général, datée du 20 octobre[3], sollicitant des nouvelles par piétons, « attendu que rien ne peut aboutir par mer à Alexandrie ». — Le pacha s'étant

1. A ce moment, Bonaparte voulait savoir si la Porte avait réellement déclaré la guerre à la République. Depuis le 19 octobre, deux frégates turques croisaient devant Alexandrie de concert avec les vaisseaux anglais; mais des indices permettaient de supposer que les Anglais auraient emmené ces caravelles de Rhodes, par ruse ou par force. Sous divers prétextes, nos parlementaires se rendirent le 5, puis le 22 novembre à bord de la croisière; mais ils n'y recueillirent que des propos vagues, où le vrai et le faux étaient adroitement confondus.

2. Lettre inédite de Bonaparte à Le Roy, ordonnateur à Alexandrie, — le Caire, 3 frimaire an VII (23 novembre 1798) : « Je vous prie, citoyen ordonnateur, de me renvoyer mes dépêches pour Constantinople par une occasion sûre. J'en ai fait passer la copie par une occasion plus sûre. » — Il est fort douteux que ces pièces soient parvenues à Constantinople.

3. C'était à cette date que Bonaparte avait ordonné la mission à Bengasi. (*Corr.* nᵒ 3504.)

vu forcé, le 29 janvier, de déclarer la guerre à la France, mit sous séquestre la tartane corse, lorsqu'elle parut le 3 février. Fabre dut rester à Tripoli, attendant une occasion de retourner en Égypte. Il profita des deuxième et troisième courriers expédiés par le consul Beaussier[1], pour écrire à Dumanoir et à Ganteaume. Enfin le 13 mai, il fut expulsé de Tripoli en même temps que le consul. Embarqués ensemble sur le vaisseau *l'Alphonse*, ils touchèrent à Palerme (1er juin) et furent descendus à Gênes le 16 juin, par un parlementaire. Sa quarantaine finie, Fabre atteignit Toulon le 17 juillet.

La Vierge-de-la-Garde, tartane ; capit. Auffan. Elle portait le courrier Bellin[2] avec des dépêches pour le Directoire (*Corr.* nos 3632 et 3649), et partit d'Alexandrie le 6 décembre. Elle fut prise près de Messine par les Anglais, qui débarquèrent l'équipage à Naples, au mois de mars.

La Liberté, bateau du convoi de Gênes ; capit. Maillot. Elle prit à bord environ quatre-vingts militaires aveugles ou blessés, et parmi eux l'ordonnateur Sucy. Bonaparte confia à Sucy une lettre pour le Directoire (*Corr.* n° 3677), la copie de quelques dépêches antérieures et un paquet d'imprimés, lui recommandant de toucher à Malte ou un port sicilien, et d'en expédier un aviso avec des nouvelles pour l'Égypte. D'après ces instructions, Sucy quitta Alexandrie le 15 décembre et vint relâcher le 2 janvier à Augusta, en Sicile. Il ignorait que les Napolitains nous faisaient la guerre.

1. Voir le tableau I.
2. Bellin, Ragé, Thibaut, Mothey, étaient des courriers de profession. Ils continuèrent leur service sous le Consulat et l'Empire.

Aussitôt l'équipage et les passagers sont faits prisonniers et enfermés dans des baraques transformées en lazaret. Le 20 janvier, à la fin de cette quarantaine, la populace furieuse se jette sur les Français et massacre Sucy et la plupart de ses compagnons. On débarqua les survivants au mois de mars à Naples. La nouvelle de cet attentat fut portée le 16 février à Gênes par le capitaine Maringo, patron de *la Liberté*[1].

La Marie-Madeleine, bombarde; capit. Tropez-l'Ange. Partie le 16 décembre avec l'aspirant A. Beringuier, porteur d'un pli de Bonaparte pour Corfou, elle fut capturée par un corsaire anglais. L'équipage fut rendu à Naples, au mois de mars, et dirigé sur Livourne.

Le Saint-Joseph, pinque; capit. Roustan. Le 18 décembre il mit à la voile, ayant à bord l'enseigne Tiéhi avec un paquet de Bonaparte. Les Anglais firent prisonnier l'équipage, et le déposèrent à Naples au mois de mars.

Ce bateau et *la Marie-Madeleine* ont été expédiés en vertu d'un ordre envoyé à Ganteaume le 29 novembre (*Corr.* n° 3688). Selon cette instruction, quatre bâtiments du convoi devaient partir d'Alexandrie avec des officiers de marine[2], aborder à Malte, Corfou, Ancône et Toulon, et en rapporter des nouvelles. Les paquets ne contenaient que des imprimés, et ne devaient en aucun cas être jetés à la mer, afin de laisser à l'ennemi la tentation de les publier.

1. *Moniteur* des 8 et 15 ventôse an VII. Maringo fut le premier revenu parmi les patrons liguriens.

2. L'un d'eux était probablement l'enseigne Laurent Deprat, porteur d'un pli de Bonaparte, qui fut pris par les Anglais et débarqué à Livourne.

Le 3 décembre (*Corr.* nº 3706), Bonaparte ordonna de confier des paquets semblables à sept bâtiments du convoi, qui seraient expédiés pour les différents ports de la Méditerranée[1].

Le Rivoli, brick; capit. Darras. Il fut destiné, le 11 décembre, à se rendre aux îles Ioniennes pour rapporter des nouvelles en Égypte, avec défense absolue d'opérer son retour en France ou en Italie (*Corr.* nº 3749). *Le Rivoli* pénétra dans Corfou le 5 janvier, malgré l'escadre de blocus, et fut retenu pour la défense de la place. Envoyé de là vers Ancône afin d'y chercher des secours, il y arriva le 11 février sous la protection du vaisseau *le Généreux*, et put remettre quelques dépêches[2] et quelques renseignements sur l'armée d'Orient.

Le 26 décembre, le général Marmont, d'après les ordres de Bonaparte (*Corr.* nºˢ 3753, 3778), fit partir un Arabe pour Derne[3]. Ce piéton devait s'aboucher avec un négociant de la ville, tâcher de faire passer des lettres à Tripoli, et surtout obtenir des nouvelles d'Europe. Cette correspondance par terre avec la Barbarie, sans échouer complètement, n'a donné que des résultats très médiocres.

Le Chasseur, chebec; capit. Laurens. Le lieutenant

---

1. Cet ordre n'a dû s'exécuter qu'en partie et plus tard.

2. Elles furent portées par Pocholle, qui arriva le 10 mars à Paris.

3. On venait de recevoir au Caire une lettre de Derne, mentionnant, en termes vagues, l'arrivée de la tartane de Fabre (*Courrier d'Égypte*, nº 21; du 25 frimaire an VII). En outre, un accord avait été fait au Caire, le 15 décembre, avec un Arabe qui s'engageait à rapporter des nouvelles de Derne en 35 jours.

Fourès, qui le montait, devait d'abord se rendre à Malte (*Corr.* n°s 3765, 3766)[1], et de là, renvoyer aussitôt *le Chasseur* en Égypte. Au moyen d'un bateau maltais, il devait atteindre la côte italienne, porter des dépêches au Directoire (*Corr.* n° 3767)[2], voir Joseph ou Lucien Bonaparte et revenir promptement vers Damiette. Fourès mit à la voile le 28 décembre, mais le lendemain il tomba au pouvoir du vaisseau *le Lion.* Les dépêches furent jetées à la mer. L'équipage, conduit à Rhodes, puis ramené devant Alexandrie en février et confié à un bateau grec, aborda à Naples le 19 avril. Quant à Fourès, par une faveur exceptionnelle[3], il fut renvoyé sur parole en Égypte.

La Dorothée, bombarde de Marseille ; capit. J. Terrusse. Elle sortit d'Alexandrie, le 28 décembre, avec l'adjoint Croizier[4], qui devait échanger des nouvelles

1. Lettre inédite à Vaubois, — le Caire, 27 frimaire an VII (17 décembre 1798) : « Je vous prie, citoyen général, de faire embarquer sur l'aviso qui vous portera cette lettre, 1000 fusils, 1000 paires de pistolets et 1000 sabres. L'armée a besoin de ces objets. Voyez aussi s'il n'y aurait pas moyen de nous en faire passer par d'autres bâtiments qui se dirigeraient sur Damiette. »

2. Lettre inédite au Directoire, — le Caire, 27 frimaire an VII (17 décembre 1798) : « Vous trouverez ci-joint la copie d'un procès-verbal que j'ai fait faire par tous les officiers de marine distingués à Alexandrie, afin que cela puisse vous servir dans la combinaison de vos opérations militaires maritimes. »

3. Cette conduite des Anglais, calculée pour déplaire à Bonaparte, ainsi que des documents certains qui ont passé sous nos yeux, témoignent de la notoriété de certaine liaison, mentionnée dans les mémoires de Bourrienne (t. II, p. 173), de Ségur (t. 1, p. 425), etc.

4. Il ne faut pas le confondre avec un aide de camp du même nom, qui mourut de ses blessures devant Saint-Jean-d'Acre.

à Corfou et revenir en Égypte (*Corr.* n°s 3776, 3777). *La Dorothée* ayant été capturée, l'équipage fut débarqué en mars à Naples.

Le 25 janvier 1799, des instructions furent données (*Corr.* n° 3897) pour le départ du général Berthier sur la frégate **la Courageuse**. Berthier malade, demandait depuis plusieurs mois à rentrer en France : il devait emmener deux bateaux du convoi et les renvoyer le plus tôt possible en Égypte avec des nouvelles. Quant à la frégate, elle devait revenir vers Jaffa ou Damiette. En apprenant l'expédition de Syrie, Berthier renonça au retour[1], et *la Courageuse* demeura à Alexandrie.

Le 25 janvier 1799, lettre de Bonaparte à Tippoo-Saib (*Corr.* n° 3901)[2]. Cette dépêche fut confiée aux soins du chérif de la Mecque qui la fit parvenir[3]. Déjà, au mois d'août précédent, Bonaparte s'était mis en rapport avec ce chérif, à l'occasion des caravanes de pèlerins et des intérêts commerciaux de l'Arabie.

Le Lodi, brick ; capit. Senequier. Dès le 9 décembre, Bonaparte résolut de l'envoyer à Derne avec Benoît Arnaud, ancien négociant, qui connaissait la langue et le pays. L'objet de cette mission, en tout semblable

1. Le général Dugua, qui avait obtenu une permission semblable. demeura également en Égypte.
2. Au commencement de décembre, il était arrivé à Suez un Indien chargé de porter à Bonaparte une lettre qui s'était perdue (Cf. *Corr.* n°s 3767, 3781, et *Souvenirs* de G. Monge, p. 86).
3. *Pièces et correspondances relatives aux opérations de l'Armée d'Orient*, publiées par ordre du Tribunat, t. I, p. 185.

à celle de Fabre, était de recueillir des renseignements sur l'Europe : sous aucun prétexte, *le Lodi* ne
devait se rendre en France (*Corr.* n° 3729). Une maladie d'Arnaud retarda pendant deux mois le départ.
Après une tentative inutile du 4 février 1799, *le Lodi*
réussit le 8 à traverser l'escadre anglaise, pendant
qu'elle bombardait Alexandrie. Poussé par le vent, il
dépassa Derne et vint mouiller à Tripoli le 24 février.
Un paquet remis à notre consul contenait un billet de
Venture, et des lettres de Bonaparte pour le bey de
Derne et le pacha de Tripoli (*Corr.* n°s 3731, 3732). Le
1er mars, Senequier remit à la voile; mais alléguant
des avaries, il refusa de ramener Arnaud à Alexandrie ou même à Bengasi, et le débarqua au cap Mesurat. Arnaud avait reçu copie des dépêches expédiées
par les courriers de Beaussier : loin de pouvoir les
rapporter en Égypte, il ne dut songer qu'à sauver sa
vie, menacée par les Arabes, et il était encore le
9 mai dans le désert de Barca [1]. Quant à Senequier, il
se dirigea vers Toulon, où il entra le 24 mars. Comme
il avait manqué à ses instructions, sa conduite fut
soumise à un conseil maritime, qui l'acquitta. Mais
en 1800, dénoncé par Arnaud, il fut suspendu de ses
fonctions [2].

La Réale, caravelle turque; capit. Idris-bey. Cette frégate, trouvée dans le port d'Alexandrie lors du débarquement de l'armée, n'avait pas été autorisée à sortir.

1. Lettre d'Arnaud, publiée dans un ordre du jour de Menou,
du 31 juillet 1800.
2. Ordre inédit du 25 frimaire an IX (16 décembre 1800) —
« Le Premier Consul prie le ministre de la marine, qui aura
pris connaissance dans le *Moniteur*, de la conduite du capitaine Senequier à l'égard du citoyen Arnaud, de lui faire un
rapport sur cet officier; s'il est etc., où il est employé, etc. »

Au moment de décider l'expédition de Syrie, Bonaparte songea à se servir de ce bâtiment pour conduire
à Constantinople notre consul à Mascate, Beauchamp,
qui avait abordé au mois d'août en Égypte. La mission de cet agent consistait à se bien renseigner sur
la Turquie, à savoir si cette puissance nous faisait
réellement la guerre, à réclamer la liberté de nos
nationaux arrêtés dans les Échelles du Levant (*Corr.*
n° 3746). Beauchamp quitta le Caire le 12 décembre;
mais la caravelle fut longtemps sans appareiller[1], et ne
le fit que le 13 février (1799). Elle fut visitée près de
Rhodes par les Anglais, et arriva à Constantinople le
14 avril. Beauchamp avait été saisi avec ses dépêches[2].

1. Le séjour de la caravelle à Alexandrie donna lieu à plusieurs lettres inédites de Bonaparte. — I. Au commandant de
la caravelle; le Caire, 11 vendémiaire an VII (2 octobre 1798) :
« J'ai reçu la lettre que vous vous êtes donné la peine de
m'écrire. J'ai appris avec peine que vous aviez éprouvé à
Alexandrie quelques désagréments. J'ai donné les ordres au
Caire pour que tout votre monde vous rejoignit. Tenez-vous
prêt à partir à l'époque à laquelle vous aviez l'habitude de
quitter Alexandrie. Faites-moi connaître le temps où vous
comptiez partir; j'en profiterai pour vous donner des dépêches
pour la Porte. Croyez aux sentiments d'estime, et au désir
que j'ai de vous être agréable. » — II. A Dumanoir ; le Caire,
7 brumaire an VII (28 octobre 1798) : «...Continuez à bien traiter le capitaine de la caravelle et à lui donner de bonnes paroles, et restez-en là jusqu'à ce que tout ceci s'éclaircisse. »
— III. Au même; le Caire, 21 frimaire an VII (11 décembre
1798) : « Vous voudrez bien, citoyen, faire charger sur des
chaloupes tous les affûts et autres objets qui appartiennent à
la caravelle, et les tenir prêts à être portés à bord de cette
corvette, lorsque le général Marmont l'ordonnera. » — IV. A
Lavallette; le Caire, 18 nivôse an VII (7 janvier 1799) : « J'ai
reçu, citoyen, vos lettres du 28 frimaire et du 5 nivôse. Res-
tez à Alexandrie jusqu'à ce que la caravelle soit partie, et re-
venez immédiatement après. »
2. A cette occasion, les Anglais et les Turcs firent impri-

Rendu par les Anglais, il fut débarqué à Constantinople, le 20 avril, et tenu dans une captivité rigou-
reuse. Il paraît qu'en cette circonstance, S. Smith montra une dureté qui ne lui était pas ordinaire. Le
malheureux Beauchamp, délivré en septembre 1801,
mourut peu de temps après d'une maladie contractée
dans sa prison.

6° Depuis le départ de Bonaparte pour la Syrie jusqu'à son retour au Caire (10 février à 14 juin 1799).

On a vu que, dans le courant de novembre, une
espèce d'embargo avait contrarié le départ des bateaux neutres : depuis leur licenciement en septembre,
il en était sorti environ 60 [1].

Le 2 février, un des lieutenants de Nelson, Troubridge, vint relever le commodore Hood, et les 3, 4, 6
et 8 février il essaya, mais sans effet, de détruire par
le bombardement les bâtiments des convois. Troubridge
étant reparti le 6 mars, pour retourner dans les eaux
de la Sicile, le commandement de la croisière passa
à Sidney Smith, qui, tout occupé de l'expédition de
Syrie, laissa pendant plus de deux mois la côte égyp-
tienne presque entièrement libre.

Par ordre du 1er février [2], l'embargo, levé de nouveau

mer une fausse dépêche de Bonaparte au Directoire, où le
général dépeignait la détresse extrême de son armée, déplo-
rait son entreprise, etc. Nous avons lu cette pièce, qui est de
fabrication grossière.

1. Dans ce nombre nous comprenons les bâtiments grecs et
turcs ; nous ne comptons point ceux qui furent incendiés par
l'ennemi, le 8 octobre.

2. « Le Caire, 13 pluviôse an VII (1er février 1799) :
ARTICLE PREMIER. L'embargo mis sur les bâtiments liguriens,.

sur les neutres, fut supprimé sur les bâtiments de convoi français, espagnols et liguriens. On en excepta 40, qu'on affréta le 21 mars pour un service public, auquel en fait ils ne furent pas employés. Près de 80 navires sortirent en février, surtout en mars : on peut calculer que, pour plus de la moitié, ils réussirent à rentrer en Europe. Les nouvelles de Syrie étant rares et incertaines, ces bâtiments ne rapportaient que des bruits de peu de conséquence. Nous ne mentionnons ici que ceux qui ont porté soit des dépêches, soit des blessés. Si l'on ajoute à tous les bâtiments sortis une trentaine de bateaux plus vieux, qui furent démolis pour les besoins du chauffage, on verra qu'au moment du départ de Bonaparte pour la France, il ne restait qu'environ 110[1] bâtiments des convois dans le port d'Alexandrie.

La Marianne, bombarde ; capit. R. Brouzon. Elle quitta Alexandrie le 14 février avec des lettres pour le consul de France à Trieste. Après quinze jours de

espagnols et français est levé. — ART. 2. Tous ces bâtiments pourront partir lorsqu'ils le jugeront à propos. — ART. 3. Avant d'annoncer que l'embargo est levé, l'ordonnateur de la marine et le commandant des armes prendront des mesures pour s'assurer que tous les matelots ayant moins de 30 ans sont arrêtés, et que tous les canons, fusils et munitions de guerre qui pourront être utiles à l'armée, sont remis à l'arsenal. — ART. 4. Indépendamment des 15 bâtiments que le contre-amiral Ganteaume a dû demander à l'ordonnateur de la marine pour en former autant d'avisos, l'ordonnateur de la marine et le commandant des armes feront choix de 40 bâtiments les plus gros et dans le meilleur état, parmi les français et les liguriens. L'ordonnateur de la marine fera un nolis particulier de ces bâtiments. — ART. 5. Ils m'enverront un procès-verbal de toutes ces opérations » (Inédit).

1. Sur ce nombre, quelques-uns avaient été armés en avisos.

navigation, elle fut capturée par le vaisseau de
S. Smith, *le Tigre*, qui revenait de Constantinople.
Les dépêches furent détruites; l'équipage, réuni à
celui du *Chasseur* sur un bateau grec, aborda le
19 avril à Naples.

La Jeune-Émilié, tartane; capit. Austruy. Sortie
d'Alexandrie le 1er mars avec des paquets pour la
France, elle fut prise par un corsaire tunisien. Le
consul Devoize reçut du capitaine et transmit à Paris
quelques renseignements sur l'état d'Alexandrie, le
nombre de bateaux qui y restaient, l'arrivée de *l'Osiris*, etc.

Le Saint-Jean-Baptiste, bombarde; capit. Panayoti.
Elle prit à bord le courrier Dufillon, qui était parti le
10 février du Caire avec des dépêches pour le Directoire (*Corr.* nos 3936 et 3952), et sortit d'Alexandrie le
6 mars. Le courrier, heureux dans sa traversée, toucha à Saint-Tropez le 31 mars et entra à Toulon le
5 avril. Ses dépêches parvinrent le 12 avril à Paris.
C'étaient les plus importantes qui eussent été remises
au gouvernement, depuis celles de Thibaut et Louis
Bonaparte. Au mois d'août, Bonaparte fut instruit de
l'arrivée de son courrier[1], par les journaux reçus de
l'escadre anglaise.

Le 7 mars, le savant Dolomieu, les généraux
Dumas et Manscourt s'embarquèrent pour la France.
Poussés par la tempête, ils abordèrent vers le 20 mars
à Tarente. La contre-révolution y était commencée:
on y retint pendant deux mois les passagers français
dans une captivité, qui s'aggrava pour Dolomieu

____

1. *Le Courrier d'Égypte*, no 36, du 3 fructidor an VII.

lorsqu'on le transféra dans Messine, à la fin de mai. On reprochait à ce savant d'avoir, lors de la prise de Malte, trahi l'Ordre dont il était membre : on parlait même de le livrer aux fureurs de Paul Ier. La liberté de Dolomieu et de ses deux compagnons donna lieu à de nombreuses démarches diplomatiques, et ne fut obtenue qu'en 1801, par la paix de Florence avec la cour de Naples.

L'ordonnateur de marine Le Roy confia des lettres le 7 mars, à la **Belle-Maltaise**; le 20 mars au brigantin ligurien le **Saint-Antoine-de-Padoue**, qui arriva le 22 avril à Gênes; et le 15 mai à la **N.-D. du Rosaire**.

La **N.-D.-des-Carmes** et la **Sainte-Anne**, polacres, commandées par l'enseigne Gaudfernau. Elles partirent, le 8 mars, avec deux cents blessés ou aveugles de l'armée, et abordèrent à Toulon, le 5 avril. Gaudfernau était chargé par le contre-amiral Perrée d'exposer au gouvernement les besoins de la marine en Égypte[1].

Le 14 mars, en exécution d'ordres donnés dès le 11 janvier, une flottille composée des avisos **le Cerf, la Foudre, la Négresse, le Pluvier**, et des chebecs **la Dangereuse, les deux-Frères, la Fortune, la Marie-Rose et la Vierge-de-grâce**, commandée par le capitaine de frégate Stendelet, sortit de Damiette et se dirigea vers les côtes de Syrie pour seconder les opérations de l'armée. Le 16, la flottille mouilla à Jaffa; le 18 au matin elle reprit aux Anglais l'aviso *la Torride*, enlevé près d'Aboukir au mois d'août précédent; mais dans la soirée elle fut atteinte par le vaisseau de S. Smith,

1. *Moniteur*, du 26 germinal an VII.

le Tigre. Six de nos bâtiments et *la Torride* amenèrent pavillon; trois purent se dérober : *le Pluvier,* qui rentra à Alexandrie; *la Fortune* qui se réfugia sur la côte de Syrie, et enfin *le Cerf.*

Ce dernier aviso, avec Stendelet, cingla vers Malte, et, s'apercevant que l'île était bloquée (10 avril), il gagna Toulon et y entra le 15 avril[1], n'apportant que des nouvelles peu intéressantes de l'expédition de Syrie. Les équipages des bâtiments qu'il avait perdus furent débarqués à Toulon le 7 juillet.

La N.-D.-de-Grâce; capit. Medici. Partie d'Alexandrie le 1er avril avec le capitaine de navire Arnaud et des dépêches; elle a probablement été prise.

La division du contre-amiral Perrée, composée des frégates **l'Alceste, la Courageuse, la Junon,** et des bricks **l'Alerte** et **la Salamine,** eut ordre, le 9 mars, de se rendre à Jaffa pour y recevoir de nouvelles instructions. Perrée, sorti d'Alexandrie le 8 avril, reprit le lendemain *la Foudre,* de la flottille de Stendelet[2], et parut devant Jaffa, le 15. Il lui fut ordonné, le 18, de croiser au large jusqu'à la fin du mois. Le 13 mai, il commença à être inquiété par l'escadre de S. Smith et ne fut, dit-on, sauvé que par une explosion survenue le 14 à bord du *Theseus.* Le 16 mai, Perrée, sur l'avis de son conseil, crut nécessaire de faire voile vers l'Europe : il était à vingt lieues au sud de Toulon quand, le 18 juin, il se vit entouré par l'escadre de lord Keith. La lutte étant impossible, Perrée se rendit avec toute sa division et fut débarqué sur parole à Gênes. Il renseigna

1. *Le Cerf* fut coulé bas le 21 mars 1800, dans le golfe du Lion.
2. Cet aviso resta en Égypte.

le Directoire sur la première période du siège de Saint-Jean-d'Acre, et sur l'affaiblissement de l'armée d'Orient qui exigeait de prompts secours.

La Fortune, chebec égyptien. Ce bâtiment, échappé aux Anglais le 18 mars, fut envoyé, vers le 10 mai. avec le courrier Ragé, délivré du bagne de Constantinople par S. Smith et échangé par lui le 23 mars. Ragé devait atteindre l'Égypte et en repartir avec des dépêches pour le Directoire. Pris devant Jaffa le 25 mai, il fut débarqué à Toulon le 23 septembre : les nouvelles qu'il put donner au gouvernement avaient alors perdu tout intérêt.

7° Depuis le retour au Caire jusqu'à l'embarquement de Bonaparte (14 juin à 23 août 1799).

Le 30 juin, Bonaparte écrivit de nouveau, par l'entremise du chérif de la Mecque, au commandant de l'île de France (*Corr.* n°s 4236 et 4237). Pendant tout son séjour en Égypte, il ne reçut aucune nouvelle directe de cette île[1]. Il est à peu près certain que ses lettres ne parvinrent point à destination.

L'Osiris, pinque génois; capit. Guascone. Ce bâtiment, arrivé de Gênes à Damiette le 26 février, repartit d'Alexandrie le 29 juillet avec la dépêche annonçant la victoire d'Aboukir. Il relâcha le 21 septembre à Civita-Vecchia et aborda le 25 à Marseille. La dépêche, transmise aussitôt à Paris, fut communiquée aux Con-

---

1. A la fin de janvier, un faux avis avait fait croire que 6 frégates de l'île de France croisaient à l'entrée de la mer Rouge (*Corr.* n°s 3910 et 3952).

seils par message du 4 octobre : elle était accompagnée d'un long rapport de Berthier sur l'expédition
de Syrie, qui fut inséré au *Moniteur*.

L'Hirondelle, aviso ; capit. J.-A. Marot. Prêt à partir
dès le 1er août, ce bâtiment servit à éclairer les abords
d'Alexandrie avant le départ de Bonaparte, qui se
préparait dans le secret. Le 14 août, il fit voile vers
l'Europe, et le 29 septembre, il arriva à Marseille avec
la nouvelle de la reddition du fort d'Aboukir; nouvelle qui fit l'objet d'un message le 10 octobre.

Le 15 août, les pèlerins de la caravane du Maroc
qui revenaient de la Mecque par le Caire, furent chargés de lettres pour le sultan du Maroc et le bey de
Tripoli (*Corr.* n°s 4358 et 4359).

Une division composée des deux frégates **la Muiron**,
commandant Ganteaume, et **la Carrère**, commandant
Dumanoir-le-Pelley, et des deux avisos **l'Indépendant**,
capit. Gaslaud, et **la Revanche**, capit. Picard, mit à
la voile d'Alexandrie le 23 août, de grand matin. Elle
portait le général en chef, qui était parti du Caire
le 13 août, les généraux Marmont, Murat, etc., et une
escorte d'environ 200 guides. On sait qu'elle longea
l'Afrique, la côte occidentale de Sardaigne, toucha à
Ajaccio et aborda à Fréjus le 9 octobre 1799. La nouvelle de ce retour imprévu fut annoncée aux Conseils
le 14. Bonaparte, dispensé de toute quarantaine à
l'insu du Directoire, arriva à Paris dans la matinée
du 16 octobre.

PIECES JUSTIFICATIVES

---

1. TALLEYRAND A BONAPARTE

Paris, 6 vendémiaire an VI [27 septembre 1797].

Cit. général, le Directoire trouve à propos que je vous écrive itérativement et d'une manière plus positive, au sujet de la proposition que vous faites de vous assurer de l'île de Malte[1].

Il importe de prévenir l'Autriche, l'Angleterre et la Russie, à cet égard. De nouveaux renseignements qui sont parvenus au Directoire, et les rapprochements qu'il a faits le confirment dans l'opinion, qu'il était fondé à avoir depuis longtemps, que cette île, devenue le foyer des intrigues autrichiennes, russes et anglaises, et gouvernée par un grand-maître autrichien, est à la veille de

---

[1]. Le 23 septembre, Talleyrand avait déjà annoncé que le gouvernement approuvait les vues sur Malte et l'Égypte, exprimées par Bonaparte dans ses dépêches des 12 et 13 septembre (Affaires étrangères, *Vienne*, vol. 367; imprimé en partie dans Testa, t. I, p. 517).

tomber sous la puissance de l'Empereur ou de ses alliés. La possession de cette île, jointe à l'Istrie et à la Dalmatie, ferait de l'Autriche une puissance maritime capable de donner des inquiétudes à la France et à la République cisalpine, dont il est aisé de prévoir qu'elle ne peut jamais être que l'ennemie. Malte lui donnerait par sa situation les moyens de troubler la navigation de toute la Méditerranée; et il y aurait encore plus de danger que cette île tombât au pouvoir des Anglais et des Russes.

D'après cette considération, le Directoire vous donne tous les pouvoirs nécessaires pour mettre à exécution le plan, que vous avez proposé dans votre dépêche du 27 fructidor. Il vous autorise à donner à l'amiral Brueys tous les ordres convenables pour s'assurer de l'île de Malte, dans la vue d'éviter que l'Autriche ne s'en empare, comme elle a fait de Raguse. Sa prise de possession de Raguse légitime notre prise de possession de Malte, et nous en fait un devoir, afin de mettre cette île à l'abri de l'avidité de l'Autriche; avidité si connue, et qu'elle a si évidemment montrée en s'emparant, avant le terme fixé, de l'Istrie et de la Dalmatie, et en envahissant même et sans en avoir le moindre prétexte, cette république de Raguse qui n'était pour rien dans les troubles de l'Italie, et à l'indépendance de laquelle aucune des puissances belligérantes n'était en droit de porter atteinte. Quant à la Russie et à l'Angleterre, avec lesquelles nous sommes encore en guerre, vous n'êtes obligé de donner aucun motif.

Je vous envoie quelques lettres de la plus grande conséquence[1], et qu'il serait peut-être bon de faire par-

---

1. « Du reste, je vous envoie trois lettres, qu'il sera bon de faire passer par des occasions successives à Malte, dans la vue de faciliter l'expédition que vous avez projetée. Le citoyen

venir d'avance à Malte par voie sûre : vous concevez qu'il est nécessaire d'y préparer l'opinion.

(Aff. étr., *Vienne,* vol. 367.) [1]

---

2. RAPPORT DU MINISTRE DE LA MARINE

Affaires politiques de la Rép. française dans l'Inde.

Paris, 2ᵉ complémentaire an VI [18 septembre 1793].

On voit dans les dépêches parvenues de l'île de France et apportées par le cit. Séguin, adjudant de place, que Tipou-Sultan a envoyé des ambassadeurs dans cette colonie, pour faire de nouveau des propositions d'alliance offensive et défensive avec la République française contre les Anglais [2].

En expédiant ces ambassadeurs pour l'île de France,

Barras désire de vous envoyer un de ses cousins, dont il croit les lumières et les talents utiles pour faire réussir l'entreprise : si vous pensez pouvoir l'employer, il pourra partir aussitôt » (Talleyrand à Bonaparte ; Paris, 8 octobre 1797). — Sur les intrigues qui ont précédé la prise de Malte, on a publié récemment les mémoires de Doublet ; il serait curieux de les comparer avec un récit adressé par celui-ci au Directoire, en février 1799 (Affaires étrangères, *Malte,* vol. 24).

1. La minute porte les signatures de Rewbell, Barras, Merlin, et Fr. de Neufchâteau. Les phrases relatives aux Russes et aux Anglais ont été ajoutées sur la minute par Talleyrand ; d'où il résulte que c'était l'Autriche que le Directoire voulait tout d'abord devancer à Malte.

2. La lettre de Tippoo-Saïb était ainsi conçue : « Sio-Gangamme, 8 octobre 1797. — Citoyen Sercey, salut et amitié. Je

ce prince a arboré le pavillon tricolore, et l'a salué de 2000 coups de canon et d'un nombre de salves de mousqueterie. Par ces marques éclatantes de distinction et d'honneur rendues à notre pavillon, il a voulu montrer combien il est attaché à la République française.

Ces propositions portent en substance :

ARTICLE PREMIER. — Le sultan Bassader Tipou fera la guerre de concert avec la République française contre les Anglais, jusqu'à ce qu'il n'en reste pas un seul dans l'Inde.

ART. 2.—Il fournira aux troupes françaises des vivres et tous leurs besoins, du moment où elles auront fait leur apparition dans l'Inde, excepté du vin et des liqueurs spiritueuses, qu'il n'a pas à sa disposition.

ART. 3.— Il leur fournira des bœufs pour les charrois, des chameaux, des palanquins pour les blessés, et des chevaux pour les cavaliers.

ART. 4. — Pour 3000 hommes de cavalerie et 3000 hommes d'infanterie, il faudra 200 canons et les canonniers, les ustensiles et munitions nécessaires.

ART. 5. — Il fournira de son côté une armée de troupes noires bien aguerries, etc.

ART. 6. — Attendu que les généraux français, quoique expérimentés dans les guerres d'Europe, ne connaissent

renvoie le citoyen Ripeaud que j'avais retenu, avec Mire Siphealis ambassadeur, pour parler de mes affaires. Vous pourrez avoir foi en ce qu'ils vous diront : c'est de ma part. Il est urgent que vous m'envoyiez promptement la réponse de l'alliance que je vous propose : vos intérêts et les miens le demandent. S'il y a eu retard dans mon expédition, c'est la mousson qui en est cause. » Cette lettre fut apportée le 18 janvier 1798, à l'île de France, par Ripeaud, commandant le corsaire *l'Apollon*. A cette occasion, le gouverneur Malartic et le contre-amiral Sercey décidèrent d'envoyer les frégates *la Vertu* et *la Régénérée,* qui partirent le 21 janvier et abordèrent à Rochefort le 5 septembre.

pas aussi bien que lui la manière de la faire dans l'Inde, il demande que le tout soit à ses ordres et que rien ne se fasse que sous sa direction.

Art. 7. — Les forces combinées feront la guerre jusqu'à ce que toutes les côtes maritimes soient en la possession de la France, et les pays intérieurs à Tipou.

Art. 8. — Les prises faites sur l'ennemi, en tout genre, seront partagées également entre Tipou-Sultan et la République française.

Art. 9. — Si la République française faisait la paix avec les Anglais, Tipou-Sultan devra y intervenir et être compris dans les conditions du traité.

Art. 10 et dernier.—Si ces conditions conviennent, la République dépêchera un aviso à Tipou-Sultan pour l'avertir, afin qu'il fasse ses dispositions[1].

Telles sont les mesures renfermées dans le traité d'alliance offensive et défensive proposé par Tipou-Sultan.

On croit devoir observer que c'est pour la troisième fois, que ce prince cherche à établir des liaisons politiques avec la République française.

Au mois de vendémiaire an III [octobre 1794], le cit. Lescallier, commissaire civil, étant alors dans l'Inde, avait fait connaître des propositions absolument semblables, de la part de ce prince. Au mois de germinal an IV [avril 1796] les mêmes propositions ont été renouvelées; elles ont été mises, dans le temps, sous les yeux du Directoire exécutif. Enfin, dans un rapport fait au mois de vendémiaire an VI [octobre 1797] sur le même objet, on observait que l'apparition des Français

---

1. Malartic, ne pouvant affaiblir les deux régiments casernés dans l'île, afficha le 29 janvier une proclamation, pour annoncer les propositions de Tippoo-Saïb et faire appel aux volontaires (Cf. Testa, t. I, p. 520). On réunit une centaine d'hommes, qui partirent le 5 mars pour l'Inde sur la frégate *la Preneuse.*

dans l'Inde engagerait plusieurs partis français, répandus chez les princes de l'Indoustan, à se réunir; qu'il n'y avait rien de mieux à faire que de suivre le plan de campagne tracé par Tipou-Sultan; que la réussite en paraissait certaine en lui laissant la direction supérieure et lui donnant, pour le seconder dans le commandement des forces européennes de terre et de mer, de bons généraux de l'un et l'autre service, et des chefs également bien choisis pour l'artillerie et le génie. On conseillait aussi de faire en Europe des dispositions, qui eussent mis à nos ordres les forces et les divers moyens que l'Espagne et la République batave ont dans l'Inde.

Ces réflexions s'appliquent parfaitement aux propositions actuelles de Tipou-Sultan. Ce prince ayant toujours eu pour but unique de détruire la puissance des Anglais dans l'Inde, il est de l'intérêt de la République française de le seconder dans ses desseins, et le courage qui a toujours distingué les républicains français est d'un bon augure pour le succès de nos entreprises, dans des contrées où le nom français est chéri autant que le nom anglais est en horreur.

J'observerai au Directoire que la correspondance annonce de plus que la position des Anglais dans l'Inde est très précaire.

Les préparatifs de Tipou-Sultan leur donnent beaucoup d'inquiétude. Dans le Bengale, un prince du nord, à la tête de 300,000 hommes commandés, dit-on, par un Français, les inquiète beaucoup. Le souba du Decan se lasse d'être sous leur dépendance. Il y a, au service de ce même prince, un Français nommé Raymond qui commande un parti d'environ 10,000 hommes, et qui a témoigné dans le temps aux commissaires civils son dévouement, et le désir le plus vif de trouver une occasion d'être utile à sa patrie dans le poste qu'il occupe. A Ceylan, ils sont à la veille d'avoir la guerre avec le roi de Candie; les forts qu'ils occupent sont sans défense; peu de forces suffiraient pour reprendre Trinquemale. Sur la côte de Malabar enfin, ils ont la guerre avec le raja de Caliacate, qui leur a détruit 7 à 8,000 hommes.

(Arch. Colonies. *Ile de France.*)

---

3. INSTRUCTIONS POUR LOUIS MONNERON

(APPROUVÉES PAR LE DIRECTOIRE)

Paris, 5 brumaire an VII [26 octobre 1798].

.   .   .   .

« Les forces navales de l'ile de France sont aujourd'hui réduites à 3 frégates et quelques petits bâtiments[1]. Un certain nombre de corsaires avaient été armés dans cette colonie au commencement de la guerre et avaient obtenu des succès; mais il paraît que la course s'est ralentie faute de marins, de vivres et d'argent. Cette situation, précaire relativement à celle des Anglais dans l'Inde, ne permet pas de se livrer à de grandes entreprises : mais on peut encore inquiéter le commerce ennemi par des croisières multipliées, et c'est à ce seul but qu'on doit s'efforcer d'atteindre.

Il sera nécessaire que le cit. Louis Monneron, aussitôt après son arrivée à l'ile de France, envoie un ou

---

1. Au commencement de 1799, deux des frégates, *la Prudente* et *la Forte* furent prises par les Anglais. L'autre frégate, *la Preneuse* et la corvette *le Brûle-gueule*, après une campagne dans les mers de Chine, réussirent à regagner l'ile de France, le 22 mai 1799. Aucun de ces bâtiments ne tenta de pénétrer dans la mer Rouge. La croisière anglaise aurait d'ailleurs empêché toute communication avec Coseir ou Suez.

plusieurs bâtiments légers dans la mer Rouge pour connaître la situation du général Bonaparte, et établir des communications avec lui[1]. Cet objet exige des détails particuliers, et le ministre de la marine et des colonies lui remettra un mémoire dans lequel les mesures qu'il devra prendre à cet égard lui seront indiquées.

Le cit. Louis Monneron devra chercher à se procurer des renseignements sur la position des princes de l'Inde, particulièrement sur celle de Tippoo-Sultan, et à entretenir nos anciennes relations avec le nabab. Il lui donnera l'assurance que le Directoire exécutif compte sur lui, lorsqu'il sera possible d'agir efficacement contre les Anglais, et qu'il sera prévenu à temps des mesures qui seront prises, pour qu'il dispose tous ses préparatifs. S'il a les moyens de rendre quelques services à Tippoo-Sultan, ou de faire quelque chose qui lui soit agréable, il ne négligera pas d'en saisir l'occasion[2]... »

(Arch. nat., et Arch. colonies.)

---

4. LE DIRECTOIRE A BONAPARTE

Paris, 18 messidor an VI [6 juillet 1798].

Le Directoire exécutif, cit. général, a reçu avec la plus vive satisfaction votre dépêche du 25 prairial [13 juin]

1. Louis Monneron était déjà près de Bordeaux, lorsque la faillite de son frère le força de revenir à Paris. Ce fut la faillite de la « Caisse des comptes courants », qui fit alors grand bruit. Au mois de juin 1799, L. Monneron proposa de distraire plusieurs vaisseaux de la flotte de Brest, et de les envoyer dans la mer Rouge pour embarquer des troupes de l'armée d'Orient et les conduire aux Indes. Ce projet n'eut aucune suite. D'ailleurs Tippoo était mort au mois de mai.

2. *Corr. de Napol.* n° 2498.

dernier, datée de Malte. Vous ne pouviez débuter avec plus d'éclat dans votre expédition que par l'occupation de ce poste, dont l'extrême importance est généralement sentie; et c'est le gage le plus certain comme le plus heureux des nouveaux succès qui vous attendent.

Le Directoire exécutif s'est empressé de transmettre cette grande nouvelle aux deux Conseils législatifs : vous trouverez ci-joint son message, les discours dont il a été suivi, et la loi qui déclare que « l'armée victorieuse de Malte a bien mérité de la patrie ». Vous vous ferez sans doute un plaisir de les répandre dans l'armée.

Le Directoire attend avec impatience les nouveaux détails que vous lui annoncez par votre dépêche du 25 prairial, et les résultats de vos opérations ultérieures. Il croit devoir vous adresser quelques notes dont vous pourrez tirer parti : elles forment le supplément d'un mémoire qu'on n'a pu retrouver[1].

(Arch. nat.)

---

5. LE DIRECTOIRE A BONAPARTE

Paris, 14 brumaire an VII [4 novembre 1798].

Cit. général, depuis votre départ de Malte, le Directoire exécutif n'a reçu qu'une seule fois directement de vos nouvelles : celles qui datées du 2 fructidor [19 août], lui ont été apportées le 23 vendémiaire

---

1. Bonaparte ne cacha pas au Directoire sa surprise de ne recevoir qu'un pareil billet. « A l'instant arrive le courrier Lesimple... Il n'y avait qu'une lettre de vous, datée du 18 messidor, commençant par ces mots « le Directoire a reçu », et finissant par « qu'on n'a pu retrouver ». Probablement il était porteur d'autres qui sont perdues » (*Corr.* n° 3259).

[14 octobre], par le courrier Mothey. Les autres courriers que vous avez pu expédier, ou ont péri, ou ont été faits prisonniers. Jugez des regrets du Directoire, par l'impatience qu'il a d'apprendre jusqu'aux plus petits détails de votre expédition. L'ennemi se vante d'avoir saisi plusieurs de vos dépêches; il affecte même d'en publier quelque chose; mais le Directoire a peine à croire que vos courriers aient eu le tort impardonnable de se les laisser ravir. Ce qu'on ne peut sauver en ce genre peut toujours être anéanti, du moins en mer. Cette précaution, qui est de rigueur, ne' saurait leur être trop expressément recommandée; ils doivent être instruits qu'une responsabilité grave pèse sur eux, et qu'elle aurait son entier effet, si, par leur négligence, les dépêches dont ils sont porteurs tombaient dans des mains ennemies.

Celle que le Directoire vous adresse aujourd'hui, et qui a pour objet de vous donner un aperçu de la position actuelle de la République, vous sera portée par différentes voies; et il aura toujours soin de n'en négliger aucune, pour vous faire parvenir la connaissance de tout ce qui vous intéresse. Au nombre des moyens que le Directoire saura employer, il compte les caravanes qui partent des côtes de Barbarie pour se rendre à la Mecque. Ayez le soin de saisir de votre côté tous ceux qui vous permettront d'écrire en France. Souvenez-vous que Magallon a un chiffre, auquel vous pouvez confier ce que vous craindriez de transmettre autrement.

Connaissez maintenant, cit. général, sous ses principaux aspects l'état présent de la République.

La négociation pour la paix de l'Empire se continue à Rastadt, et malgré ses lenteurs, elle se traînerait au dénouement, si de tous côtés la question ne se compliquait pas chaque jour davantage. C'est en Italie que sont les éléments de guerre : ils y existaient déjà quand vous avez quitté la France. Jugez des développements que leur ont donnés la destruction de notre flotte et la domination exclusive des Anglais dans la Méditerranée. C'est à ce terrible événement, si bien pressenti par vous quand vous avez su que la flotte ne quittait point la côte, que l'on doit attribuer tous les embarras. Ayant appris assez promptement la prise de la frégate *la Badine*[1] que vous aviez renvoyée, et qui devait conduire à Constantinople l'ambassadeur de la République, le hasard a voulu ensuite que le Directoire ait appris presque en même temps, votre débarquement en Égypte, vos premiers succès et les désastres de l'escadre, et la déclaration de guerre de la Porte ; déclaration provoquée, dictée par l'Angleterre et la Russie, motivée plutôt contre la Révolution que contre votre expédition, méditée, rédigée depuis plus d'un mois, et que les communications n'auraient sans doute pu empêcher, puisque le Divan est aveuglé à ce point que, pour empêcher l'occupation par les Français et le passage d'une province en révolte ouverte et permanente, il compromet le salut de l'empire entier et le livre à ses plus dangereux ennemis.

Cependant, si nos treize vaisseaux avaient quitté la rade et la côte du moment où le débarquement a été opéré, et se fussent rendus à Corfou, comme on en était convenu et comme vous l'aviez ordonné, ils y seraient arrivés sans rencontrer Nelson. De là, ils auraient tenu en respect les monarchies d'Italie, le Levant, la Russie, l'Angleterre elle-même qui, dans l'arrière-saison, n'aurait pu bloquer à la fois Cadix, Malte, les ports de Corfou et d'Égypte et qui, après tout l'étalage de ses forces maritimes, ne pouvant en prolonger les dispendieux efforts, eût [fini par évacuer la Méditerranée et

1. *Sic*, pour *la Sensible.*

par laisser libres les communications du Directoire avec vous.

Mais, sans s'arrêter à d'inutiles regrets, il faut considérer le présent.

C'est donc en Italie que sont les germes de guerre, et, si elle se rallume, c'est dans cette contrée que se porteront de chaque part les principaux efforts.

La déclaration de la Porte et son insolent manifeste ont paru au moment où, doutant encore de son aveuglement, le Directoire faisait partir le cit. Descorches, dont la nomination était déjà connue à Constantinople, et vous avait été annoncée, tant par la voie ordinaire de Marseille, que par les instructions remises au cit. Thainville. Mais après une rupture aussi publique et aussi virulente, le Directoire a dû suspendre son départ; d'autant plus que nous venons d'apprendre que la flotte russe a été reçue avec éclat dans le port de Constantinople. Quoiqu'on ne sache point encore qu'elle ait passé le détroit, il n'est pas douteux qu'elle va s'unir dans la Méditerranée à celle des Anglais, [et on présume que leurs communs efforts seront principalement dirigés contre Malte et contre nos possessions de l'Adriatique. Car l'opinion du moment — mais ce n'est qu'une opinion à laquelle vous ne devez cependant pas avoir trop de confiance, puisqu'il serait possible qu'ils tentassent une descente de votre côté — l'opinion est que les Russes n'iront point vous chercher en Égypte; d'abord parce qu'ils vous craignent, et [aussi] parce qu'ils ont besoin que vous restiez formidable dans ce pays, pour que leur assistance soit de plus en plus nécessaire à la Porte, [et] pour qu'ils se préparent plus aisément les moyens de consommer sa ruine.

De même, on hésite à croire que les soixante mille Russes qui sont déjà sur les frontières de la Gallicie, soient destinés à entrer en Allemagne et à venir combattre sur le Rhin. Leur but véritable parait être, en s'unissant aux Turcs contre Passewan-Oglou, de pénétrer encore par cette route au cœur des provinces turques; et il est plus probable peut-être qu'on verra des Russes auxiliaires en Italie qu'en Allemagne, si la guerre doit avoir lieu dans l'une et l'autre contrée.

Le Directoire a pris des moyens pour connaître les intentions et les ressources de Passewan-Oglou; il vous en instruira.

De son côté, la cour de Vienne s'est depuis longtemps préparée à la défense comme à l'attaque. L'influence de Thugut est plus exclusive que jamais : c'est vous dire assez que le cabinet britannique est tout-puissant en Autriche. M. de Cobenzl, après n'avoir joué aux conférences de Seltz qu'un rôle passif, employé lui-même à détruire son propre ouvrage, a été successivement envoyé à Berlin et à Pétersbourg, pour ranimer la coalition. Il est aujourd'hui relégué en Russie, et son rival domine à Vienne.

Ainsi tout le fruit de la modération de la République vis-à-vis de l'Empereur parait perdu. Ce prince est entraîné à la guerre, et l'impératrice elle-même, se croyant rassurée sur Naples, ne repousse plus les projets hostiles. On pourrait dire, si on le voulait, que l'agression est déjà commencée; car, d'une part, les troupes napolitaines prêtes à entrer en campagne, voient à leur tête des généraux autrichiens, le prince de Saxe et le général Mack; de l'autre, quelques mille Impériaux viennent d'entrer sur le territoire des Grisons. Cette atteinte à une neutralité, que le Directoire n'avait promis de respecter qu'autant qu'elle le serait par l'Autriche, dégage la République de toutes ses promesses et lui est d'autant plus sensible, qu'elle menace évidemment la République helvétique, avec laquelle nous sommes liés par un traité d'alliance offensive et défensive, depuis le 2 fructidor dernier [19 août].

Au milieu d'avertissements si graves, le Directoire n'est pas resté oisif, et si ses efforts ne peuvent conserver la paix, ils sauront rendre terrible à nos ennemis la guerre dont ils auront provoqué le renouvellement.

Une loi du 3 vendémiaire [24 septembre] met en activité deux cent mille conscrits, et les cadres de nos armées se remplissent déjà de cette brillante recrue.

Jourdan a quitté le Corps législatif pour commander l'armée du Rhin. Joubert remplace Brune en Italie, et il réunit sous son commandement celui de Malte et des départements d'Itaque, de Corcyre et de la mer Égée : vous comprenez les motifs de cette disposition.

Malgré les malheureux résultats de deux expéditions tentées sur l'Irlande, et que le défaut de fonds a rendues partielles, on prépare pour cette contrée, où se nourrit dans le silence un vaste ferment de révolution, des secours plus nombreux et plus efficaces.

Mais si la guerre a lieu sur le continent, c'est en Italie que se porteront les plus grands efforts et les coups décisifs. Vous savez aussi bien que nous, ce que la République française peut attendre de la coopération des républiques d'Italie. Celle de l'Helvétie lui sera plus utile. Cette dernière république a déjà mis en réquisition tous ses citoyens depuis seize jusqu'à vingt-cinq ans, et ses valeureux bataillons occuperont, en cas de guerre, une bonne part des forces autrichiennes.

Les Bataves promettent à la cause commune les efforts de leur marine; et si jusqu'à présent des dissensions intérieures ont paralysé les forces de cette nation, l'organisation constitutionnelle et définitive de son gouvernement promet de lui en rendre l'entier usage.

Le Directoire exécutif voudrait pouvoir vous parler de la Prusse, comme ayant pris enfin le parti vers lequel il l'avait tant de fois appelée. Mais elle reste toujours telle que vous l'avez connue, affectant une neutralité sur laquelle même on ne peut pas trop compter, cherchant sa sécurité dans la prolongation de notre mésintelligence avec l'Autriche, poussant dans l'ombre à la guerre entr'elle et nous, et trouvant sa gloire à garantir le nord de l'Allemagne de ce fléau renouvelé au midi.

Cependant, il serait possible que les événements qui se préparent vers le Levant, et la nouvelle intimité des cours impériales qui a pour objet une nouvelle usurpation, donnassent à la cour de Berlin quelqu'éveil, et la rendissent plus accessible aux vues du Directoire exécutif. Mais pour le moment, comme monarchies alliées, nous ne pouvons compter que la Sardaigne et l'Espagne. Vous concevez la valeur et vous prévoyez les effets du lien qui nous unit la première. Dans nos rapports avec la seconde, il y a plus d'utilité commune, aussi plus de franchise, et plus de désir de la rendre efficace. La cour de Madrid nous témoigne en ce moment une bonne volonté entière; elle nous promet tous ses efforts; elle veut unir à Brest sa flotte aux vaisseaux qui nous restent. Mais quand cette jonction pourra-t-elle s'opérer? et l'Espagne tiendra-t-elle tout ce qu'elle promet?

La République française a pris l'habitude de ne compter que sur elle-même; et quand le Directoire vous communique ainsi, sans réserve et sans scrupule, les embarras de notre position intérieure, il sait que vous appréciez les forces réelles de la République, et que ce n'est pas vous qui mettrez en doute le succès de la lutte qui pourrait s'établir encore entre la liberté et l'esclavage, entre la démocratie représentative et les dominations héréditaires.

Peut-être il vous reviendra qu'à la veille des plus grands événements, nous ne sommes point affranchis de toutes ces factions intérieures qui ont entravé notre révolution, et compromis à plusieurs époques ou gâté son succès. Croyez que leurs efforts seront vains. L'ennemi extérieur sera vaincu jusque dans les complices qu'il entretient au milieu de nous, et la République, impérissable comme le souvenir des triomphes qui ont accompagné sa naissance, forte de l'union qui règne entre tous les membres du gouvernement, sortira victorieuse de toutes les attaques qui lui sont réservées.

Mais pour revenir à ce qui vous concerne, cit. général, aussi longtemps que la Méditerranée sera occupée par les Anglais et par les Russes, il sera impossible d'établir avec vous des communications suivies, et de vous faire passer des renforts d'hommes et de munitions. Le Directoire ne sait pas même si, malgré les mesures de tout genre qu'il a prises, il viendra à bout d'approvisionner Malte, où le général Vaubois a fait la faute, dans un accès de confiance, de rendre aux habitants les armes que vous leur aviez fait enlever; et cela, au moment même où Regnaud de Saint-Jean-d'Angely ordonnait la spoliation des églises.

Vous devez donc, au moins pour quelque temps, vous arranger pour vous suffire à vous-même, et sous ce rapport, tout ce que vous aurez fait pour attacher à vous les gens du pays, pour vous concilier les Arabes, pour vous créer parmi les uns et les autres un parti nombreux, est digne de la plus entière approbation. Ne pouvant vous envoyer des secours, le Directoire exécutif se gardera de vous donner des ordres, même des instructions. Celles-ci, vous les tirerez de votre position même, et de la manière dont vous vous serez établi en Égypte. Le Directoire ne veut que vous faire part des considérations qui le frappent, et vous communiquer les données qui peuvent servir à vous décider.

L'empire ottoman est arrivé à son terme; il paraît dévoué à un grand partage. La Russie et la cour de Vienne ont depuis longtemps en commun, l'espoir de reléguer le Turc en Asie et de s'approprier sa dépouille d'Europe. Mais jusqu'à quel point sont-elles d'accord sur les détails et les conséquences du partage? Il y a dans une affaire de cette importance, qui se complique encore par la coopération de l'Angleterre et par les sollicitudes de la Prusse, plus d'un germe de mécontentement, dont il deviendra possible de tirer parti; et, si on voulait assister utilement au partage inévitable de l'empire turc, pour n'en pas laisser échapper le meilleur lot, c'est sans doute à Constantinople qu'il faudrait marcher.

Du côté de l'Inde, voici où nous en sommes. Un traité est proposé entre Tippoo-Sultan et l'île de France. Le Directoire vous en envoie copie. Comme cette pièce n'est pas signée, le Directoire ne peut savoir encore quel degré de foi on peut ajouter aux propositions qu'elle renferme.

Le cit. Louis Monneron part avec la double mission, dont il est plus digne que personne, de rattacher entièrement les colonies d'Afrique à la métropole, et de donner suite au traité proposé au nom de Tippoo. Si donc vos vues se tournaient vers l'Inde, le cit. Monneron ne manquerait pas de vous seconder avantageusement. Mais, le Directoire le répète avec toute confiance, seul vous savez ce que vous pouvez et ce que vous devez faire. Le retour en France paraissant difficile à effectuer dans le moment, il paraît vous laisser trois partis, parmi lesquels vous pouvez choisir: — demeurer en Égypte, en vous y formant un établissement qui soit à l'abri des attaques des Turcs; mais vous n'ignorez pas qu'il y a des saisons extrêmement funestes aux Européens, surtout quand ils ne reçoivent pas de secours de la métropole; — pénétrer dans l'Inde où, si vous arrivez, il n'est pas douteux que vous ne trouviez des hommes prêts à s'unir à vous pour détruire la domination anglaise; — enfin marcher vers Constantinople au-devant de l'ennemi qui vous menace. C'est à vous à choisir,

d'accord avec l'élite de braves et d'hommes distingués
qui vous entourent. Mais, de quelque côté que se tournent vos efforts, nous n'attendons du génie et de la
fortune de Bonaparte que de vastes combinaisons et
d'illustres résultats.

Le président du Directoire,

Treilhard.

P.-S. — Le Directoire exécutif a confirmé celles des
promotions que vous avez faites, dont vous lui avez
donné connaissance; il a également fait droit à vos
demandes d'avancement en faveur de quelques braves
de votre armée. L'arrêté pris à cet égard est ci-inclus.
Quant à l'état d'autres promotions que vous lui annoncez, il y statuera sitôt que cet état lui sera adressé.

(Arch. nat., et Aff. étr., *Turquie*, vol.

---

6. LE DIRECTOIRE A BONAPARTE

Paris, 9 nivôse an VII [29 décembre 1798].

Le Directoire exécutif, cit. général, vous a écrit par
triplicata, le 14 brumaire dernier [4 novembre], une
dépêche à laquelle il a ensuite joint, le 17 du même
mois [7 novembre], un arrêté qui confirme les promotions par vous faites après votre entrée au Caire, et qui
adopte les propositions d'avancement que vous avez
adressées au Directoire à la même époque, en faveur de
plusieurs officiers.

Dans la crainte que cet arrêté ne vous soit pas parvenu, le Directoire vous en adresse une double expédition. Il n'a pas reçu l'état que vous lui avez annoncé

d'autres promotions. Il y statuera aussitôt que l'état lui
sera parvenu.

(Arch. nat., et Arch. guerre.)

------

7. INSTRUCTIONS POUR BRUIX

Paris, 25 ventôse an VII [15 mars 1799].

Le cit. Bruix, commandant en chef l'armée navale de
Brest, appareillera de cette rade aussitôt que la situation
de l'armée et les vents le permettront.

Le but de sa mission est de pénétrer dans la Méditerranée et d'y détruire, ou du moins d'en chasser les forces
navales ennemies qui peuvent s'y trouver.

En conséquence, le Directoire exécutif lui enjoint d'é-
viter tout combat qui pourrait l'arrêter ou même le
retarder dans sa marche, soit en sortant de Brest, soit
en atterrant au détroit de Gibraltar.

Si cependant l'ennemi était stationné de manière à ce
que le passage du détroit fût impossible, sans être obligé
de combattre en ligne, alors seulement l'amiral Bruix
l'attaquera; mais dans ce cas, s'il le juge convenable, il
est autorisé de requérir l'escadre espagnole d'appareiller
à l'instant, soit pour faire une diversion, soit pour mettre
l'ennemi entre deux feux, soit enfin pour ajouter les
vaisseaux qui la composent à son armée, et attaquer
dans l'ordre qu'il jugera le plus avantageux. L'amiral
Bruix n'oubliera pas, même dans le combat et quelle
qu'en soit l'issue, qu'aussitôt l'entrée de la Méditerranée
libre, il doit en profiter pour l'exécution de la mission
qui lui est confiée : on observe encore que, si les Espagnols ne mettaient pas sous voile aussitôt la réquisition,

l'amiral français doit de suite forcer le passage avec ses propres moyens.

Si, par suite d'un combat inévitable, des avaries majeures forçaient le citoyen Bruix de rentrer dans un port pour s'y réparer, il ne négligerait rien pour gagner le port de Toulon de préférence à tous autres.

Dans le cas où l'escadre française serait poursuivie par une escadre ennemie supérieure, l'amiral Bruix est autorisé de se retirer dans un port ami, mais préférablement dans celui de Toulon.

Dans le cas contraire, où il entrerait dans la Méditerranée sans avaries et sans être poursuivi, il se porterait sur les côtes d'Italie, embarquerait trois ou quatre mille hommes de troupes, et prendrait sous son escorte les bâtiments nécessaires à l'approvisionnement de Corfou, de Malte et d'Alexandrie. On embarquerait à bord de ses propres vaisseaux ces mêmes approvisionnements. Il les porterait d'abord sur Corfou, ensuite sur Malte et Alexandrie, où il distribuera les troupes et les munitions nécessaires à leur conservation.

Le Directoire croit inutile de rappeler au citoyen Bruix que, dans le cours de cette opération, il ne doit négliger aucune des combinaisons qui pourraient mettre en son pouvoir les divisions ou escadres ennemies, occupées du blocus de Corfou et de Malte, ou tenant des croisières sur les divers points qu'il aura à parcourir.

L'amiral Bruix détachera une ou plusieurs frégates, pour donner avis à Ancône de son arrivée à Corfou, et pour prendre dans le premier port un convoi qui y sera préparé pour le ravitaillement de l'armée navale.

Aussitôt qu'il aura opéré à bord de ses vaisseaux le versement des vivres que lui a portés le convoi, et qu'il aura mis les places de Corfou et de Malte sur un pied de défense respectable, il se rendra à Alexandrie, où il débarquera le reste des troupes, les armes, munitions de guerre et boissons ; il prendra en échange les matelots qui ne seraient pas nécessaires à l'armée d'Orient.

Il est bien entendu que ce plan est subordonné aux circonstances qui peuvent résulter de la force et de la position de l'ennemi, que le citoyen Bruix aura soin de faire observer par tous les moyens qui sont en son pouvoir ; mais, dans tous les cas, il n'oubliera jamais que la conservation de l'armée navale d'une part, et l'honneur du pavillon républicain de l'autre, sont les points essentiels que le Directoire exécutif lui ordonne de fixer constamment [1].

Barras,   Reubell.
Merlin,   Révellière-Lépeaux.
Treilhard.

(Arch. nat.)

---

8. TALLEYRAND A GUILLEMARDET

(Pour lui seul)

Paris, 29 ventôse an VII [19 mars 1799].

Nous touchons au moment de réaliser l'effet des opérations combinées entre les forces maritimes des deux puissances alliées. Le but de cette combinaison de forces et de moyens, c'est le prompt abaissement de leur ennemi commun. Tel a été, depuis le moment de l'alliance, le seul et véritable objet dont s'est constamment occupé le Directoire exécutif. Toutes les démarches auprès de la cour de Madrid, tant par l'organe des ambassadeurs de la République accrédités près de Sa Majesté Catholique, que par l'intermédiaire de ceux d'Espa-

1. La minute est de la main de Barras.

gne résidant à Paris, prouvent jusqu'à la dernière évidence, que le gouvernement français n'a cessé de s'occuper sans relâche des mesures les plus efficaces, pour parvenir à un résultat si avantageux, si désirable pour la prospérité des deux États.

Aussitôt cette dépêche reçue, vous vous empresserez de faire auprès de Sa Majesté Catholique, les démarches les plus directes que vous pourrez, tendant à en obtenir l'ordre positif de préparer et d'armer sans délai la flotte de Cadix, afin qu'elle soit en état d'appareiller au moment où le contre-amiral Lacrosse, ou toute autre personne revêtue des pouvoirs du gouvernement français, se présentera pour en requérir la sortie.

Vous aurez soin, dans le cas où l'on exigerait quelques explications, d'assurer que cette mesure est indispensable pour favoriser l'expédition projetée depuis longtemps contre l'Irlande (ces explications seront données de vive voix[1]); que l'Espagne est aussi intéressée au succès de cette importante expédition que la France elle-même; que pour en faciliter les moyens au gouvernement français, il est de toute nécessité que la flotte de Cadix fasse un mouvement quelconque, pour donner le change à l'ennemi commun, et faire par là une puissante diversion; que cette sortie provisoire et momentanée n'exige point la même quantité de vivres ni de munitions, que dans une expédition lointaine et de longue durée; que toute lenteur ou tout prétexte de refus de la part de l'Espagne dans cette mesure, donnerait à penser que la cour de Madrid, soit par considération ou par ménagement pour le plus cruel ennemi de la prospérité de ses États, n'a jamais été sincèrement attachée au système de l'alliance, et que, par une fausse politique ou des motifs quelconques, elle sacrifie ses intérêts les plus chers et ceux de

____

1. Cette phrase a été ajoutée par Talleyrand.

la République, et qu'elle se précipite vers un total abaissement de sa puissance en Europe, et une entière destruction de ses richesses coloniales.

. Vous observerez combien un secret absolu est nécessaire[1]. Vous observerez, de plus, que la demande que vous faites au nom de votre gouvernement, doit obtenir une si prompte exécution, que vous êtes assuré de recevoir des ordres à cet effet, avant que le courrier que vous expédierez pour porter à Paris l'accusé de réception de cette dépêche, soit arrivé à sa destination.

Le Directoire exécutif attend de vous dans cette affaire, beaucoup de zèle, d'énergie et d'adresse pour seconder et remplir ses intentions. Vous aurez soin de mander ici le nombre et la force des vaisseaux prêts à appareiller, comment seront composés leurs équipages et le nom de l'amiral qui commandera l'escadre. Sous peu de jours, je vous expédierai par un courrier extraordinaire une nouvelle lettre du Directoire au roi, relative à M. de Urquijo. J'ai cru que ces deux demandes devaient se faire ensemble.

(Aff. étr., *Espagne*, vol. 655.)

---

1. Si l'on persiste dans de plus amples explications, vous répondrez que tant que des hommes, fortement soupçonnés de prédilection pour l'ennemi commun, seront à la tête des affaires d'Espagne, le gouvernement français ne pourra jamais avoir de véritable confiance, ni se prêter à des communications entières et sans réserve ; et que, quel que soit son désir, ainsi qu'il l'a témoigné tant de fois, pour agir de concert dans toutes les opérations qui intéressent les deux alliés, il se croira forcé, dans la juste crainte d'en compromettre le succès, d'agir avec le plus grand secret dans le développement des forces de la République (passage supprimé sur la minute).

9. LE DIRECTOIRE A BRUIX

Paris, 7 prairial an VII [26 mai 1799].

Le Directoire exécutif, cit. général, après avoir réfléchi sur la situation actuelle des choses, a senti la nécessité de réunir et concentrer le plus possible les forces de la République. En conséquence, il vous ordonne de prendre les moyens les plus prompts pour effectuer votre jonction à la flotte espagnole. Dès qu'elle sera opérée, vous chercherez la flotte anglaise, et si, comme il est vraisemblable, vous êtes alors supérieur en forces à l'ennemi, vous le combattrez. Aussitôt que vous aurez mis les Anglais hors d'état de s'opposer avec succès à vos opérarations, vous ferez voile pour l'Égypte à effet d'y embarquer l'armée. Vous vous concerterez sur les moyens avec le général Bonaparte, et vous pourrez laisser en Egypte une partie de ses forces, s'il le juge nécessaire.

Vous remettrez au général Bonaparte la lettre ci-jointe, qui lui communique le projet du Directoire[1].

Treilhard,   Révellière-Lépeaux.
Barras.

(Arch. nat., et Meneval, p. 5.)

---

1. Le 31 mai, le ministre de la marine adressa à Bruix un double de cette dépêche : « Le moment est favorable pour suivre votre destination, lui disait-il, et le Directoire exécutif attache la plus grande importance, à ce que vous exécutiez ses ordres avec toute l'activité dont vous êtes capable. Je joins à cette lettre le duplicata d'un paquet qu'il m'a chargé de vous adresser, en vous invitant à n'en communiquer le contenu à qui que ce soit, pas même aux officiers supérieurs

10. BRUIX AU PRÉSIDENT DU DIRECTOIRE

Par le travers des côtes de Catalogne, à bord de l'Océan,
le 22 prairial an VII [10 juin 1799].

Citoyen Président, j'étais au mouillage de Vado près
Savone, et fort occupé des besoins les plus urgents de
l'armée d'Italie, lorsque je reçus la dépêche par laquelle
le Directoire exécutif m'ordonnait d'opérer d'abord ma
jonction avec les Espagnols, de battre ensuite l'ennemi,
et d'aller prendre B*** après.

Pour faire ma jonction, il m'importait essentiellement
de connaître la station de Jervis et celle de Mazarredo.

Le soir même, un courrier expédié de Toulon m'apporta la nouvelle que Jervis était devant ce port avec
vingt-deux vaisseaux, dont six à trois ponts, trois de 80,
douze de 74 et un de 64.

Le lendemain, un autre courrier m'apprit qu'il remontait les côtes occidentales du département du Var.

Ne doutant plus qu'instruit de ma station, il venait
m'y chercher, je fis travailler tout le jour et toute la
nuit au débarquement des troupes, des munitions et
des vivres que j'avais promis à Moreau, sans attendre
les barques qui devaient me venir de Gênes, et je me
disposai à appareiller le lendemain, sans faire part de
mon projet à qui que ce soit. En effet, hier[1] à six heures
du matin, l'armée commença à lever l'ancre : à huit
heures, tous les vaisseaux étaient sous voiles.

---

de l'armée navale.» Le 1er juin, mêmes recommandations : « Le
Directoire désire vivement que vous ne perdiez pas un moment, pour vous rendre aux lieux déterminés par vos instructions, et spécialement pour exécuter les ordres contenus dans
sa dépêche du 7 prairial [26 mai], dont je vous ai expédié
hier le duplicata. »

1. Il faut lire avant-hier (8 juin).

Ce fut dans cet intervalle que je reçus la dépêche du ministre en date du 12 [31 mai], par laquelle il m'informait que Mazarredo était à Carthagène.

J'appris en même temps que l'armée ennemie avait été vue entre Monaco et Villefranche.

Malgré la difficulté de me soustraire à sa vue, avec une flotte aussi considérable, dans un golfe borné comme celui au fond duquel je me trouvais, je conçus l'espoir, en calculant ses bordées d'après les vents régnants, de couper ses eaux à une distance suffisante pour n'en être pas vu.

En conséquence, et bien pénétré que ce serait une victoire remportée que d'effectuer ma jonction sans combat, je formai l'armée sur une ligne parallèle à la côte, que je rangeai toujours à la portée du canon, contre l'avis des pilotes qui craignaient le temps ; je pris la tête de la ligne, et malgré les bourrasques et l'orage, je me couvris de voiles, pour dépasser de bonne heure la partie de la côte, où je présumais que la bordée de l'ennemi le porterait le soir. En passant devant Oneille, j'appris que l'ennemi s'y était montré la veille, après-midi.

Je fus singulièrement favorisé par les éléments : je coupai le point critique à l'heure que je désirais, et n'y voyant pas l'ennemi, je restai persuadé qu'il était maintenant entre Gênes et moi, et qu'ainsi ma jonction était assurée.

Pour ne laisser aucune trace de ma direction, je gouvernai dans la nuit, de manière à me trouver hors de vue de Toulon au point du jour. Je chargeai une corvette de se détacher à quatre heures du matin, de se présenter devant ce port sans y mouiller, de mettre un canot à la mer, et de transmettre au capitaine du *Batave*, « à lui seul » et « sous le secret », l'ordre d'appareiller sur-le-champ avec sa division, et de me rallier en me donnant chasse jusqu'à Carthagène. Cette corvette a dû avoir rempli sa mission avant huit heures du matin ; car alors l'armée était nord et sud et au large de Toulon, c'est-à-dire à cinquante lieues du point où la veille elle était à l'ancre.

Aujourd'hui cette division, composée du *Batave*, du *Fougueux*, de *la Fidèle* et d'une corvette, ne m'a pas encore joint. Je n'en suis pas étonné, parce que le calme a régné toute la nuit, et que ce n'est que depuis quelques heures que la brise s'est levée. Je suis donc sans inquiétude sur ces bâtiments qui, marchant tous bien, rallieront sans doute l'armée avant son arrivée à Carthagène.

Depuis avant-hier au soir, aucun bâtiment n'a eu connaissance de l'armée, et, comme je me propose de faire faire route avec moi à tous ceux qui pourraient se trouver dans notre horizon, il est impossible que Jervis acquière la moindre notion sur ma direction.

Si, comme je l'espère, Mazarredo se pénètre comme moi de la nécessité de brusquer notre opération, je ne désespère pas de trouver encore Jervis, soit sur nos côtes, soit sur celles d'Italie, de détruire ou du moins de mettre sa flotte dans l'impossibilité d'agir de longtemps, et d'avoir rempli, sous trois à quatre mois, la mission dont m'a chargé le Directoire exécutif par sa dépêche du 7 [26 mai].

Au surplus, la flotte républicaine acquiert chaque jour l'ensemble et la précision qui font gagner des batailles. Les matelots se perfectionnent, les soldats deviennent marins, et les capitaines s'habituent à se former, à se maintenir en bon ordre, avec une célérité de marche qu'aucune armée française n'a peut-être eue jusqu'ici. Aussi comptons-nous des journées de soixante et quelques lieues. Celle d'avant-hier fut de soixante-dix, d'un midi à l'autre.

J'ai pensé que le Directoire pourrait avoir quelqu'inquiétude sur l'armée : c'est ce qui m'a décidé à détacher une corvette à Barcelone, pour lui faire passer cette dépêche par courrier extraordinaire.

(Arch. nat.)

---

11. BRUIX AU MINISTRE DE LA MARINE

A bord de l'Océan, 24 messidor an VII [12 juillet 1799].

J'ai l'honneur de vous rendre compte que les flottes française et espagnole entrent dans ce moment à Cadix.

Le Directoire exécutif apprendra sans doute avec regret que l'escadre française n'est plus dans la Méditerranée ; et dans un moment surtout, où sa réunion avec les Espagnols semblait devoir lui assurer l'empire de cette mer. Il n'a pas dépendu de moi de tirer de cette réunion tout le parti, que réclamaient la gloire du pavillon et l'intérêt de la République. Je n'ai rien négligé pour atteindre ce double but. Mais le fait même de ma jonction, ne m'a plus laissé le maître de la direction de mes forces ; et au moment où je devais espérer, par ce premier résultat de mes efforts, de frapper enfin quelques coups décisifs, je me suis vu dans la pénible alternative, ou de compromettre les forces qui me sont confiées en m'isolant des Espagnols, ou de sacrifier ma gloire personnelle et celle de mes compagnons d'armes, en suivant ces mêmes Espagnols. Je n'ai pas longtemps hésité : je les ai suivis.

Vous verrez, cit. ministre, par ma correspondance ci-jointe avec Mazarredo, que vainement j'ai proposé à cet officier général d'aller à la rencontre de l'ennemi, avant qu'il fût réuni en un seul corps d'armée ; qu'il

s'est toujours retranché dans la nécessité d'attendre les
ordres de sa cour; et que, malgré les démarches de notre
ambassadeur auprès du cabinet de Madrid, pour que
Mazarredo reçût l'ordre d'agir en conséquence de mon
plan, celui-ci a obtenu des ordres conformes à ses désirs.

Vous verrez encore, cit. ministre, que sentant désormais l'impossibilité de retenir l'escadre espagnole dans
la Méditerranée, j'ai proposé une manœuvre propre à
nous y rendre incessamment la supériorité; que ne
pouvant plus compter sur la volonté de Mazarredo, pour
une entreprise quelconque qui l'éloignerait de Cadix,
j'ai dépêché un courrier à Guillemardet pour l'engager
à obtenir du cabinet de Madrid l'ordre d'exécuter le
seul plan, qui puisse rendre Mahon à l'Espagne, conserver Malte à la République; et enfin, que c'est dans
l'espoir de trouver à Cadix les ordres que je sollicitais,
que je me suis décidé à y entrer.

Au lieu d'un ordre impératif, Mazarredo a reçu du
premier ministre, M. de Urquijo, l'autorisation formelle
d'entreprendre toute espèce d'opérations sur lesquelles
nous serions d'accord; et cela, sans qu'il soit besoin d'en
prévenir sa cour ni d'en attendre de nouveaux ordres,
S. M. C. approuvant d'avance tout ce qu'il fera de concert avec moi.

D'après la lettre de M. de Urquijo, que j'ai lue, il n'est
pas possible d'avoir le moindre doute sur les intentions
du cabinet de Madrid, et de ne pas croire à son désir de
nous seconder de tous ses moyens. Je remarque même
qu'il est dit dans cette lettre, que la pire des choses pour
l'escadre espagnole est l'oisiveté.

Mais, cit. ministre, quoiqu'il soit clair que le ministère espagnol ne partage pas les opinions de Mazarredo, il n'en est pas moins vrai qu'on ne lui donne aucun
ordre positif, mais seulement pouvoir de tout faire; et
qu'ainsi il dépend absolument de ce général d'utiliser

ou de paralyser une des plus belles flottes que l'on ait
vues.

Or, je crois pouvoir vous affirmer que le plan de
Mazarredo est de rester à Cadix, et qu'il n'en sortira
jamais, si le cabinet de Madrid ne lui en donne formellement l'ordre.

C'est dans cette conviction, et désespérant de pouvoir
le déterminer à un parti plus utile et plus honorable
pour les pavillons combinés, que je me décide à envoyer
un de mes adjoints à Madrid, avec des instructions
suffisantes pour mettre notre ambassadeur en mesure
d'obtenir l'ordre, sans lequel il est certain que Mazarredo ne quittera plus Cadix.

J'ai cru devoir lui cacher cette démarche ; car c'est un
homme extrêmement fin et délié, et qui, au moyen de
ses amis à Madrid, et d'une sorte de considération qu'il
a acquise dans les ports, pourrait bien influencer d'une
manière conforme à ses vues la détermination du cabinet.

En attendant le résultat des démarches que va faire
Guillemardet, je vais remplacer l'eau des vaisseaux, et
compléter, autant que je le pourrai, nos vivres de campagne.

Si, d'ici à huit jours, l'ordre de sortir nous arrive, je
crois pouvoir vous assurer, cit. ministre, qu'avant la fin
du mois prochain je serai rentré dans la Méditerranée,
et qu'avant vendémiaire j'aurai la satisfaction d'annoncer au Directoire exécutif que Malte est secourue, etc., etc.

Je vous prie de recevoir, cit. ministre, et de donner au
Directoire exécutif l'assurance que je ne goûterai ni repos
ni bonheur, que je n'aie complètement rempli ses vues.
Toutes mes pensées, tous mes efforts sont constamment
dirigés vers ce but, et la fortune me sera bien contraire,
si à force de persévérance je ne parviens pas à l'atteindre.

. . . .

E. Bruix.

[1]Mazarredo n'a reçu aucun ordre pour se ranger sous mon pavillon. Je ne sache même pas que le cit. Guillemardet ait fait des démarches à cet égard.

Le général espagnol commande son escadre, et moi la mienne. Il s'en faut bien qu'une telle disposition soit convenable, et que deux escadres ainsi combinées aient la force qu'elles auraient sous un seul chef. Si ces 40 vaisseaux étaient français, je serais actuellement maître de la Méditerranée, depuis l'époque de ma jonction avec Mazarredo.

(Arch. marine).

---

12. RAPPORT DE TALLEYRAND AU DIRECTOIRE

Sur le retour de l'armée d'Égypte.

Paris, 17 fructidor an VII [3 septembre 1799].

Le gouvernement français ne peut plus se flatter de voir réaliser les vues grandes et sublimes qui avaient fait entreprendre l'expédition d'Égypte.

Ce beau projet est évanoui.

Repoussé de Syrie, privé de forces navales imposantes, renfermé en Égypte où il sera attaqué par les Turcs, les Russes, les Arabes, les Anglais et peut-être les peuples de la Barbarie, privé de communications avec la mère-patrie qui ne peut lui envoyer des secours, ayant à combattre sans cesse le climat et les maladies, le général Bonaparte ne peut que succomber tôt ou tard sous tant d'ennemis, qui d'ailleurs ont la faculté de réparer sans obstacles leurs pertes.

Il serait donc digne de la sagesse du Directoire exé-

1. P. S., de la main de Bruix.

cutif, de tenter tous les moyens possibles de tirer d'Égypte ce général et ses illustres compagnons, et de les ramener dans leur patrie, à laquelle ils peuvent encore être utiles dans les circonstances où elle se trouve.

Vers l'an 462 avant l'ère vulgaire, les Athéniens firen une pareille expédition contre les Perses, dans la même contrée. Dans cet intervalle, la guerre du Péloponnèse s'alluma; la République ne put envoyer des secours à ses citoyens en Égypte, et ils y périrent presque tous.

Évitons, s'il est possible, un sort aussi déplorable à nos concitoyens.

C'est dans cette vue que je présente ce rapport au Directoire exécutif.

La mer est la seule route qui soit propice au retour de nos compatriotes. Toute autre serait d'une longueur extrême et sujette aux plus graves inconvénients.

Mais la mer Méditerranée n'est pas libre pour le pavillon tricolore. Elle est couverte d'une multitude d'ennemis, auxquels nous n'avons rien à opposer.

Si le Directoire exécutif veut donc tenter d'obtenir le retour de l'armée d'Égypte, il doit recourir à autrui, c'est-à-dire aux ennemis mêmes de la République.

Parmi eux, les Turcs et les Anglais sont les seuls qu'on doive juger disposés à se prêter aux vues du Directoire exécutif. Les uns et les autres ont tout intérêt de voir les Français évacuer l'Égypte : les Turcs, pour délivrer leur territoire d'un ennemi; les Anglais, parce que cette évacuation les rassurera sur leurs établissements dans l'Inde.

Mais la négociation doit-elle être entamée avec les deux puissances à la fois, ou faut-il seulement s'adresser à la Porte ?

Si cette dernière était redoutable sur mer, je n'hésiterais pas à engager le Directoire exécutif de ne faire des propositions qu'à elle. Outre qu'elle serait plus disposée à les écouter, puisqu'il s'agirait d'anéantir ce qui a été le sujet de la guerre, je me sentirais moins de répugnance à proposer cette démarche envers une puissance, qui a été si longtemps l'amie de la France, et que je dois supposer susceptible de revenir à ses anciens sentiments. Mais la Porte ne peut pas facilement rassembler le nombre de bâtiments, qui serait nécessaire pour le transport de l'armée, et n'a pas d'ailleurs une marine assez forte pour faire respecter par les Anglais, les Russes et les Portugais, le traité qu'elle aurait fait avec nous.

Je pense même que, s'il fallait absolument négocier avec une seule puissance, les Anglais devraient être préférés ; parce que la supériorité qu'ils ont sur leurs alliés, serait un garant que ceux-ci n'oseraient pas mettre obstacle à l'exécution de leur convention avec nous.

Mais je crois devoir proposer au Directoire exécutif d'entrer en négociation, sur l'objet dont il s'agit, avec la Porte et les Anglais en même temps. Si elle réussit, le général Bonaparte est à l'instant délivré des deux plus redoutables ennemis qu'il ait sur terre et sur mer en Égypte ; les Russes, les Arabes, les Portugais et les Barbaresques ne sont plus dangereux pour lui et son armée.

D'ailleurs, comme les Turcs sont, en temps de guerre, peu fidèles observateurs de leurs conventions ou capitulations, au point qu'on les a vus égorger des garnisons de places avec qui ils avaient capitulé, l'intervention des Anglais deviendrait une garantie qu'il ne serait pas porté atteinte à celle qui aurait été faite.

Cette négociation devrait d'autant moins rencontrer d'obstacles, qu'elle remplirait le vœu de la triple alliance formée nouvellement entre la Porte, la Russie et l'Angleterre : celui de se garantir l'intégrité de leurs États respectifs.

Il me semble d'ailleurs que la Porte s'y prêterait avec une sorte d'empressement, parce qu'elle verrait, par là, naître l'occasion de se délivrer des secours intéressés de ses incommodes et dangereux alliés.

Mais où doit être entamée cette négociation ? Je pense qu'elle doit l'être à Constantinople, siège de la puissance qui a le plus d'intérêt apparent dans l'évacuation de l'Égypte par les Français. Je ne vois dans ce choix qu'une objection, c'est que les agents de l'Angleterre à Constantinople ne se croiront peut-être pas suffisamment autorisés pour entrer en négociation, et par conséquent pour intervenir dans une convention. En ce cas, ils voudront demander à leur gouvernement des ordres et des instructions ; ce qui ralentira infiniment la négociation.

Il est vrai que la Porte, jalouse et empressée de rentrer en possession de l'Égypte, et d'en extraire tous les objets si nécessaires à la consommation du peuple de Constantinople, pressera les agents anglais et pourra les engager à signer la convention, sauf la ratification de leur cour. En ce cas, il serait possible d'obtenir une suspension d'armes en Égypte, jusqu'à la réception de cette ratification.

Je ne dois pas déguiser, que si cette convention pour le retour de notre armée avait lieu, elle contiendrait pour principale condition la promesse de la part des généraux, officiers et soldats, de ne pas servir pendant la durée de la guerre actuelle. Il serait possible que la Porte ne l'exigeât pas d'elle-même, parce que peu lui importent en général les affaires des chrétiens ; mais elle ne peut échapper à la sagacité et à la haine des négociateurs anglais.

Cette condition sera dure, sans doute, pour Bonaparte et ses compagnons, ainsi que pour le gouvernement français, qui verra par cette clause tant de bravoure et de talents frappés de paralysie ; mais il faudra bien y souscrire pour sauver ces Français, puisque nous n'avons ni la Syrie, ni une flotte puissante sur la Méditerranée.

Se rendre dans l'Inde serait le parti le plus avantageux que Bonaparte pourrait prendre, dans la situation où se trouve ce général ; mais dès qu'il ne l'a pas tenté, il faut croire qu'il trouve dans cette expédition des obstacles insurmontables.

Les États de Barbarie, jusqu'au détroit de Gibraltar, ne lui présentent, non plus, aucune issue favorable. Ils sont devenus nos ennemis, et de plus la peste y exerce ses ravages. Bonaparte aurait par conséquent à combattre les hommes et la contagion. Il faut donc renoncer à cette voie [1].

Dès que toutes les issues de l'Égypte nous sont fermées, ou par la nature des lieux, ou par les forces ennemies, il n'est pas possible de se soustraire à la condition que je viens de faire prévoir au Directoire, et qui vraisemblablement sera exigée.

Cette convention, si elle a lieu, pourra être comparée à la capitulation d'une place de guerre qu'on rend. Elle ne fera pas cesser l'état de guerre avec l'Angleterre et ses alliés. Mais il n'en est pas de même avec la Porte ottomane. Tout motif de guerre de sa part avec nous cesse par le droit, dès l'instant de l'évacuation de l'Égypte.

Voudrait-elle la continuer, pour cause de réparations et indemnités des dommages causés par nous en Égypte et en Syrie ? Mais, à cet égard, il y a au moins parité entre nous et elle. Outre les préjudices que son administration nous a causés avant la rupture, la Porte depuis cette époque n'a-t-elle pas cruellement opprimé nos

1. Un chef de division de mon ministère, qui a son fils unique au Caire, a voulu tenter de le faire passer avec une caravane revenant par terre à Maroc ; mais ayant consulté des hommes qui connaissent le pays, il a été détourné de ce projet à cause des dangers d'un voyage de ce genre. S'ils sont si grands pour un individu, que seraient-ils pour une armée ? (Note de Talleyrand).

concitoyens placés dans ses États? N'a-t-elle pas pillé, volé leurs propriétés, qu'on ne peut évaluer à moins de quarante millions de France?

Voudrait-elle la continuer, par respect pour son traité avec la Russie et l'Angleterre? Mais l'évacuation de l'Égypte rend nul ce traité, dont l'objet essentiel est la garantie des États ou possessions enlevés aux parties contractantes. Or, la République n'ayant rien conquis sur la Russie et sur l'Angleterre, et restituant l'Égypte à la Porte, le traité n'a plus de motifs et ne doit plus avoir d'effet.

Ainsi, cette convention serait un grand acheminement au rétablissement de nos relations avec la Porte.

Cependant il ne faudrait pas se flatter de les voir ce qu'elles étaient autrefois, ni même de parvenir promptement à un traité de paix définitive.

La Porte ne se détermine qu'avec lenteur. C'est son allure naturelle : elle n'y a dérogé que dans sa rupture avec nous, parce que le parti russe dominait au Divan; et il faut croire que ce même parti emploiera toute son influence, pour empêcher tout retour de la Porte vers la France. D'ailleurs, si les Turcs ont prouvé quelquefois qu'ils étaient des amis fidèles, il est aussi reconnu qu'ils conservent longtemps le ressentiment des injures. Il est très difficile de renouer avec eux d'anciennes liaisons, surtout lorsqu'ils ont quelque droit de se croire vainqueurs. Notre négociateur devra donc se prêter au caractère de ce peuple et de son gouvernement, et ne rien brusquer dans ses ouvertures. C'est le temps, aidé de la connaissance que la Porte a des projets ambitieux de la Russie et de l'Angleterre, qui la ramènera vers la République, son alliée naturelle.

On devra donc, par toutes ces considérations, éviter de proposer un traité de paix et le rétablissement de nos relations politiques et commerciales. En discutant l'objet de l'évacuation d'Égypte, le négociateur de la République devra préalablement s'attacher à obtenir de la Porte : 1° une suspension d'armes ou trêve entre la République et elle, pour quatre années; 2° le renvoi en France de tous les Français, sans distinction d'état, de caractère, d'âge et de sexe, qui sont retenus dans l'Empire ottoman, avec l'offre de la réciprocité de la part de la République. Si ces deux points sont accordés, il ne sera pas difficile d'entrer ensuite en négociation régulière, soit pour une paix définitive, soit pour tout ce qui peut intéresser les deux puissances.

Mais, pour parvenir à ce résultat et surtout à la convention pour l'évacuation de l'Égypte, le négociateur devra prendre toutes les précautions imaginables, pour que le ministre russe n'ait pas connaissance de sa mission. S'il en était instruit, il ferait tous ses efforts pour s'opposer à son succès; car l'évacuation de l'Égypte par les Français rendrait l'assistance de la Russie inutile à la Porte, et par conséquent y diminuerait son influence et sa domination.

Ces divers points seront plus amplement discutés et développés, dans les instructions qui seront données au négociateur.

Je dois aujourd'hui me borner à ces deux questions :

Le Directoire veut-il tenter de négocier à Constantinople le retour de l'armée d'Égypte ?

Quelle personne veut-il choisir pour négociateur ?

Je crois avoir démontré au Directoire la nécessité de la négociation, et la possibilité d'y réussir.

Quant au choix du négociateur, je ne crois pas qu'il puisse tomber sur un Français. Son admission serait difficile et peut-être même impossible. J'ai jeté les yeux sur un Espagnol, que je me propose de faire connaître au Directoire exécutif, s'il y a lieu.

Je le prie de me manifester ses intentions.

P. S. — J'ai l'honneur d'observer encore au Directoire exécutif, que l'évacuation de l'Égypte nous privera d'un puissant moyen de compensation à offrir, dans des négociations ultérieures de paix avec l'Angleterre; que, de plus, elle permettra à celle-ci de retirer ses armements de l'Égypte et par conséquent lui donnera plus de moyens, soit pour bloquer Malte, soit pour protéger l'Irlande contre les tentatives des Français. Ces inconvénients sont graves; mais il ne me paraît pas qu'ils doivent empêcher de tenter la négociation dont il s'agit, parce que Bonaparte et son armée sont dans un péril imminent, dès que l'invasion de la Syrie n'a pu s'effectuer et que la République n'a pas de flottes à lui envoyer, capables de lui porter des renforts et de détruire celles des ennemis. D'ailleurs, si la convention projetée a lieu, il sera libre à ce général d'y adhérer ou de la rejeter. Il se déterminera à cet égard, d'après sa véritable position en Égypte. S'il ne la croit pas aussi critique qu'elle nous le paraît, il pourra refuser la capitulation qui aura été dressée pour lui à Constantinople, et alors la responsabilité du Directoire exécutif est à l'abri de tout reproche ultérieur. C'est pourquoi, il me paraîtrait convenable de tenter tous les moyens possibles pour informer Bonaparte de la négociation, si elle est entamée. La saison dans laquelle nous allons entrer est favorable à cet égard. Ainsi prévenu, le général pourra fixer d'avance ses résolutions et ranimer le courage, peut-être abattu, de ses compagnons, par l'espoir d'un prompt retour dans leur patrie.

(Aff. étr., *Turquie.* vol. 200).

13. RAPPORT DE REINHARD

Paris, 24 fructidor an VII [10 septembre 1799].

La note que j'ai l'honneur de présenter au Directoire exécutif, renferme les bases d'une négociation à entamer avec la Porte ottomane.

Mon prédécesseur me l'a remise, comme étant le résultat de son dernier travail avec le Directoire exécutif, dans sa séance du 17 de ce mois [3 septembre].

Si le Directoire exécutif persiste à adopter ces mêmes bases, je le prie de vouloir bien les revêtir de son approbation.

Je prie le Directoire exécutif de vouloir bien revêtir de son approbation les propositions suivantes :

1º Le ministre des relations extérieures est autorisé de faire négocier à Constantinople l'évacuation de l'Égypte par les Français, à la condition qu'il sera fourni au général Bonaparte, à son armée et à tous les agents civils et militaires qui lui sont attachés, de quelque nation que ce fût, des moyens sûrs et solides de rentrer en France.

2º M. de Bouligny, ministre du roi d'Espagne auprès de la Porte, sera chargé de cette négociation.

3º Il lui sera envoyé directement pour agent, un Espagnol ou un Français parlant espagnol.

4º Cette négociation ne devra s'ouvrir qu'avec la Porte ottomane.

5º Cependant, on pourra y admettre les agents de l'Angleterre à Constantinople, si la Porte l'exige absolument, ou si M. de Bouligny juge insuffisants ou incertains les moyens que cette puissance a à sa disposition, pour opérer l'évacuation sans le concours des Anglais.

6° On obtiendra de la Porte toutes les facilités qui dépendent d'elle, pour que M. de Bouligny puisse instruire le général Bonaparte de la négociation qui aura été ouverte.

7° On stipulera aussi avec elle, qu'en même temps que les Français évacueront l'Égypte, ceux de tout état et caractère, de tout sexe et de tout âge, détenus dans l'Empire ottoman, seront, par des voies sûres, renvoyés dans leur patrie. La réciprocité sera accordée à la Porte pour ses sujets qui sont en France.

8° Il sera réservé, dans tous les cas, au général Bonaparte la faculté d'obtempérer ou non à la convention qui pourra avoir lieu [1].

Reinhard.

Approuvé par le Directoire exécutif, le vingt-quatre fructidor, an sept de la République.

Sieyès   Barras
                Roger-Ducos.
Moulin,   Gohier.

(Arch. nat., et Aff. étr., *Turquie,* vol. 200.)

---

14. NOTE POUR LE DIRECTOIRE EXÉCUTIF

Paris, 28 fructidor an VII [14 septembre 1799].

Le ministre des relations extérieures, conformément aux intentions du Directoire exécutif, écrit par le cour-

1. La minute porte en tête, de la main de Talleyrand : « Les propositions renfermées dans cette note sont le résultat de ce qui a été dit au Directoire, à mon dernier travail » (Aff. étr.). La rédaction a été faite par Boulouvard, chef de la 2° division

rier de ce jour à son ambassadeur à Madrid, pour le charger en son nom, de demander à la cour d'Espagne une personne qui soit assez digne de la confiance des deux gouvernements, pour être chargée des paquets du Directoire exécutif pour M. de Bouligny, relativement au projet de négociation avec la Porte ottomane. Le ministre manifeste en même temps le désir, que le choix porte sur un Espagnol, qui ait assez d'intelligence pour aider M. de Bouligny dans ses opérations.

Le ministre a calculé que cet Espagnol ne pourra arriver à Paris avant le 30 vendémiaire [22 octobre]; mais il y sera à cette époque, s'il voyage avec un peu de diligence, comme on doit le lui recommander.

En supposant que cet Espagnol ne parte ensuite de Paris que le 6 brumaire [28 octobre], il est évident qu'il ne pourra arriver à Constantinople que dans la première décade de nivôse [décembre 1799].

On expose ce calcul au Directoire exécutif, afin qu'il ait une connaissance positive de l'époque à laquelle pourra s'ouvrir la négociation à Constantinople.

Cette époque sera un peu tardive, parce qu'il serait essentiel que la négociation pût être conclue avant le 1er germinal [22 mars 1800], époque de l'ouverture de la campagne prochaine.

Malheureusement la Porte ottomane est si lente dans ses démarches, que trois mois ne suffiront peut-être pas pour l'amener au but désiré.

Mais, ce qu'il y a de plus inquiétant, ce sont les bruits qui se répandent d'une rupture de la Porte avec l'Espagne.

Sans doute ils sont faux, mais peut-être aussi sont-ils

au ministère, ainsi qu'il nous l'apprend lui-même. « Ces bases, dit-il, furent le résultat d'un travail que le cit. Talleyrand porta le 17 de ce mois [3 septembre] au Directoire exécutif. A son retour, il me les développa en peu de mots, d'après lesquels je les rédigeai en huit articles » (*Ibid.*).

l'avant-coureur de ce qui doit arriver. La Porte étant asservie par la Russie, dès que celle-ci s'est mise en état de guerre avec l'Espagne, celle-là peut bien être forcée de faire de même.

En ce cas, l'Espagnol dépêché de Paris, ou ne pénétrerait pas sur les terres de l'empire, ou y serait arrêté. Alors la négociation serait impraticable : il faudrait recommencer à nouveaux frais, après avoir perdu un temps précieux.

Pour éviter ce grave inconvénient, ne serait-il pas prudent de faire partir de Berlin par une personne de confiance, le double des paquets, adressé à M. de Bouligny sous le couvert du ministre de Prusse à Constantinople? Si la rupture n'avait pas lieu et que M. de Bouligny ne fût pas aux Sept-Tours, ce dernier lui remettrait les paquets. Dans le cas contraire, il les ouvrirait lui-même et deviendrait le négociateur, d'après les autorisations qui lui auraient été données.

Reinhard.

(Aff. étr., *Turquie*, vol. 200.)

---

15. REINHARD A BONAPARTE

Paris, 2e jour complém. de l'an VII [18 septembre 1799].

Le Directoire exécutif m'a autorisé, général, à faire négocier à Constantinople l'évacuation de l'Égypte par les Français, à condition qu'il vous fût fourni, ainsi qu'à votre armée et aux agents civils et militaires de quelque nation que ce soit qui vous sont attachés, des moyens sûrs et solides de rentrer en France. M. de Bouligny, ministre d'Espagne à Constantinople, sera chargé de cette négociation, qui ne devra s'ouvrir qu'avec la Porte ottomane, à moins que celle-ci n'exige absolument que les agents d'Angleterre y soient admis. On stipulera en même temps, pour la délivrance de tous les Français détenus en Turquie. M. de Bouligny doit obtenir de la Porte toutes les facilités, pour vous instruire des progrès de la négociation. La faculté d'obtempérer ou non à la convention qui pourra avoir lieu, vous sera réservée. Nous espérons que cette négociation pourra se trouver en pleine activité, dans le courant du mois de nivôse [décembre-janvier].

Tant de moyens, qui ont été tentés pour vous instruire directement de nos affaires, ayant manqué, je tente celui de vous faire passer une simple lettre. Je dois être court; c'est une des conditions du succès.

Depuis peu de jours, nous connaissons votre retraite de Saint-Jean-d'Acre, par les papiers anglais. Nous vous supposons de retour en Égypte.

De votre côté, vous aurez appris nos revers, et nos revers exagérés : Joubert est mort sur le champ de bataille de Novi, le 28 thermidor [15 août]; la nation a pleuré sur sa tombe comme sur celle de Hoche.

En Suisse, Masséna se soutient; Lecourbe fait des prodiges tantôt sur les frontières des Grisons, tantôt dans les montagnes de Schwitz et de Glaris. Une armée nouvelle, formée dans le département de l'Isère par Championnet, va se réunir à l'armée d'Italie. Moreau passe à l'armée du Rhin, dont Muller a le commandement provisoire. Un mouvement hardi de ce dernier, combiné avec les progrès de Lecourbe, a dégagé Gênes.

Les Anglais ont opéré une descente en Hollande, où commande Brune. Quoique l'insurrection des matelots leur ait livré une partie de l'escadre batave, et que Dandels ait évacué le fort de Helder, ils n'ont pu s'avancer au delà d'Ackmaes. Nos renforts marchent; ils vont arriver à temps.

La fureur délirante de Paul Ier a envoyé contre nous des corps nombreux en Italie, en Suisse, en Hollande. Foissac-Latour a capitulé à Mantoue après quatre mois de blocus. La diète de l'Empire semble prête à recommencer la guerre pour obéir à l'Autriche; le nord de l'Allemagne et la Prusse restent neutres, sans concert avec nous et sans bienveillance; la Suède chancelle, le Danemark tient ferme. Nous attendons des envoyés des États-Unis.

Vous voyez, général, qu'il nous faut du courage et nous en avons. Une conscription de 200,000 citoyens a déjà rendu à nos armées l'égalité du nombre, dont la supériorité seule avait donné à nos ennemis les moyens de nous vaincre. Un emprunt forcé de 100 millions a été décrété et se perçoit en ce moment.

Le Directoire exécutif est composé des citoyens Sieyès, Barras, Gohier, Roger-Ducos et Moulin. Ils m'ont tous chargé de vous dire, qu'ils s'intéressent avec une sollicitude commune à votre situation, à celle de tous vos généreux compagnons d'armes et de travaux; qu'ils regrettent votre absence et qu'ils désirent ardemment votre retour.

La grande majorité du Corps législatif seconde les intentions et les mesures du Directoire. Si partout les esprits sont exaltés, si les passions s'agitent, partout la nation se montre attachée à la constitution de l'an III. Une vaste conspiration royaliste, qui avait éclaté dans le département de la Haute-Garonne, a été comprimée sur-le-champ par la levée en masse des citoyens.

L'Espagne reste alliée fidèle : Mazarredo commande une escadre de quatorze vaisseaux qui, jointe à la nôtre, est venue de la Méditerranée à Brest. Bruix commande l'escadre combinée.

Les Français sont assez bien traités à Alger, en prison à Tunis. Ils ont été chassés de Tripoli par ordre de

Nelson, qui craignait ce moyen de communication avec vous[1].

Ancône et Civita-Vecchia tiennent encore, mais isolées et avec la probabilité de succomber bientôt. Nous ne sommes plus dans le pays de Naples. Nous conservons Malte, et nous faisons, pour l'approvisionner, des efforts dont plusieurs ont réussi.

Pendant longtemps, les espérances de la nation ont été trahies par l'ineptie et par la corruption ; pendant long-temps, les hasards même ont semblé nous faire la guerre. Il nous reste les moyens, la volonté et la ferme espérance de vaincre les obstacles, qui, dans l'intérieur et au dehors, luttent contre les destinées de la République. Le Directoire exécutif, général, vous attend, vous et les braves qui sont avec vous.

Il ne veut pas que vous vous reposiez exclusivement sur la négociation de M. de Bouligny. Il vous autorise à prendre, pour hâter et assurer votre retour, toutes les mesures militaires et politiques que votre génie et les événements vous suggéreront[2].

(Arch. nat.)

---

16. M. DE BOULIGNY A M. DE AZARA

Constantinople, 24 août 1799.

J'ai fait dire à cette cour que, par une combinaison naturelle, au même temps où elle offrait sa médiation

1. Nous rétablissons cet alinéa et le suivant d'après la minute (Aff. étr.), parce qu'ils semblent avoir été omis sur l'original par inadvertance.
2. Cette lettre a été approuvée par le Directoire, le 20 septembre.

pour notre paix avec l'Angleterre, Sa Majesté offrait la sienne à la Porte ottomane pour faire sa paix avec la France. J'ai ajouté les conséquences fâcheuses auxquelles la coalition va l'exposer, et toutes les raisons qui [y] peuvent la déterminer. On a voulu que je fisse ma proposition par écrit; et j'ai promis que, si on doit l'accepter, je la ferai en conférence avec la même formalité qu'on a eue avec moi.

Le ministre d'État s'expliqua après plus clairement, demandant l'évacuation de l'Égypte pour le préliminaire d'une paix, dont il pouvait presque assurer la vérification, quoique la Porte se trouve engagée à ne pas se séparer de ses alliés; que les troupes françaises devant périr nécessairement, il me conjure pour le bien de la France, de la Porte, de l'humanité, de conseiller à Bonaparte l'évacuation, moyennant la garantie de la Porte ottomane pour son armée jusqu'à son arrivée en France. Il a beaucoup insisté sur cela. Je l'ai entendu patiemment; mais j'ai décliné sa proposition, parce que je n'ai aucun pouvoir du gouvernement français, pour [ne pas] donner des assurances de paix; et parce que la Porte pourrait le proposer elle-même par l'entremise de ses généraux, en attendant que je reçoive des instructions.

Hier, après une conférence avec le ministre russe et une assemblée du ministère, il s'est réduit à me dire que la Porte ottomane accepte avec plaisir et reconnaissance la médiation du Roi notre maître, pour une paix juste et honorable. Que Sa Majesté considère l'injustice, les dommages et les torts de l'invasion; et que Sa Majesté daigne interposer sa médiation et ses bons offices auprès du gouvernement français, pour que le motif de la guerre cesse tout à fait par le susdit préliminaire, sans lequel on ne peut songer à aucun traité de paix définitive, telle qu'on la désire. Il m'a recommandé le secret, et il m'a offert ses courriers pour la sûreté et la célérité de la correspondance à Paris, que j'accepterai avec précaution. Il ajoute qu'il diffère l'échange, pour ne pas éveiller l'attention des alliés, et pour pouvoir y comprendre tous les Français sans exception, aussitôt qu'aura lieu ledit préliminaire, qu'il énoncera ainsi en leur cachant la véritable intention d'une paix définitive. — Je me suis contenté de lui répondre que j'informerai de tout. Tout cela a été verbal.

J'imagine qu'il aura concerté une bonne partie de son plan avec les alliés; qu'on aura celui de laisser la Porte purement passive ; et que ceci, comme la modification du préliminaire, dépend de la situation intérieure et extérieure de la France. On ne croit pas que, dans la campagne de cette année, il y ait un résultat décisif contre Bonaparte.

Si l'on juge à propos de me donner des instructions, je demande qu'elles soient claires et formelles ; telles que la gravité de l'affaire et la distance ou l'éloignement l'exigent [1].

(Aff. étr., *Espagne*, vol. 656.)

---

17. RAPPORT DE REINHARD AU DIRECTOIRE

Paris, 12 vendémiaire an VIII [4 octobre 1799].

Je me suis empressé de faire sentir à l'ambassadeur d'Espagne que, la négociation que nous allions ouvrir avec la Porte ottomane allant devenir inutile par la pro-

---

1. On voit par une « feuille de travail », que cette dépêche a été communiquée au Directoire le 4 octobre.

position mise en avant par la Porte elle-même, il suffirait d'envoyer à Constantinople un courrier espagnol, au
lieu d'agents.

M. de Musquiz s'est montré disposé à faire tout ce que
le Directoire exécutif pourrait désirer. Mais il se présente
une difficulté. Le gouvernement autrichien ne permet
pas aux courriers espagnols allant à Constantinople, le
passage sur son territoire. La dernière lettre de M. de
Bouligny n'est parvenue que par la poste ordinaire.

Cette voie serait impraticable, attendu que les instructions à donner à M. de Bouligny, devant être communiquées au ministère ottoman, ne sauraient être
transmises en chiffres; ce qui lui ôterait les moyens d'en
constater l'authenticité. Se bornera-t-on à renvoyer un
simple courrier à l'ambassadeur d'Espagne à Vienne?
Chargera-t-on celui-ci de trouver les moyens de faire
franchir le territoire autrichien, aux dépêches qui lui
seront confiées? Mais cet ambassadeur aura besoin de
savoir beaucoup de choses, qu'on ne peut dire dans
une dépêche; il aura peut-être besoin de se concerter
avec l'ambassadeur turc à Vienne; peut-être le concours
de l'ambassadeur turc à Paris sera-t-il nécessaire.

En prenant une autre voie que celle de terre, on
s'exposerait aux hasards, aux lenteurs, aux dangers de
la navigation. La voie de Venise aurait les mêmes inconvénients, et quelques-uns de plus.

Après une mûre réflexion, je persiste à penser que la
voie de Vienne est la seule qu'il convienne de prendre;
qu'à cet effet, un simple courrier ne suffit point, et qu'on
ne saurait envoyer un Français.

Quant à M. Bardaxi, je puis le peindre au Directoire
exécutif tel que je l'ai connu à Florence : jeune homme
ayant de l'esprit, aimant le plaisir, attaché aux principes
monarchiques sans fanatisme, s'occupant de politique
juste autant qu'il le faut pour sa place, n'ayant d'autre

système que celui de son oncle, qui passait alors pour être attaché à celui de l'alliance française.

La disgrâce dans laquelle M. d'Azara est tombé auprès de M. d'Urquijo, et dont le choix qu'on a fait de Bardaxi est une conséquence, doit nécessairement le porter à bien mériter du gouvernement français.

Je pense donc qu'on pourrait, à la rigueur, confier cette mission à M. Bardaxi, à moins qu'on ne voulût écarter entièrement M. d'Azara d'une négociation à laquelle il paraît avoir coopéré beaucoup.

La négociation elle-même est de la plus haute importance, et comme il n'y a point de moyens pour parvenir à ce but qui ne soient hérissés d'inconvénients, il ne faut pas cependant que ces inconvénients fassent manquer le but.

Si, d'un côté, des trahisons sont à craindre dans une affaire, qui ne peut être conclue sans le concours des coalisés; de l'autre, par ce concours même, Bonaparte, chargé de conduire la négociation lui-même, trouvera une plus grande latitude pour déployer son génie; il pourra semer, dans le terrain qu'il aura à cultiver, les germes d'une pacification générale.

Enfin, si le Directoire exécutif se décide à préférer, pour la transmission de ses ordres à Constantinople, la voie de Vienne, il y aurait peut-être un moyen de mettre en défaut la surveillance ombrageuse du cabinet de Vienne et des ministres de la coalition : ce serait de profiter de la dernière victoire remportée en Suisse, et des bruits que la cour de Vienne semble faire répandre à dessein sur ses dispositions pacifiques, pour faire demander par l'ambassadeur d'Espagne à Paris, à son collègue à Vienne, des éclaircissements sur les intentions réelles du gouvernement autrichien. Cette démarche, faite en l'air, couvrirait le véritable objet de l'envoi soit d'un courrier, soit d'un agent; elle produirait en même temps le bon effet d'inquiéter les autres puissances.

Je propose au Directoire exécutif de m'autoriser à me concerter avec M. de Musquiz sur le choix, soit d'un courrier, soit d'un agent espagnol, pour faire passer ses instructions à Constantinople par la voie de Vienne.

(Arch. nat., et Aff. étr., *Espagne,* vol. 657.)

---

18. RAPPORT DE REINHARD AU DIRECTOIRE

Paris, 12 vendémiaire an VIII [4 octobre 1799].
Présenté le 14 [6 octobre].

Dans la même séance, où les conclusions du rapport ci-joint sur les moyens de faire parvenir des instructions à M. de Bouligny et par lui à Bonaparte avaient été adoptées, le Directoire exécutif a reçu des nouvelles satisfaisantes d'Égypte.

Il pense que l'envoi d'un agent espagnol n'en est devenu que plus inutile; mais, par cette raison même, il attache une plus grande importance à ce que Bonaparte soit promptement instruit et des propositions faites à M. de Bouligny, et de la latitude que le Directoire exécutif veut donner à ce général pour négocier lui-même. Le ministre des relations extérieures se bornera, en conséquence, à se concerter avec l'ambassadeur d'Espagne, sur les moyens de faire parvenir à Bonaparte et à M. de Bouligny des lettres et des instructions, par la voie de courriers turcs et espagnols; il emploiera en même temps tous les moyens qu'il [s'] est déjà procurés pour correspondre directement avec Bonaparte. Il s'entendra avec le ministre de la marine pour l'envoi d'une ou de plusieurs embarcations.

Il prie le Directoire exécutif d'approuver le présent rapport.

Reinhard.

Approuvé par le Directoire exécutif.

Paris, le quatorze vendémiaire, an huit de la République française, une et indivisible.

Roger-Ducos
Sieyès
Barras.

(Arch. nat.)

19. REINHARD A BONAPARTE

1° *Lettre ostensible.*

Paris, 18 vendémiaire an VIII [10 octobre 1799].

Le Directoire exécutif, cit. général, a été informé que la Porte ottomane avait témoigné à M. de Bouligny le désir de négocier l'évacuation de l'Égypte, ainsi que votre retour en France et celui de l'armée que vous commandez, et qu'elle lui avait fait entendre que cette négociation serait le préliminaire d'une pacification définitive.

Le Directoire exécutif n'a pas besoin de vous rappeler que, lorsque l'expédition d'Égypte fut résolue, il était si éloigné d'y voir un acte d'hostilité contre la Porte ottomane, qu'il n'était question de porter aucune atteinte à ses droits et à ceux des musulmans, mais seulement de punir et de soumettre des hommes injustes et impies, des sujets constamment rebelles du Grand Seigneur; que même, parmi les motifs qui déterminèrent, l'on compta pour beaucoup la certitude de rendre par cette entreprise un service signalé à la Porte elle-même, et l'espérance de resserrer davantage les liens d'amitié, qui l'unissaient à la France depuis tant de siècles.

Malheureusement, les ennemis communs des deux puissances sont parvenus à troubler cette longue harmonie, et à faire envisager à la Porte l'expédition d'Égypte, sous un aspect entièrement opposé à ses vrais intérêts. La demande préliminaire faite par la Porte pour que l'Égypte fût évacuée par l'armée française, est encore une conséquence de cette manière de voir.

Quoi qu'il en soit, le désir de rétablir la paix avec son ancienne alliée fait non seulement consentir le Directoire exécutif à entrer en négociation; mais encore, voulant y procéder de la manière la plus prompte et la plus franche, il s'est déterminé à faire connaître directement à la Porte, par l'organe de M. de Bouligny, la disposition dans laquelle il était, et en même temps il vous a choisi et désigné pour son négociateur.

C'est d'après cela aussi, qu'il m'a chargé de vous annoncer qu'il vous donnait, à cet égard, tous les pouvoirs nécessaires pour traiter, soit par vous-même, soit encore par tel agent que les conjonctures pourront vous engager à commettre et à envoyer là où il sera convenable.

D'ailleurs, pour ce qui est des conditions sous lesquelles vous pourrez et négocier et conclure, il a encore jugé à propos de ne vous en prescrire aucune particulière; mais de s'en rapporter à vos lumières, à votre sagesse, à la parfaite connaissance que vous avez soit de votre position, soit des circonstances locales, et enfin au zèle ardent que vous avez toujours montré pour l'honneur et les intérêts de la République. Il vous laisse donc à cet égard, sous tous les rapports, la plus grande latitude possible; et en cela même, il croit donner à la Porte une nouvelle preuve de la sincerité de ses vœux pour le rétablissement de la paix.

Vous jugerez, sans doute, que l'humanité et la dignité

nationale exigent que le préliminaire de votre négociation soit la mise en liberté de tous les Français, si injustement détenus dans les États de la Porte ottomane, et si cruellement maltraités dans plusieurs endroits de cet empire.

Au surplus, n'ayant point de moyens directs pour vous faire passer cette lettre, je l'adresse à M. de Bouligny, avec invitation de vous la transmettre. Il n'en aura pas d'autres lui-même, que ceux que le gouvernement ottoman voudra lui permettre de prendre ; mais il les obtiendra aisément sans doute, si, comme on doit le croire, ce gouvernement désire franchement de négocier et d'arriver au but qui paraît être l'objet de ses souhaits. On doit compter même qu'il s'empressera de vous donner les facilités nécessaires pour correspondre, soit avec M. de Bouligny, soit avec tous ceux à qui vous pourrez avoir besoin d'écrire, soit enfin avec le gouvernement de la République française.

Le Directoire exécutif a reçu vos lettres du 10 thermidor. Je n'ai pas besoin de vous parler de l'intérêt que la nation et le gouvernement prennent à vous, et à la brave armée que vous commandez. Vos succès sont d'autant plus heureux, qu'ils rouvrent la porte de la paix. De mon côté, j'ai le plaisir de vous annoncer une victoire complète, que le général Masséna vient d'obtenir en Suisse contre les Russes et les Autrichiens. La bataille qui s'est donnée a coûté à l'ennemi plus de 20,000 hommes en tués, blessés et prisonniers, 150 canons, 6 drapeaux et tous les bagages de l'armée.

2° *Lettre particulière.*

Je vous ai écrit, cit. général, le 2ᵉ jour complémentaire an VII [18 septembre], une lettre importante qui vous a été expédiée par différentes voies.

Peu de temps après, le ministre d'Espagne à Constantinople nous a transmis de la part de la Porte des propositions, dont la clef nous a été donnée par vos dépêches du 10 thermidor [28 juillet], arrivées presque à la même époque.

Vous verrez, par la copie ci-jointe de la lettre de M. de Bouligny à M. d'Azara, que les ouvertures faites par la Porte nous dispensent de proposer l'évacuation de l'Égypte, et que c'est à nous à y consentir.

Dès lors aussi, il a paru qu'on n'en n'était plus réduit à ne traiter que par des agents espagnols; que le gouvernement français pouvait négocier lui-même directement avec la Porte; et qu'il n'y avait plus lieu d'employer le ministère de M. de Bouligny, que pour qu'il en facilitât les moyens. C'est dans ce sens que nous lui écrivons, sans parler d'une médiation, qu'il n'a pas paru convenable d'accepter.

D'ailleurs, il n'y a pas eu à délibérer sur le choix des négociateurs. L'intention du Directoire exécutif est que vous le soyez. C'est vous, à qui par conséquent le Directoire exécutif a résolu de donner des pleins pouvoirs à cet effet.

C'est d'après ces déterminations, que d'abord j'écris à M. de Bouligny une lettre pour vous, lettre ostensible qui constate vos pouvoirs, et qu'il vous fera passer par les moyens que le ministère ottoman pourra lui fournir.

Nous envoyons les dépêches à Vienne par un courrier espagnol. De là, l'ambassadeur turc, d'après les ordres qu'il a reçus de son gouvernement, les expédiera à Constantinople par un de ses courriers.

Au surplus, je suis autorisé à vous dire que le Directoire vous donne, pour cette négociation, les pouvoirs les plus amples et les plus étendus; qu'il vous laisse la faculté de traiter soit par vous-même, soit par tel Français que vous jugerez à propos de commettre et d'envoyer là où vous le croirez convenable ; qu'il n'a voulu même vous gêner par aucune sorte d'instructions et, qu'en un mot, il se confie entièrement à votre zèle, à la supériorité de vos lumières, et à la connaissance que vous avez seul et de votre position et de toutes les circonstances locales.

Vous remarquerez que les ouvertures, que la Porte a faites au sujet de votre retour, ont été concertées avec les ministres coalisés. C'est assez vous dire combien vous devez être sur vos gardes. Les Turcs mêmes, loyaux dans la paix, sont perfides dans la guerre, et leur histoire offre plus d'un exemple de capitulations violées.

Un des premiers objets de la négociation doit être la liberté et le renvoi dans leur pays, de tous les Français détenus dans l'empire ottoman, sous la condition de la réciprocité pour tous ceux de ses sujets qui sont en France. Le Directoire ne s'en repose pas moins à cet égard sur votre humanité, sur votre sagesse, sur votre affection pour tous les individus d'une patrie, où votre nom est aussi chéri que célèbre.

Enfin, cit. général, en vous donnant sa pleine confiance, le Directoire ne doute pas que vous ne mettiez à profit, pour les intérêts de la République, tous les avantages que les circonstances pourront vous offrir ; et ne peut-on pas se flatter que votre génie trouvera peut-être à semer, dans le champ qui vous est présenté, les germes d'une pacification générale ?

(Aff. étr., *Turquie*, vol. 201.)

---

20. RAPPORT DE REINHARD AU DIRECTOIRE.

Paris, 11 brumaire an VIII [2 novembre 1799].

Le Directoire exécutif est informé que, lorsque le général Bonaparte arriva, toutes les expéditions pour l'Égypte et pour Constantinople furent suspendues; et que **M.** Bouligny ne reçut qu'une réponse vague [1], motivée sur ce que le Directoire exécutif se réservait de s'expliquer avec la Porte, après avoir entendu les renseignements que lui portait le général de l'armée d'Égypte.

Le Directoire exécutif, éclairé aujourd'hui sur la véritable position de cette armée, se sera convaincu qu'il ne peut exister que les trois hypothèses que voici :

1° De se maintenir en Égypte, en renforçant l'armée, et de conserver définitivement cette conquête.

2° De s'y maintenir jusqu'à la paix générale.

3° De l'abandonner avant cette époque.

Dans la première hypothèse, il faudrait des hommes, de l'argent, de la célérité, du secret, du bonheur, et la continuation de la guerre.

Dans la seconde, l'évacuation de l'Égypte deviendrait un moyen de compensation, non pas vis-à-vis de la Porte, mais vis-à-vis de l'Angleterre.

La troisième ne pourrait être que le résultat de quelques malheurs imprévus.

Dans toutes, il convient de faire quelques démarches auprès de la Porte, pour ralentir la funeste explosion de son fanatisme, et pour la détacher, autant que possible, des coalisés qui la perdent.

Le Directoire exécutif sait que quelques ouvertures de négociations ont été faites par le général Bonaparte; il sait aussi que la Porte en a fait de son côté, mais en exigeant, comme condition préliminaire, l'évacuation de l'Égypte, et en l'exigeant de concert avec les coalisés.

Quelle que soit la négociation, le Directoire exécutif veut qu'elle soit conduite par ses propres agents.

Envoyer un agent à Constantinople, c'est l'exposer aux

1. Reinhard à M. de Bouligny, 27 octobre (Aff. étr., *Espagne*, vol. 657).

mauvais traitements, à l'emprisonnement, au non-suc-
cès; c'est compromettre la dignité nationale; c'est donner
une arme de plus à la coalition.

Mais le centre de la négociation devait être en Égypte;
il doit y être encore aujourd'hui. Un citoyen qui jouit
d'une grande réputation en Turquie, qui a rempli digne-
ment à Constantinople, et dans des temps difficiles, le
poste d'ambassadeur de la République, avait été déjà
désigné pour s'expliquer avec la Porte sur l'expédition
d'Égypte, lorsqu'on sentit que la guerre allait en être la
conséquence. C'est le citoyen Descorches.

Le citoyen Descorches, au lieu de se rendre à Constantinople, pourrait se rendre en Égypte avec des pouvoirs pour négocier et pour traiter.

La Porte pourrait en être prévenue, par une lettre écrite
au grand vizir.

La mission du citoyen Descorches serait de faire sentir
à la Porte l'impossibilité d'évacuer l'Égypte avant la paix;
de traiter avec elle, dans toutes les hypothèses que les
circonstances amèneraient.

J'ai l'honneur, en conséquence, de proposer le projet
d'arrêté suivant [1].

(Arch. nat.)

---

21. REINHARD A KLÉBER

Paris, le 15 brumaire an VIII [6 novembre 1799].

Je m'empresse, citoyen général, de profiter de l'aviso
qui doit vous être expédié, pour vous informer des principaux événements qui ont eu lieu depuis quelques mois,

---

1. Il s'agit de l'arrêté de nomination de Descorches. — Le

et pour vous dire, en même temps, combien notre gouvernement s'est occupé et s'occupe encore de la glorieuse armée que vous commandez.

Le premier objet me paraît être rempli par les deux bulletins ci-joints. L'un, en date du 2e complémentaire [18 septembre], avait été préparé et devait partir avec diverses dépêches, lorsque l'arrivée du général Bonaparte nous fut annoncée : il vous fera connaître quel était l'état des choses à cette époque. L'autre, en date de ce jour, vous instruira des événements qui ont suivi.

Pour le deuxième objet, vous pensez sans doute que le Directoire n'a jamais perdu de vue cette précieuse armée qui, après s'être signalée par tant d'exploits en Europe, était allée au loin s'exposer à de nouveaux dangers. Sa sollicitude toujours vigilante ne put que devenir très vive et même très inquiète, lorsque, par les difficultés des communications, il se trouvait depuis longtemps privé de toute nouvelle. Alors aussi, il conçut le dessein de tenter quelques négociations auprès de la Porte ottomane, et de chercher à renouer avec elle les anciennes liaisons d'amitié. Tandis que cette idée l'occupait, et que je travaillais moi-même à prendre les mesures convenables, nous eûmes quelque lieu de croire que nos démarches ne seraient point sans succès. La Porte, en effet, nous prévint en quelque sorte elle-même, en témoignant par des intermédiaires le désir d'entrer en négociation.

Ce n'est pas que nous eussions d'abord une pleine confiance en ces ouvertures, que nous jugions concertées avec nos ennemis; mais la nouvelle de la brillante victoire d'Aboukir, en nous faisant connaître le principal

rapport de Reinhard fut présenté au Directoire le 3 novembre. Sur la « feuille de travail », on lit simplement : « Le Directoire exécutif se réserve de conférer à ce sujet avec le général Bonaparte. »

motif qui les avait déterminées, nous donna lieu de penser qu'elles pouvaient n'être pas dépourvues de sincérité. L'on crut donc ne devoir point les négliger, et les dispositions pour en profiter étaient à peu près faites, quand le général Bonaparte est arrivé.

A ce moment, le Directoire exécutif a acquis toutes les lumières qu'il pouvait désirer, et il s'est trouvé, par conséquent, en état de prendre les résolutions et les mesures les plus adaptées aux circonstances. C'est ce dont il s'est aussi constamment occupé, et ce qui continuera de fixer son attention. Sans perdre de vue, d'un côté, le projet de négociation et en suivant ce que le général Bonaparte avait déjà noué, il pensera, de l'autre, à secourir, à soutenir la brave armée d'Égypte ; et déjà diverses expéditions sont méditées et se préparent. Je me flatte même de pouvoir, dans peu, vous donner sur tout cela des détails circonstanciés et satisfaisants.

Voilà, citoyen général, ce qui se fait et ce que l'on pense faire pour vous, et pour tous vos illustres compagnons d'armes et de travail. Ce n'est pas, au reste, le seul Directoire exécutif qui a les yeux fixés sur vous : la France entière ne cesse de vous regarder avec le plus vif intérêt. Croyez aussi, je vous prie, que je partage ce sentiment, et qu'en ce qui me concerne, je m'occuperai toujours avec le plus grand zèle du salut et de la gloire de l'armée d'Égypte.

(Aff. étr., *Turquie*, vol. 201.)

TABLE DES MATIÈRES

CHAPITRE II

MALTE, L'IRLANDE ET ABOUKIR

(19 MAI A OCTOBRE 1798)

CHAPITRE III

NOUVELLE COALITION

(NOVEMBRE 1798 AU 12 MARS 1799)

CHAPITRE IV

LA FLOTTE DE BREST DANS LA MÉDITERRANÉE

(14 MARS AU 26 MAI 1799)

Les derniers préparatifs maritimes.

L'amiral Bruix nommé au commandement de la
flotte (14 mars). — Ses instructions : il devra ravitail-

CHAPITRE V

BRUIX ET MAZARREDO

(JUIN AU 8 AOUT 1799)

CHAPITRE VI

CRISE DU RÉGIME DIRECTORIAL
(JUILLET-AOUT 1799)

CHAPITRE VII

PROJET DE TRAITÉ AVEC LA PORTE
(3 SEPTEMBRE AU 5 NOVEMBRE 1799)

Talleyrand propose de négocier avec la Porte le retour de Bonaparte.

Le sort de Bonaparte commence à préoccuper tous

APPENDICE

TABLEAU I

Paris. — Typ. G. Chamerot, 19, rue des Saints-Pères. — 17489.

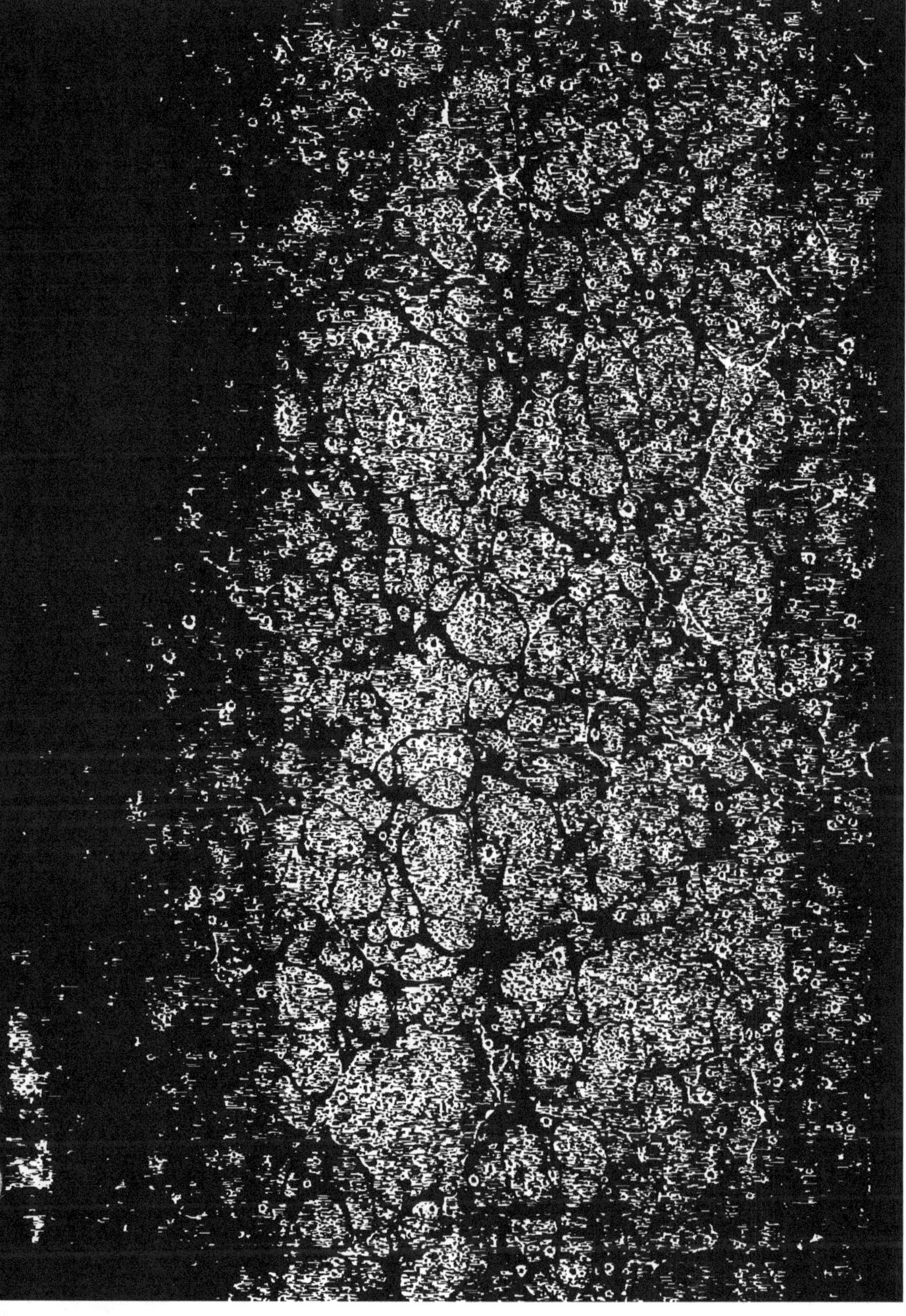

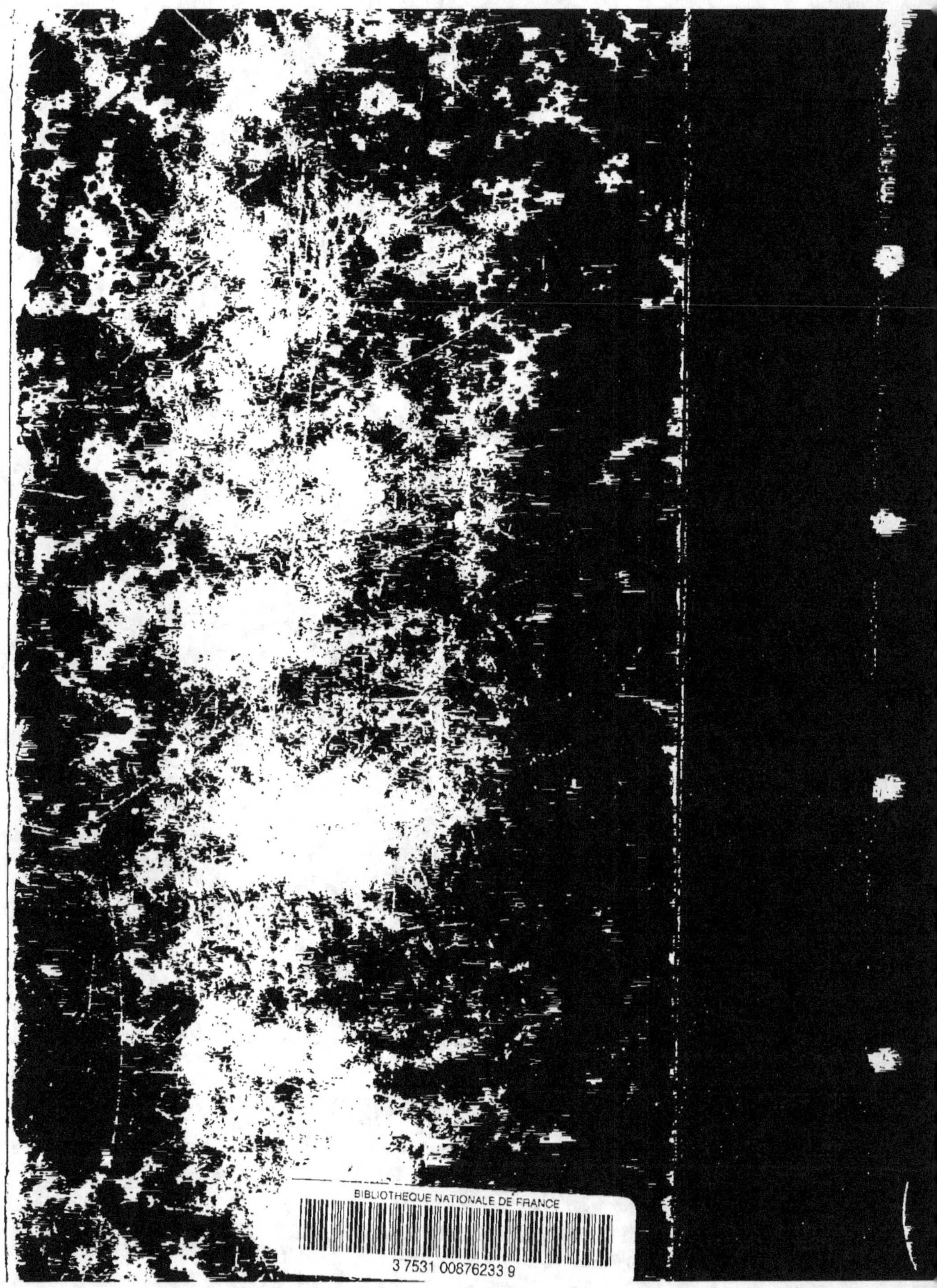